◇总主编：饶从满◇

世界公民教育史研究丛书
The History of Citizenship Education around the World

英国公民教育史研究

YINGGUO GONGMIN JIAOYUSHI YANJIU

赵明玉　著

东北师范大学出版社
长春

图书在版编目（CIP）数据

英国公民教育史研究/赵明玉著.—长春：东北师范大学出版社，2021.12

ISBN 978-7-5681-8716-9

Ⅰ.①英… Ⅱ.①赵… Ⅲ.①公民教育—研究—英国 Ⅳ.①D756.14

中国版本图书馆CIP数据核字(2021)第259666号

□责任编辑：包瑞峰　　□封面设计：隋福成
□责任校对：张正吉　　□责任印制：许　冰

东北师范大学出版社出版发行
长春净月经济开发区金宝街118号（邮政编码：130117）
电话：0431—84568014
网址：http：//www.nenup.com
东北师范大学音像出版社制版
吉林省良原印业有限公司印装
长春市净月小合台工业区（邮政编码：130117）
2022年8月第1版　2022年8月第1次印刷
幅面尺寸：169 mm×239 mm　印张：17.5　字数：286千

定价：88.00元

丛书序言[①]

价值教育自学校教育诞生以来一直是学校教育的重要组成部分。与对价值教育的重要性有着高度共识形成鲜明对比的是，人们对于选择什么样的价值以及以什么样的方式将这些价值传递给下一代却存在较大的分歧。这种分歧不仅表现在不同个体之间、不同国家或地区之间，也表现在一个国家的不同历史时期。这种分歧在很多时候表现在话语体系的不同上。

就我国而言，1949 年中华人民共和国成立以来，我国至少出现了三种价值教育话语体系：德育话语体系、公民教育话语体系和思想政治教育话语体系。德育其实原本是道德教育的简称，但是在我国德育话语体系中，德育是一个包含思想教育、政治教育、道德教育乃至心理健康教育等要素的广义概念。在德育话语体系下，偶有关于公民教育的讨论，但是无论在理论层面还是在实践层面，公民教育基本都被视为德育的内容要素。尽管道德教育只是广义德育的一个组成部分，甚至在某些时候只是微不足道的内容（如"文革"时期），但是给德育深深刻上了传统中国道德教育的印记——推崇"圣人"教育，强调高大上的理想人格的培养。在德育话语体系下开展价值教育的研究与实践，需要直面一些理论难题，包括：如何界定"德"这一核心概念？如何根据思想教育、政治教育、道德教育等各自的性质开发、选择和运用恰当的教育方式和方法？在德育话语体系下，教育工作者讨论比较多的话题就是如何提高德育的实效性。德育低效产生的原因固然很多，但是与这一话语体系内在的一些理论难题未得到解决也有很大的关系。

很多人在技术和方法层面思考如何提高德育的实效性，但也有一些研究者跳出已有的德育话语体系，转向公民教育话语体系寻求价值教育的出路。构成这一转向的背景包括我国由计划经济向社会主义市场经济转型以及社会主义政治文明建设等，但是构成转向的直接契机是有关国人道德水

[①] 本序言的部分思想曾经发表在《中国德育》2020 年第 17 期。

准的反思和讨论：一个有着悠久道德教育传统的国度为什么还存在令人堪忧的道德危机？而那些没有像我们那样对道德表现出那么神圣推崇的国家，其国民为什么会表现出良好的道德意识？许多研究者指出，从扭转社会风气的角度来看，"公民"教育的效果较好于"圣人"教育，其主要原因即在于做一个合格公民容易，而做一个圣人比较难。于是，在世纪之交的一段时间里，公民教育成为热点话题。随着讨论的展开，公民教育不再仅仅被视为德育的内容要素，而是逐渐被看作价值教育的目标。一些研究者倡导中国价值教育由德育体系向公民教育体系转型，不是要在现有的德育体系中增加公民教育的内容，而是强调要将公民教育置于目标和价值取向层面进行思考。

  学术界参与公民教育探讨的人群主要来自三个方面：一是政治学研究者；二是教育学研究者；三是思想政治教育研究者。政治学研究者更多地关心公民教育的政治哲学基础；教育学研究者或者进行原理层面的应然探讨，或者进行国外公民教育的引介；思想政治教育研究者则更多地基于实践需要，从思想政治教育的角度去审视公民教育。世纪之交有关公民教育的探讨存在一些问题：一是对公民教育的复杂性和多样性的理解不充分。公民教育源于西方，但是西方的公民教育在不同的国家和地区有不同的表现，在不同的历史时期各异。公民教育的思想基础不仅有自由主义，还有共和主义、社群主义、多元文化主义等。我们有部分研究者往往认为自由主义的公民教育涵盖复杂多样的公民教育理论与实践。对公民教育复杂性和多样性的忽略会导致对公民教育的片面理解甚至误解。二是未能将公民教育这一舶来话语进行必要转换，进而与本土的德育话语体系进行有机嫁接。公民教育话语毕竟是舶来品，与德育话语的生长环境与土壤不同，如何将这一新的话语转换成德育话语体系熏陶下的人们能够理解和接受的话语，是研究者不能回避的课题。当前，我国价值教育话语体系走向思想政治教育话语体系而非公民教育体系，固然有更大的社会政治背景的原因，但是也在一定程度上说明我们的公民教育研究还有很多工作需要去做。

  当前的思想政治教育话语体系，虽然从内容要素上讲，与德育话语体系并不存在什么大的差别，但是在目标和价值取向上发生了巨大变化，那就是思想政治教育，特别是思想教育具有了统帅地位。换句话说，思想教育不仅是价值教育的内容要素，还是价值教育的目标，发挥着引领和规制价值教育方向的作用。在此背景下，我们需要思考公民教育的生长空间问题：中国到底需不需要公民教育？如果需要的话，需要什么样的公民教育？如何有效开展符合中国国情和发展需要的公民教育？

我赞同一些研究者的观点，在当前的背景下，我们尤其要坚定对公民教育的信念。公民教育是在现代民族国家中形成并发展起来的。它以培养公民在民主与法治的框架内参与社会政治生活所需的基本素质为主要目标，并以与公民作为法定的权利和义务主体相关的政治、法律、道德等方面的教育为主要内容，是为民族国家这一社会政治共同体培养合格成员的一种教育。公民教育事关国家稳定与社会发展的基础，是现代民族国家得以凝聚、延续、稳定与可持续发展的根本所在。因此，开展适合本国国情的现代公民教育已经成为世界各国的一个根本性选择。尤其是20世纪90年代以来，随着全球化的持续深入、国际竞争的加剧，公民教育在世界范围内又一次掀起热潮，如何培养负责任的、有效参与的主动公民成为世界范围内的热点议题。

改革开放40多年来，中国的现代化建设取得了举世瞩目的成就，社会发生了翻天覆地的变化。伴随中国现代化进程的不断深化，特别是进入新世纪以来，实施公民教育的必要性日益凸显。2010年颁布的《国家中长期教育改革和发展规划纲要》中也明确提出："加强公民意识教育，树立社会主义民主法治、自由平等、公平正义理念，培养社会主义合格公民。"越来越多的学者和有识之士也呼吁加强公民教育。檀传宝教授就曾从积极与消极两个方面阐释了必须大力开展公民教育的理由。所谓积极的理由，在于"个人生活幸福和法治社会的建设"。从个人生活的视角而言，个人生活幸福"是任何一个社会都应该通过公民教育去完成的历史课题"；从社会发展的视角而言，"法治社会建设的基础在于公民教育的开展"。而所谓消极的理由，是指公民教育是"建立理性和牢固的国家认同、权利认同"的需要。概而言之，"要建设法治中国，要让人民生活幸福，高品质公民教育建构与实践势在必行"；"建立理性和牢靠的国家认同、权利认同，更需要高品质公民教育的建构与实践"。[①]

本人高度认同檀传宝教授的观点。中国要建设成一个民主、法治的现代化国家，实现中华民族的伟大复兴，对人类世界做出新的贡献，必须要有足够多的现代公民为之奋斗。而民主法治的现代化国家不仅要靠制度建

---

① 檀传宝.总序［M］//刘争先.国民教育与国家建构互动关系研究.杭州：浙江教育出版社，2021：1-4.

设,更要靠公民意识的支撑。公民教育的民主法治取向也是我们的社会主义核心价值的重要内容,公民教育的构成要素也是我们的德育或思想政治教育的重要组成部分。公民教育是我们培养社会主义合格公民的必要措施。

在这样的信念之下,我们的研究者需要将我们作为研究者的信念变成教育决策者和实践者的信念,为此需要在以下两个方面加强研究工作:一是加强对公民教育的比较历史研究,深化对公民教育的复杂性、多样性及其本质的理解,并通过研究成果使教育决策者和实践者认识到:就像市场经济并非只属于资本主义一样,公民教育虽然源于西方,但是并非只属于西方;就像在资本主义世界里不同的国家和不同的历史时期有着不同的市场经济模式一样,公民教育在世界上不同国家、不同历史时期里也有各种不同的模式。对于公民教育的总体认识,对于公民教育内涵的各种分歧与争论,只有对公民教育的实际历史进程和大趋势有较好的把握之后,才可能得到解决。二是在深入理解公民教育的基础上,推进公民教育话语的本土化,将公民教育话语与我们的价值教育传统与现实进行有机嫁接,使其有效解决中国价值教育的问题。上述两项工作中前一项更具有基础性地位。正是基于如上认识,我们策划出版一套《世界公民教育史研究丛书》。

本套丛书计划以美国、英国、法国、德国、加拿大、澳大利亚、俄罗斯、日本、韩国和中国10个国家的公民教育发展史为主要研究对象,通过将各国公民教育的发展置于各自国家发展的大背景下进行立体考察,以揭示不同国家公民教育的产生与发展的基本过程,探寻各国公民教育在理念、目标、内容、组织形式及实施策略等方面的成功经验与深刻教训,并分析公民教育与国家发展之间的关系。之所以选取这10个国家作为研究对象,主要考虑到这10个国家在文化类型和现代化类型方面比较具有代表性,其中既有英美文化和欧陆文化的代表国,又有东亚文化特征的国家;既有先发—内源性现代化国家,又有后发—外源性现代化国家;既有现代化的"先行国"、现代化的"后进国",又有现代化的"迟到国"。研究这些国家的公民教育发展史有利于揭示公民教育的发展与国家发展及文化取向之间的联系。

公民教育研究在我国开展的时间还不够长,无论是在研究的广度和深度上都是一个有待进一步发展的领域。虽然我们可以在学术期刊上找到一些关于世界主要国家公民教育史的文章,或者在某本著作中能够找到某个或某些国家公民教育史的章节,但是迄今为止系统深入地考察某个国家公民教育史的著作还不多见。

  这套丛书从策划到目前的出版,经历了很长时间。丛书能够出版,有赖于作者们的辛勤努力,更得益于东北师范大学出版社特别是张恰副社长的鼎力支持,在此一并致谢!需要说明的是,由于众多原因,本套丛书需要分批出版。本次率先推出的是英国、法国、澳大利亚和加拿大四个国别的研究成果。衷心希望本套丛书的出版能够为我国公民教育研究的深入发展奠定一个坚实的基础。

2021 年 10 月 25 日
于东北师范大学国际与比较教育研究所

目 录

1	**绪论：现代化进程中的国家建构与公民教育**
47	**第一章 开创：现代国家诞生与公民教育溯源（17世纪—18世纪前期）**
47	第一节 现代国家的初创与崛起
57	第二节 现代公民教育溯源
74	**第二章 勃兴：现代国家崛起与公民教育（18世纪中后期至19世纪中期）**
74	第一节 工业革命时期的国家发展
78	第二节 公民教育的"双轨制"发展
93	**第三章 盛衰：帝国主义国家与公民教育（19世纪末期—1945年）**
93	第一节 从英伦三岛到日不落帝国
105	第二节 殖民主义中步入歧途的公民教育

121	第四章	重构：战后初期的国家调整与公民教育（1945年—20世纪末）
121	第一节	战后国家建构的重新定位
131	第二节	战后初期公民教育的探索

144	第五章	变革：世纪之交以来的公民教育（20世纪末至今）
146	第一节	国家建构中的"老问题"与新策略
162	第二节	国家课程中的公民教育

226	第六章	现代国家与公民教育——基于英国公民教育的反思
227	第一节	现代化进程中的英国公民教育
232	第二节	现代化进程中国家与公民教育的关系

248	结　语

250	参考文献

268	后　记

绪论：现代化进程中的国家建构与公民教育

现代公民教育是与现代国家相伴相生的。法国、美国等许多欧美国家在进入现代化的同时都相继开展了公民教育，而且发展至今都已形成了各自相对完善的公民教育体系。然而，同为早发现代化国家的英国却在公民教育领域经历了漫漫长路，直至20世纪末才正式推出公民教育的国家课程，实现了中学公民教育的立法。这是一个非常值得我们去深思的问题——究竟是何原因造成了英国公民教育的迟滞性发展呢？

一、英国公民教育迟滞发展的原因探寻

英国是现代民主思想的发祥地，是率先进入现代化的、具有代表性的国家之一。公民教育本应该很早就在这个国家发生、发展，并受到极大关注。然而，英国的公民教育并没有按照这样的逻辑顺利发展。尽管18—19世纪的英国诞生了许多自由主义思想家，他们阐述了丰富而深刻的公民思想，但是，公民教育的思想是消极的。由于过分追求公民个人的利益而忽视了国家在社会生活中的力量，这一时期英国公民教育的思想表现为对公民个人自由的充分张扬，而国家只是维护和协调个体间利益的一种组织。社会阶层关系问题、宗教问题、教育中的民主与平等问题也随之成为英国长期的历史问题。这些也都是公民教育迟迟无法落实的重要原因。19世纪初期，一些零散的公民教育思想、公民教育实践散见于公学教育与宪章运动之中，但是这些努力并未足以引起国家的重视。进入20世纪，英国经历两次世界大战之后，逐渐失去了往日超级大国的地位，社会各个领域进入了调整、变革时期，但是它的步伐依然是保守渐进式的。从20世纪之初，官方开始关注公民教育，直至公民教育国家课程的形成，又经历了近一个世纪的漫漫长路。

从表面上看，与英国公民教育发展迟缓直接相关的原因是英国国民教

育体系的建立晚于其他欧美国家；然而，教育体制本身的问题只是一个表象因素；单纯地以"资产阶级革命的不彻底性""激进主义与保守主义相互牵制"等原因来阐释英国公民教育的迟滞性，也并不具有很强的说服力。英国公民教育发展的独特性似乎在暗示我们——现代国家与公民教育之间那种看似"决定与被决定"的简单关系或许并不是那么简单。而现有研究仍无法全面而深刻地解答上述问题，这就需要另辟蹊径，去探究上述诸多因素背后所隐匿着的更深层原因。因此，深入思考现代国家与公民教育之间的关系，就成为本书的重要议题。

在英国以保守渐近为主要特征的现代化进程中，现代国家与公民教育之间的关系成了英国人长久犹疑与反复论证的课题。这其中固然包含着英国现代化进程中政治、宗教、教育等诸多方面的影响因素，但是，在英国公民教育的这种缓慢进程中，曾经长期困扰英国人的那些问题、那些疑惑与忧虑，或许也值得我们去深刻地反思——公民教育与现代国家之间的关系是否具有客观必然性？如果答案是肯定的（正如其他现代国家的公民教育所表现的那样），那么二者之间又是基于什么因素产生了关联？产生了怎样一种关联？带着这一系列问题，纵观英国公民教育所走过的历程，我们会发现，这不仅仅是我们从表象中所观察到的落后与保守，其中也包含着英国人对现代国家与公民教育间关系深思熟虑的过程。对于这种在其他国家被视为顺理成章的关系，英国人却曾表示坚决否定与长久疑惑，后又经谨慎论证，最终才大胆付诸实践。这一漫长的过程实际上也为我们展现出一幅现代公民教育产生与发展过程的"扩大"与"慢放"式的动态图景。英国公民教育发展历程中所遇到的问题以及英国在推行公民教育过程中的种种疑虑，实际上对于每一个国家来说，都是值得深思的。

公民教育源自西方，我国在开展公民教育的过程中，不可避免地要借鉴西方国家的经验，吸取西方国家的教训。考察英国的公民教育，对于我国开展公民教育具有极其重要的借鉴意义。中国与英国虽然是分属东、西方两种不同文化的国家，但有关英国公民教育发展历程的研究对我国公民教育也有着很重要的启示作用。当前，公民教育理论研究在我国方兴未艾，多数研究成果主要是针对西方公民教育如何开展实践的研究；而实际上，我国距离实现系统化的公民教育实践尚有一段路程，因此，这一时期我们更有必要关注的问题是，国家在何种条件下需要何种公民教育，国家如何稳步推进公民教育付诸实施等问题。而将这些问题置于英国这样一个既坚守传统又富有现代化气息的国家来探讨，可以引发对我国当前公民教育的更多启示。

二、文献综述

在国际公民教育研究领域中，英国公民教育是一个极为特殊而又典型的研究对象。有关英国公民教育的大范围、深度研究，也是近些年才开始的。伴随英国公民教育在实践中的展开与不断推进，有关英国公民教育的相关文献、研究成果越来越多。

从文献资料的来源来看，英国公民教育的课程计划、指导方针、调查数据以及相关政策、法案等主要来自英国教育部的几个官方网站，例如，英国资格与课程局的官方网站（http://www.qca.org.uk/curriculum）、"英国国家课程在线"网站（http://www.nc.uk.net）、"国家课程在行动网站（http://www.ncaction.org.uk）等。在英国公民教育的研究领域也涌现出许多具有权威性的公民教育理论家和公民教育团体组织。这其中既包括代表政府声音的伯纳德·克里克（Bernard Crick）、大卫·科尔（David Kerr）以及英国国家教育基金会（NFER）、英国教育标准监督局（OFSTED），同时也包括许多大学中的学者〔如，德里克·希特（Derek Heater）、休·斯塔奇（Hugh Starkey）〕以及公民教育民间团体——英国社会服务志愿者组织（CSV）等。由于公民教育关涉社会中的诸多领域，因而，近年来，大量有关英国公民教育的学术论文刊发在哲学、社会学、宗教、政治、教育等学科的学术杂志中。其中，主要的研究成果集中多见于《哈佛教育评论》（Oxford Review of Education）、《公民研究》（Citizenship Studies）中。

从文献资料的主要内容来看，这些研究成果主要集中于对1998年《克里克报告》以来英国公民教育的探讨。研究的问题主要包括：对《克里克报告》的评析；对英国公民教育实践效果的考察；对英国公民教育思想基础的探讨。这些成果对于本研究的开展具有珍贵的参考价值。在这些既有研究成果中，有些研究者在英国公民教育的历史背景中会提及此前公民教育的发展历程。但是，在笔者目力所及的范围，国内外对于英国公民教育迟滞性的发展历程及其原因鲜有专门探究。本书以既有研究为基础，并力图超越既有研究成果的水平,以更为宏观的现代化进程中的国家建构为切入点,探求英国公民教育迟滞性发展的决定性因素,并归纳出现代国家与公民教育之间的深层关系。根据选题与研究的需要,本书所涉及的参考文献可归纳为三类:关于英国公民教育的研究;关于公民教育原理和国际比较方面的研究;关于现代化和国家建构方面的研究。

(一) 关于英国公民教育的研究

自1998年英国政府发表《克里克报告》以后,伴随着公民教育在英国的全面实施,英国国内以及国际公民教育研究领域的学者对英国的公民教育极为关注,出现了大量从各个角度、不同方面展开研究所取得的相关研究成果。这些研究成果基本可以总结为如下几个方面:

1. 英国公民教育的发展史

研究英国的公民教育,最首要的工作是厘清英国的公民概念。作为一个君主立宪制国家,英国的"公民"一直是一个模糊的、备受争议的概念。因此,无论是探讨公民教育理论,还是开展公民教育实践,对英国的"公民"加以界定是最为首要的工作。除了上述《克里克报告》对公民进行了官方界定以外,学术界有关英国公民、公民资格方面的研究也随之大为增多。约斯·哈里斯(Jose Harris)在《民族性、权利与美德:通向英国公民资格的若干路径》(*Nationality, Rights and Virtue: Some Approaches to Citizenship in Great Britain*, 2004)中,从历史沿革的角度,考察了英国公民身份的发展状况、英国公民资格的变迁,以及各个时期对"好公民"的理解。除了约斯·哈里斯以外,许多学者在探讨英国公民教育时都会将界定"公民"作为研究的首要工作。

英国的公民教育并不是在20世纪初横空出世的。在此前很长的历史发展中,英国拥有着深刻的公民教育渊源、丰富的公民教育思想、民间的公民教育实践,这些都是促成当前英国公民教育形成与发展的重要因素。

德里克·希特(Derek Heater)在其著作《公民教育史》(*A History of Education for Citizenship*, 2004)以及文章《英国公民教育的历史》(*The History of Citizenship Education in England*, 2001)中对18世纪到20世纪的英国公民教育史进行了梳理;丹尼斯·劳顿(Denis Lawton)在其文章《概观:背景中的公民教育》(*Overview: Citizenship Education in Context*, 2000)中论及20世纪英国有关公民教育的政府报告和文件,这些都为本人的研究提供了重要的线索,但是,无论是希特还是劳顿等学者，他们主要是对英国历史上与公民教育相关实践、政府报告、文件的顺序进行梳理，其中，希特还提出了英国公民教育的发展历程是一条缓慢的路程，他们都没有着意于探讨英国公民教育缓慢发展的原因。德里克·希特的《公民教育史》(A History of Education for Citizenship)中依据现代国家的阶段性特征阐述了包括英国在内的几个具有代表性的国家的公民教育发展历程。该书在论述公民教育的起源与发展的过程中，所界定的历史分期对于本书研究具有一定的借鉴意义。书中共有三处论及英国公民教育的发展历程，其中许多内容细节为本书提供了诸多有益线索。但因为该书是一部有关公民教育起源与发展的国际比较性论著，因而，在论及英国公民教育时主要是通过一些历史资料说明英国在公民教育方面取得的进展，而对于英国现代化进程中的国家建构特征并没有详细阐述，作者也没有着力于解释英国公民教育发展之所以落后的原因，只是借助伯纳德·克里克之言表明，英国是欧洲最后一个没有推行公民教育国家课程的国家。近年来，在我国国内也有一些学者开始关注英国公民教育问题，例如，《外国教育研究》杂志曾于2003年发表了陈鸿莹的《英国公民教育简述》和蒋一之的《英国公民教育的历史变革与现状分析》。此外，2003年，陈鸿莹在其硕士毕业论文《英国中小学公民教育的特质及其影响因素研究》中对英国公民教育历程进行了简要梳理，并对其渐进性发展特质与矛盾性发展特质进行了系统分析，这些对于本研究都具有极大的启发意义。

对英国公民教育的探索不能脱离对英国教育史的考察。在英国教育史的探讨方面，比较有代表性的是英国学者安迪·格林的著作：《教育与国家形成：英、法、美教育体系起源之比较》(2004)。安迪·格林在对英、法、美教育体系比较的基础之上，总结了英国教育特殊性的若干根源——英国的阶级状况、政党状况、宗教状况以及政府干预等。此外，我国学者褚宏启在其著作《教育现代化的路径》(2000)中也曾论及英国教育现代化渐进式发展特征的历史成因。

2. 英国公民教育的思想基础

1998年，英国政府发表《克里克报告》以后，学术界也开始了对于英国公民教育思想渊源的探寻。英国是自由主义思想的发源地，在自由主义思想的鼓舞与引导下，英国曾经一度发展成为世界超级大国；然而当自由主义思想发挥到极致之时，其本身所固有的弊端也暴露无遗。英国公民教育一方面深深植根于自由主义土壤之中，另一方面又汲取了共和主义、社群主义、多元文化主义等公民教育思想的精髓。1998年,英国学者杰洛德·沃特曼(Jerold Waltman)就在《克里克报告》出台不久后发表了文章《当代英国的公民资格和公民共和主义》(Citizenship and civic republicanism in contemporary Britain,1998)。他在文章中指出,或许正是由于英国的体制以及缺乏一致的公民理论才阻碍其形成健康的政治,他呼吁英国社会对公民共和主义予以重视。亚历克斯·莫尔(Alex Moore)在其文章《英国公民教育:为了解放抑或为了控制?》(Citizenship Education in the UK: for Liberation or Control? 2002)中,从社群主义的视角透视了英国的道德恐慌以及政治冷漠问题,并建议将社群主义的方法纳入现有的学校课程、学校实践以及教育学领域之中。迪安·葛莱特(Dean Garratt)在文章《公民教育》(Education for Citizenship,2003)之中,运用现代公民框架,结合英国公民教育的若干官方政策、报告等,逐一分析了自由主义的、共和主义的以及社群主义的公民概念。在此基础上,他认为,英国新工党所倡导的积极公民教育主要是获益于社群主义的公民教育思想。

3. 英国公民教育实践的得失

对于英国当前所开展的公民教育,不仅英国官方始终保持着关注与反思,学术界也有着各种各样的看法。

特伦斯H. 麦克劳林(Trence H. McLaughlin)在文章《英国公民教育:〈克里克报告〉及其超越》(Citizenship Education in England: The Crick Report and Beyond,2000)中,援引了许多学者对于英国实施公民教育教育以来的各种批评与质疑。例如,有学者就《克里克报告》所设立的"学习成果"(learning outcomes)提出了质疑,认为学习成果的设置疏离了所谓的四个要素(概念、价值与性情、技能与才智、知识与理解),这些学习成果分属不同的逻辑类型,内容设计不够严密,是一种难于达成的沉重学习计划,公民教育这一学科的基本精神很容易被这种"学习成果"潜在地诋毁掉。麦克劳林在文章的末尾提出了英国公民教育所面临的挑战与可预期的前景。

伴随公民教育的逐步全面实施,英国官方也展开了对公民教育的跟踪调查研究。例如,英国国家教育基金会(NFER)连续公布了多项研究报告:《公民教育纵向研究:2001—2002年度首次抽样考察》(Citizenship Education Longitudinal Study First Cross-Sectional Survey 2001—2002,2003)、《公民教育纵向研究:文献综述——一年后的公民教育——它意味着什么？——英国公民教育国家课程第一年所形成的定义与方法》（*Citizenship Education Longitudinal Study：Literature Review-Citizenship Education One Year On – What Does it Mean?：Emerging Definitions and Approaches in the First Year of National Curriculum Citizenship in England*，2004）、《公民教育纵向研究：二次文献综述》（*Citizenship Education Longitudinal Study：Second Literature Review*，2005）、《16 岁后学生公民发展计划评估：首轮公开实施的第一年》（*Evaluation of Post-16 Citizenship Development Projects：The First Year of Operation in the Round 1 Consortia*，2003）。这些官方研究报告不仅关注英国公民教育所取得的成就，同时还关注所存在的问题。

另外，也有一些非官方的教育组织对公民教育的实践效果进行了考察。例如，由英国社会服务志愿者组织（CSV）所发表的报告《课程中的公民资格——一年后》（*Citizenship in the Curriculum One Year on*，2003），我们从中可以了解到，英国公民教育在课程计划、教学方法、师生关系、学校与社区关系方面都具有深刻的内涵。CSV 调查显示，尽管英国公民教育面临着许多挑战、压力，但是前景依然是乐观的，有效的公民教育并非是一蹴而就的，它是需要长期各方协力才能够达成的。

（二）关于公民教育的国际比较和理论研究

研究英国公民教育的发生与发展，绝对不可能脱离开整个国际公民教育背景，而孤立地看待英国问题。近年出现了大型的、多国横向比较研究方面的文献，将为英国公民教育研究提供更为宽广的视野以及诸多公民教育发展的共性因素。这些因素也是归纳和总结现代国家与公民教育关系的重要理论依据。

国际教育成就评价协会（IEA）自 20 世纪 90 年代中期就开展了一系列大型的多国公民教育比较研究。1996—1997 年，该协会依据一些共同的结构性问题开始在 24 个国家搜集公民教育背景、内容以及过程方面的资料，加以研究，并于 1999 年出版了《各国公民教育：IEA 公民教育计划的 24 国案例研究》（*Civic Education across Countries：Twenty-four National Case Studies from the IEA Civic Education Project*，1999）。2001 年，该协会出版了第二阶段的研究成果《28 国的公民资格与教育：14 岁儿童的公民知识与参与》（*Citizenship and Education in Twenty 28*

Countries: *Civic Knowledge and Engagement at Age Fourteen*, 2001), 这是该协会1999年对28个国家或地区的9万名14岁学生的调查研究成果。这些案例研究涵盖了民主、国民性、多样性与社会整合等内容。此后，国际教育成就评价协会每隔几年都会出版多国公民教育调查研究的相关研究成果，这些成果不仅为广大教师、教育决策者提供了重要的实践参考，更为公民教育研究者提供了十分丰富的数据、资料和极为广阔的研究视野。本书也将充分借鉴国际教育成就评价协会的成果，为英国公民教育研究铺设出一个国际比较的平台。

英国在国家公民教育课程出台之前也进行了公民教育的多国比较研究。英国全国教育研究基金会（NFER）和资格与课程局（QCA）联合组织了对16个国家的跨国公民教育比较研究。这项研究由英国公民教育专家大卫·科尔（David Kerr）主持，最终形成了研究报告《公民教育：一种国际比较》（*Citizenship Education*: *an International Comparison*, 1999）。该报告在对十六国公民教育比较研究的基础上提出了影响公民教育宏观背景因素与微观结构性因素。其中宏观背景因素包括历史传统、地理位置、社会—政治结构、经济体系、全球趋势。微观结构性因素包括教育的组织与责任、教育价值与目标、经费的筹拨与管理。该报告为英国实施公民教育国家课程提供了重要参照；对于本书探讨英国国家公民教育如何最终形成，以及进行英国与他国的比较研究，也有着重要的参考价值。

除了以上国际比较方面的文献以外，我国学者有关公民教育原理方面的研究成果对本研究的开展具有一定启发意义。蓝维、刘智宏发表的文章《公民教育的社会背景与实践要素分析》（2005）同样从宏观、微观两个角度阐述了影响公民教育发展的因素。他们认为公民教育的社会背景主要应从市场经济、民主政治、人类生存方式的城市化、国家民主与法制建设等方面进行分析。除上述宏观的社会背景因素以外，还应该考虑具体的实践因素，即公民教育的目标与实践体系、公民教育主体的理性认识水平、公民教育工作者的通力合作。李红亚、龙宝新在《从现代公民社会理论看公民教育的构成》（2005）一文中则选择从现代公民社会理论探讨公民教育的社会定位、存在使命及其核心内容。这些文章从各个不同的侧面涉及公民教育形成的背后因素，为本研究分析英国公民教育特征提供了宏观思路的重要线索。

(三) 关于现代化和国家建构方面的研究

从既有的英国公民教育研究成果中可以看出,英国公民教育缓慢发展的原因并未受到过多关注,而且对于英国公民教育的研究更缺乏一种宏大背景与基本诱因的探讨。这也是本书所力图弥补与完善之处。鉴于此,现代化理论、国家建构理论以及英国历史方面的文献是本书中的又一重要支撑。

公民教育是一项非常重要而且极为复杂的社会工程,它关涉国家社会生活中的众多领域。这主要是因为一个国家现代化进程直接决定了公民教育的发展状况。从这个意义上来说,本书对于英国公民教育的研究,与其说是对英国教育的一种考察,毋宁说是对英国现代化进程的一种侧面观照。现代化理论是一个庞大且复杂的理论体系。当前,国内外有关现代化的研究成果可谓汗牛充栋。本书无意探讨各种现代化理论的短长,而主要是出于研究英国公民教育的需要,将现代化作为一种世界发展的客观进程,作为研究英国公民教育的一种重要的宏观背景。

我国学者周穗明在其著作《现代化:历史、理论与反思——兼西方左翼的现代化批判》(2002)中,重点考察了英、法、德、美、日、拉美以及东亚七个国家和地区走向现代化的历史模式和发展道路,对世界历史上的现代化发展进行了纵向梳理;并对现代性、现代化等概念进行了纯学理式的阐述。在一国现代化进程中与公民教育关系最为密切的就是政治现代化进程。我国学者施雪华的《政治现代化比较研究》(2006)是一部具有代表性的政治现代化研究著作。该书从现代化与政治现代化的概念以及政治现代化的模式入手,系统地论述了东西方政治形态的现代化、现代化进程中的国家与社会关系、现代化与西方公民政治的发展、现代化与中国公民社会的生长、世界政党政治的现代化、多元社会与西方现代政党政治、选举政治的现代化等等诸多政治现代化方面的理论。这其中的许多理论都为本人构思英国公民教育分析框架奠定了理论基础,同时该著作中的中外政治现代化比较部分也将为思考本研究对我国公民教育的启示提供有益参照。

从经济的角度而言,现代化是由传统农业社会向现代工业社会的转变过程;从政治的角度而言,现代化则是由传统国家向现代国家的转型,即现代国家建构的过程——这是一个由分散、互不联系的地方性社会走向现代民族国家的过程，也是一个由封建等级制的不平等社会走向现代民主国家的过程。我国学者徐勇在现代国家建构研究方面颇有见地。他认为，20世纪末世界范围内的公民社会复兴也伴随着"回归国家"之势。他在文章《现代国家建构中的非均衡性和自主性分析》（2003）、《"回归国家"与现代国家的建构》（2006）中指出，现代国家建构既是现代化的条件，也是现代化的结果。与现代化相伴随的现代国家有两个特性，一是民族国家，即居住在具有主权边界里的集体为统一的国家机器所控制，并形成统一的国家认同；二是民主国家，即居住在国家内的人民居于主权地位，国家机器的权威来源于公民授予。也正是由此而产生了所谓的民族主义和民主主义。在欧美国家，民族国家和民主国家的建构是同步的。而在中国等后发国家，不仅民族国家和民主国家的建构是不同步的，而且会产生矛盾。因为，前者追求的是整体性和强制性，后者是基于多样性和自主性。在本书中，笔者在徐勇先生的观点基础上，适当发展了上述观点——无论在欧美国家还是在后发现代化国家，由于现代化进程中各个时期的社会核心发展目标有所不同，民族国家建构与民主国家建构之间都存在着一定的张力。正是在这种张力的作用下，公民教育功能才表现为不同的取向。

也有学者从历史学的角度专门考察英国的现代化以及世界现代化进程的问题，其中比较权威的就是北京大学的钱乘旦教授和河南大学的阎照祥教授。钱乘旦教授的著作《英国通史》（2002）正是在现代化主线下对英国历史所展开的纵向研究。他的另一部著作《在传统与变革之间——英国文化模式溯源》（1991）则是从横向角度对英国的冲突与融合的文化发展模式进行了考察。以上著作不仅为本研究提供了重要的理论基础，而且其中的研究方法、视角也对本研究的开展带来了极大的启发。

从上述现有文献情况可以看出，专门致力于研究英国公民教育发展历程的研究成果是寥寥可数的，而且这其中尤为缺乏针对英国公民教育迟滞性发展原因的研究。本书将力图填补这一空白，以英国公民教育方面的文献作为核心，并努力从现代化、现代国家建构等理论文献中找寻与公民教育相关的理论和主张。以公民资格为纽带，建立起公民教育与现代国家之间的关系，并最终形成一个以国家建构理论与公民教育理论相互整合的理论架构，阐释英国公民教育迟滞性发展的历程，并归纳出现代国家与公民教育之间的深层关系。

三、现代化进程中的民族国家建构与民主国家建构

分析现代化进程中的公民教育,首先应明确公民教育与现代化发生关系的维度。现代化是一个历久弥新的话题。当前,现代化理论已经发展成了一个庞大且复杂的理论体系,国内外有关现代化的研究成果可谓汗牛充栋。我国现代化研究专家罗荣渠先生在《现代化新论》一书中归纳了各国学者对现代化的解释:"从历史的角度来透视,广义而言,现代化作为一个世界性的历史过程,是指人类社会从工业革命以来所经历的一场急剧变革,这一变革以工业化为推动力,导致传统的农业社会向现代工业社会的全球性的大转变过程,她使工业主义渗透到经济、政治、文化、思想各个领域,引起深刻的相应变化……"[1] 而20世纪70年代以来,现代化的变革力量将人类带入了一个崭新的历史阶段——后现代社会。政治、经济、文化所发生的深刻巨变引起了人们认知方式的重新建构,后现代主义应运而生。后现代主义是基于对现代主义批判的一种重新建构,是现代化的延续而并非断裂。后现代主义致力于对现代主义文明负面效应的积极矫正,并提供可资行动的新思想和新观念。[2] 其所倡导的生态主义、多元文化主义、全球化都表现出一种基于现代性的建设性向度。这也正如吉登斯所言:"现代性内在地是指向未来的,它以如此方式去指向'未来',以至于'未来'的形象本身成了反事实性的模型。"[3]

简言之,所谓现代化,就是从"传统"社会向"现代"社会的转化,也就是一个社会逐渐获得"现代性"的过程。而"现代性是法国民主革命以及英国工业革命的产物,它表现在政治思想上就是民族国家体系与自由、民主精神的出现;在经济上是资本主义工业制度的诞生;在文化上则是理性的张扬"。[4] 也就是说,从政治的角度而言,现代化即现代国家建构的过程,是一个由分散、互不联系的地方性社会走向现代民族国家的过

---

[1] 罗荣渠. 现代化新论 [M]. 北京:北京大学出版社,1993:1-17.
[2] 周穗明. 现代化:历史、理论与反思:兼论西方左翼的现代化批判 [M]. 北京:中国广播电视出版社,2002:462.
[3] 吉登斯. 现代性的后果 [M]. 南京:译林出版社,2000:155.
[4] 文军. 承传与创新:现代性、全球化与社会学理论的变革 [M]. 上海:华东师范大学出版社,2004:37.

程，也是一个由封建等级制的不平等社会走向现代民主国家的过程。徐勇先生对此有着精辟的概括：现代国家建构，亦即由传统国家向现代国家的转型，它"既是现代化的条件，也是现代化的结果。与现代化相伴随的现代国家有两个特性，一是民族—国家，即居住在具有主权边界里的集体为统一的国家机器所控制，并形成统一的国家认同；二是民主—国家，即居住在国家内的人民居于主权地位，国家机器的权威来源于公民授予。由此而产生所谓的民族主义和民主主义"。①

所谓公民教育（citizenship education），无论如何界定，都是一种关涉公民资格（citizenship）的教育。正如特纳（Bryan S. Turner）所指出的那样，"公民资格实质上是现代政治的产物，即法国大革命与工业革命的社会政治结果。……完整意义上的公民资格是封建与奴隶社会衰亡的后果，因此与现代工业资本主义社会的出现直接关联。用更具社会学性质的术语来说，公民资格既是现代性的构成要素，也是现代化过程的结果"。②作为现代性构成要素和现代化过程结果的公民资格，关涉两个维度的关系：一是公民与现代国家或政治共同体的关系，二是在该国家或共同体范围内公民之间的关系。也就是说，由于公民资格与现代化、现代性的密切关联，公民资格、公民教育也就与现代国家建构、与民族和民主建立了密不可分的关系。正如日本学者熊谷一乘所指出的那样，民主主义和民族主义，作为现代国家的基本原理，构成了现代公民产生和现代公民教育崛起的契机。③也正因如此，公民教育自从诞生之日起，就受民族和民主的观念支配，一直将重心放在民族国家的政治主权和合法性以及公民的权利和义务上。④

既然无论是现代化，还是公民教育，都与现代国家建构及其基本原理——民族主义和民主主义——具有密切的关系，那么以现代国家建构为切入点，来探讨公民教育在现代化进程中的功能问题，也就顺理成章了。因此，本部分首先将现代化进程中的国家建构解析为民族国家建构与民主

---

① 徐勇. 现代国家建构中的非均衡性和自主性分析 [J]. 华中师范大学学报（人文社会科学版），2003（5）：97-103.

② TURNER B S, HAMILTON P. Citizenship-critical concepts（Ⅰ）[M]. London and New York：Routledge，1998. General Commentary.

③ 熊谷一乘. 公民科教育 [M]. 东京：学文社，1992：4.

④ LAW W W Globalization and Citizenship Education in Hong Kong and Taiwan [J]. Comparative Education Review，2001，48（3）.

国家建构这两个维度,并分别总结二者特征及相互关系,从而突出它们与公民教育的关联。其次,分析公民、公民资格的内涵以及公民教育的分析框架,并通过民族与民主两个维度来阐明几个主要公民教育思潮。最后,以国家建构作为分析公民教育与现代化关系的视角,阐释现代化对公民教育的需求,以及公民教育两个相应功能及其主要实现途径。由此,现代国家建构理论与公民教育理论整合为一个分析框架,因而,本部分内容具有统摄全文的重要意义。

对于一个现代国家来说,公民教育是一项极为复杂而且又非常重要的社会工程。它关涉着国家社会生活的众多领域。公民教育的发展不仅直接决定于一国教育的发展状况,而且会受到该国家现代化进程的深刻影响。目前,有关公民教育所展开的研究,呈现为多种研究角度。欲探求一国公民教育的发展历程,现代化不失为其中一个较为适切的研究角度。因为国家的现代化进程将为公民教育展现出各个时期最为广阔的社会历史图景,这为研究者追溯公民教育阶段性特征的根源提供了非常有价值的线索。更重要的是,公民教育的基本功能也正是基于现代化进程中国家建构而形成的。鉴于现代化与公民教育的这种密切关系,研究现代化进程中的英国公民教育,与其说是对英国教育的一种历史考察,毋宁说是对英国现代化进程的一种侧面观照。

现代化进程发端于工业现代化,并以工业现代化为核心辐射到整个社会中的政治、文化、思想等各个方面。工业现代化的发展使全社会生活的各个方面带来一系列连锁反应。现代化不仅是由传统农业社会向现代工业社会的转变过程,而且它既是一个由分散、互不联系的地方性社会走向现代整体国家的过程,又是一个由封建等级制的不平等社会走向现代民主国家的过程。也就是说,在国家现代化进程之中,一方面,现代国家形成,且国家的主权权威日益渗透到国家的各个领域,每个人都要被国家机器所控驭,即民族国家建构;而另一方面,现代公民诞生,且民主观念日益深化到社会各个阶层之中,而且民主内涵本身也不断得到充实与完善,即民主国家建构。这两个过程表面看似相逆,实际上则为一体两面的同一个问题。以下将通过分别阐述现代化进程中的民族国家建构与民主国家建构,并以之作为探索现代化进程中公民教育发展特征的重要视角。

(一)民族国家建构

现代国家是在前现代化时期的国家形态基础之上形成的。它起源于西欧中世纪后期，兴盛于 18—19 世纪，并由西向东推进，在 20 世纪扩展到全球，由此构成现代世界体系的主体要素。前现代化时期，虽然也存在着国家，但是人类社会主要是以氏族、家族、部族、地方性族群等共同体构成，并形成相应的政治单位。这些政治共同体独立、分散且互不联系。现代化进程正是将这些分散、互不联系的地方性社会走向现代整体国家的过程，这就是民族国家建构。

1. 民族国家的形成与建构

现代国家的形成是以传统国家形态为基础，逐渐演变为现代民族国家，并依赖战争暴力、经济暴力得以确立的。较之传统的国家形态，现代国家建构中的"国家"本质上是"民族国家"。当国家和民族融为一体时才形成现代意义上的民族国家。它是伴随近代资本主义产生而构建的现代政治共同体，同时也是现代化锻造的现代性在政治生活中的反映。在现代化进程中，与民族国家中"国家"相对应的"民族"含义发生了实质性的变化。这里的民族更准确地说应为"国族"，是人们在历史上形成的一个有共同语言、共同地域、共同经济生活以及表现在共同文化上的共同心理素质的稳定的共同体。这也是"nation"既可译为民族，也可译为国家的重要原因。① 世界上最早的民族国家兴起于 13 世纪中叶到 15 世纪下半叶的西欧。1648 年所签订的《威斯特伐里亚和约》确认了国家主权的原则，这标志着民族国家的国际体系在西欧形成。英国、法国、西班牙、葡萄牙、瑞典、荷兰和丹麦等民族国家正是在这一历史进程中形成的。这也为后来资产阶级借助民族国家这一外壳推动现代化进程创造了条件。

现代国家建构的核心是主权。国家的主权源自国家内每个公民的权利渡让。为了保证自己的生命、财产、自由不受侵犯，人们将个人的一部分权利渡让给国家，并通过法律限定形成国家主权。主权是一个国家拥有的独立自主处理其内外事务的最高权力。国家主权具有内部权威与外部权威的双重内涵，国家主权对内具有最高政治统治权力，它通过立法、行政、司法、军事、经济、文化等手段来实现国家内部一体性；对外具有神圣不可侵犯的权力，具有独立自主性以及领土完整性，并通过军事、法律、外交、经济等方式加以实现。

英国比较教育学者安迪·格林这样简要地描述了国家建构及其必要性——

---

① 徐勇. "回归国家"与现代国家的建构 [J]. 东南学术，2006 (4)：18-27.

民族国家强化了国家边界，确立了领土绝对不可分割的明确疆界。它延续了集中化的权力，摧毁了旧的封建排他主义（特殊恩宠论），建立了更加统一和一体化的管理机器；在新的民法和管理程序中确立了国家权力，通过办公署和统计数字使其更有效率，使其扩大了官方检查和监督的范围。然而，民族国家最新颖之处不在于国家，而在于民族。国家不得不创造民族和公民，因为民族和公民构成了国家，国家并非现成的，国家必须对人民证明其合法性。①

民族国家建构的过程，实质上就是国家主权的逐渐形成与中央权威在主权国家范围内日益渗透并得以维系的过程。现代化初期，新兴资产阶级的力量还不够强大，他们需要依靠封建君主来建构统一的民族国家。因此，民族国家初期实行的仍是君权神授、主权在君的专制制度，国家与国王一体。伴随资本主义经济迅速发展与资本力量的不断扩张，资产阶级力量逐渐壮大，他们开始按照自己的意志建构国家。他们逐步削弱君主权力，提出主权在民的政治要求。而且，现代国家主权将越来越趋向于体现国家内所有阶层人民的意志。"对于把一个民族的忠诚脱离君主来说，民族主义是一个非常有用的工具。王权神授（divine－right）的君主专制对于激发出情感依恋来说不乏是一种高雅而简朴的方式。大量的主权公民几乎不可能发挥出那种作用。但民族通过各种象征符号和仪式的拟人化方式，却可以做到这一点，也的确做到了这一点。""从臣民的身份和观念向公民的身份和观念逐渐转变的过程中，民族主义的观念有着非常重要的历史意义。民族主义巩固了大众主权的原则，削弱了君主专制的权威，并且相当程度地加速了变迁的步伐。在一种共生关系中，爱国的和排外的公民要求其政府更为公开的民族主义政策，而政府要求并逐渐巩固公民对国家的忠诚。社会认同的其他集中地，如区域和教会逐渐丧失了其以前强有力的吸引力。"②

2. 民族国家建构的特征——稳定性

民族国家建构，意味着国家整体和代表国家主权的中央权威日益深入地渗透于主权国家领域，并支配整体社会。为了体现这种国家主权的神圣

---

① 安迪·格林. 教育、全球化与民族国家 [M]. 北京：教育科学出版社，2004：144-145.
② 德里克·希特. 公民身份：世界史、政治学与教育学中的公民理想 [M]. 长春：吉林出版集团有限责任公司，2010.

性、不可侵犯性，国家主权的渗透与维系，不仅要依靠稳定的税赋体系、集中领导的军事权力、垄断立法和法律权力，以及拥有专职官员的行政管理体制；而且还需要来自于知识以及可以支配大众社会的话语权。因此，只有发展到现代国家的时候，利用现代国家机器和权力体系，并借助现代交通、信息、学校等现代工具，国家的权力才能真正覆盖到所有的国家疆域，行使对主权国家的统辖。这一过程需要通过国家力量对分散的社会加以整合。这种整合的过程正是谋求稳定的过程。

现代化进程中，国家主权的凝聚力逐渐增强。主权成为区别国家与国家之间的基准线，于是也就有了一系列体现主权国家的象征和符号体系：国名、国旗、国徽、国歌、国语、国界、国籍、公民等等。这一系列国家象征都是对"我国"的确认，是国家主权的重要标志。其中对"公民"的最精辟定义就是具有一国国籍的人。与其他抽象性的标志不同的是，公民不仅是主权国家的重要体现，更是国家建构中的能动性主体。

追求高度的稳定性是国家建构重要价值取向。这种稳定性就源自所有公民对国家主权权威的认可与忠诚，相对而言，这是一种自上而下的力量。国家建构只有保证这种稳定性，才能够保证国家内的公民平等地享有自由、平等权利，才能够保证国家拥有可持续性发展的健康环境，从而使之在世界民族之林屹立不倒。这就有赖于国家力量对分散的社会加以整合。这种整合是多个方面的，包括经济整合、政治整合、文化整合等。教育是文化整合中一项重要且有效的途径。通过教育，特别是正规的公共教育，可以广泛地渗透国家意志，有效地促进公民对国家的认同与归属。因此，培养公民对国家的归属感、认同感，就成为现代国家建构的一大要务。在现代化进程中，每个国家都逐步加强了对教育的干预，公共教育体系也随之建立起来。这些都为公民教育的形成与发展奠定了重要基础。公民教育的整合功能也正是在这一过程中逐渐形成的。

（二）民主国家建构

现代国家是民族国家与民主国家的统一体。如果说，民族国家是现代国家组织形式，所要解决的是统治权行使范围的问题，那么，民主国家则是现代国家的制度体系，所要解决的是现代国家根据什么制度规则来治理国家的问题。主权是民族国家的核心，主权对内属性是统治国家的最高权力。那么，这一统治权归属于谁，由谁来行使，按照什么法则来行使，从而才能保证国家的持续运转呢？这是现代国家建构必然会产生的权力归属、权力配置和权力行使的制度性问题。① 这些正是民主国家建构所要回答的问题。现代化进程不仅是民族国家建立中央权威与主权渗透的过程，同时也是民主观念在全社会日益深化，所有公民逐渐获得自由平等公民权利的过程。

1. 民主国家的缘起与建构

虽然民主的渊源可以追溯到古希腊、古罗马时期，但是，民主国家的建构则是与现代化进程紧密相伴的。在前现代化时期的传统国家中，主权不在于人民，而是集中在最高统治者——国王手里。国家通过庞大的官僚体系和金字塔式的层级控制，有效利用地方精英，达到对地方的统治目的。国王统治的合法性来自于传统型的权威，以暴力夺权为基础（即使在通过世袭的"合法"方式获得统治权的情况下，也必须有强大的军事力量作为支撑）。而一旦取得政权之后，国王便拥有了至高无上的权力和不可置疑的合法性。直至17世纪末期，伴随着西方国家现代化进程的启动，英国光荣革命、美国独立建国以及法国大革命之后，封建君主制被颠覆，新兴的代议民主制度逐渐成为西方及其他地区国家效仿的对象，终至形成现代民主国家。自此，作为现代国家核心的主权不再由一人独揽，而是开始越来越体现出国家中公民的意志。

现代化进程中，民族国家建构所要解决的核心问题是国家主权的建立与维护。而在此过程中势必会产生权力归属、权力配置和权力行使的问题。这些正是民主国家建构所要解决的核心问题。现代民主国家建构"强调的是按照主权在民的原则构造国家制度，主要反映的是国家内部统治者与人民、国家与社会的关系。因此，衡量民主—国家的重要标准就是统治合法性的民意基础，即统治权力是否按照体现人民意志的法律取得和行使"。② 因而，民主国家建构的过程实质上就是民主化的过程。

"所谓'民主化'，是指以民主为目标的政治变革过程。D. 波特尔简洁地概括了"民主化"的内涵。他写道：民主化是指这样一种政治变革过程，即'由较少负责任的政府到较多负责任的政府；由较少竞争（或干脆没有竞争）的选举到较为自由和公正的竞争性选举；由严厉限制人权和政治权利到较好地保障这些权利；由市民社会只有微弱的（或干脆没有）自

---

① 徐勇."回归国家"与现代国家的建构 [J]. 东南学术，2006 (4)：18-27.
② 徐勇."回归国家"与现代国家的建构 [J]. 东南学术，2006 (4)：18-27.

治团体到享有较充分自治和数量较多的自治团体'。"①

17—18世纪，英国、法国、美国三国发生的革命成为对现代民主化浪潮第一波的最强劲冲击。中世纪时代的封建等级制、君主专制被彻底摧毁，新兴资产阶级为追求与保护资本主义经济，而争取更大的自由。但是，这只是现代国家民主化的第一步，是少数新兴资产阶级的民主，而且，这一时期的民主还伴随着少数的封建残余力量，一些世袭贵族依然在国家体系中发挥着重要作用。因此，17—18世纪的民主还仅仅是少数人的民主。由少数人的民主向多数人的民主过渡又经过了一百多年的时间。

19世纪初至20世纪20年代被亨廷顿称为"第一波民主化"，这是民主化改革的时代。少数人的民主经由扩大的民主，趋向于全民民主。这一时期民主化改革以扩大参政权为主要目标。参政权逐渐向下层平民扩展，直到最贫穷的下层平民、黑人都获得了选举权。20世纪之初，多数西方国家的妇女都获得了选举权。1907年，欧洲移民国家新西兰率先实现了成年男人和妇女的普选权，成为第一个自由民主国家。在民族国家层面上建立的平民民主亦即全民民主在西方社会逐渐确立了起来。

与此同时，进入20世纪后，民主化已经成为世界性的进程。民主化浪潮开始波及西方以外的国家，在这些国家和地区出现了民主的初期躁动。在非西方国家，掀起了一波又一波民主化浪潮。在西方，经20世纪60年代青年造反运动后，一些国家又降低了选民的年龄。这是继黑人和妇女获得选举权后民主在水平方向上的又一次扩张。到20世纪末，世界范围的民主化进程已经越过了它的高潮，取得了决定性的进展。②

2. 民主国家建构的特征——拓展性

通过上述对民主化缘起与进程的概述，可以看出，自现代民主诞生以来，民主化无论是在民主渗透的深度与广度，还是在横向的扩展范围以及民主的实现形式方面，都呈现出持续拓展的特性。

从民主渗透的广度与深度来看，现代化进程中的民主化，主要还是伴随现代民族国家的兴起而发端，并且最初是在民族国家范围内实现的。现代民族国家的民主化经历了由少数新兴资产阶级到多数平民，再到下层平民、黑人、妇女的过程。这个由少数人到多数人，再到全体公民的民主化

---

① 丛日云. 当代世界的民主化浪潮 [M]. 天津：天津人民出版社，1999：37.
② 丛日云. 当代世界的民主化浪潮 [M]. 天津：天津人民出版社，1999：37-38.

过程，是历经无数人的卓绝努力，甚至要付出生命的代价，历时三百多年时间才实现的。但是，民主的普及却只是民主化进程中的一个方面。伴随参政主体的扩展，现代国家中公民参政的深度也在不断发展。

从民主化的横向扩展范围来看，民主化由最初有限的几个欧美国家扩张到大部分西方国家，乃至全部西方国家，又由西方国家扩张到越来越多的非西方国家。但这也并非民主化的极限。发展至当代，民主化已经超越了单纯的国家范畴，开始趋于多个共同体范畴内的民主化发展态势。继国家民主之后，又出现了区域性民主、多元文化主义民主、全球民主等等民主范畴。这些超越于国家范畴之外的民主，不仅仅意味着民主模式的增加，而且它们又会反过来影响原有的民族国家范畴内的民主化进程。

从实现民主的形式来看，由最初的代议制民主，到当代直接民主的再现，电子民主的产生等等，民主化同样也在发生着不断的变化。

综上所述，"民主的扩张表现为一波波浪潮式的冲击，每一波民主化浪潮后，往往继之以反民主的回潮，但总的趋势是退一步进两步，民主在稳步地扩大其地盘"。[①] 民主国家建构同样要借助于教育来推进其民主化的进程。教育不仅可以渗透国家权威的途径，同时又是宣扬与推广民主意识的途径。前者是一股旨在谋求稳定的整合力量，而后者则是一股旨在谋求平等与自由的民主化力量。正是这两股力量决定——在公民教育尚未成为一门成熟的学科时，公民教育就潜在地发挥着整合与民主化两个基本功能。整合与发展这两股力量，表面看似相反，实际上却并非如此。二者之间的关系主要根源于现代化进程中民族国家建构与民主国家建构的关系。

（三）现代化进程中民族国家建构与民主国家建构的关系

现代化进程中的民族国家建构与民主国家建构，既是现代化进程的必要条件，又是现代化的结果。民族国家建构与民主国家建构这二者之间的关系，在不同国家的现代化进程中表现为不同的特点。

我国学者徐勇认为："在欧美国家，民族—国家和民主—国家的建构是同步的。而在中国这类后发国家，不仅民族—国家和民主—国家的建构是不同步的，而且会产生矛盾。因为，前者追求的是整体性和强制性，后者是基于多样性和自主性。"[②] 在后发现代化国家中，民族国家的建构往往

[①] 丛日云. 当代世界的民主化浪潮[M]. 天津：天津人民出版社，1999：41.
[②] 徐勇. 现代国家建构中的非均衡性和自主性分析[J]. 华中师范大学学报（人文社会科学版），2003（5）：97-103.

要早于民主国家建构,二者之间存在着明显的非均衡性。这些国家大多是由于被侵略或殖民而被迫开始现代化进程的,它们需要通过暴力革命获得民族独立,并建立起自主的民族国家并加以巩固。以此为基础,再开始民主国家建构的进程。民族与民主的这种错位发展势必会在现代化进程中产生一定的矛盾。相对来说,在欧美早发现代化国家中,民族国家建构与民主国家建构是同步的。但是这种所谓的"同步建构"并不是我们通常所理解的"并驾齐驱"。早发现代化国家的民族国家建构与民主国家建构之间存在着一种相对均衡关系——即使在同一国家内部,由于现代化进程中各个时期的社会核心发展目标有所不同,因此也会在民族国家建构与民主国家建构之间各有侧重。总之,无论是后发现代化国家,还是在早发现代化国家,都是借由稳定与发展之间的张力来推动国家现代化的发展的。

1. 民族国家建构与民主国家建构——国家与公民之间关系的动态演进

民族国家建构与民主国家建构之间的关系,如果对其追根溯源加以分析的话,实质上可以归结为国家与公民的关系。通常对这二者关系的阐述都是一种平面式的静态描述。

国家和公民是相互依存的统一体。如果没有现代公民的诞生,没有公民权利的让渡,那么现代国家主权就成了无源之水、无本之木,就更毋谈主权在民的民主原则了。现代国家的生成与持续不断的构建也就因此而缺乏最根本的制度保障。进入现代国家之前的中世纪国家恰好从反面提供了最好的例证。封建制度下国家统治者宣扬"君权神授",国家的权威源自神的恩典,而并非国民,国民必须听命于神的旨意,即无条件接受封建君主的统治。这就为封建君主实行独断专制的统治原则提供了充足条件。因此可以说,没有现代公民,也就不会诞生现代国家。与此同时,国土、人民和统治权是构成国家的三个基本要素。现代民族国家是具有领土边界的行政实体。如果没有国家提供的确定的领土疆域以及和平的国家环境,那么公民也就无法获得个人的权利,主权在民的民主原则也就缺乏了最根本的实现基础。"单个人唯有作为一个民族—国家的公民才有身份和意义。如果一个人缺乏法律上被承认的公民身份,或者在其国家里是一种不适合种族属性的人,那么他就注定是一种不完全的人,注定要被置之于一种被抛弃的危险状态。……公民身份和民族性是合二为一的东西。"[①] 世界近代

[①] 德里克·希特. 公民身份:世界史、政治学与教育学中的公民理想[M]. 长春:吉林出版集团有限责任公司,2010:97.

史中的殖民地国家就能够说明这一点，一个国家如果没有独立自主的主权，也就无法产生平等的人民权利。如果一个国家的人民长期处于被奴役、被殖民的状态之中，人民势必会对国家的统治产生动摇，势必会对国家产生离心力。

国家与公民又是两个动态的概念，只有在历史发展的进程中去考察国家与公民之间的关系，才是对二者关系更为全面的考量。实际上，也就是这里所要探讨的现代化进程中的民族国家建构与民主国家建构的关系。在每个国家的各个发展时期，国家与公民之间的关系都会呈现出不同的特点。国家和公民虽然存在着内在依存性，但又是一个矛盾的共同体。其深刻的根源在于国家建构和民主化之间本质上就存在着理念逻辑上的矛盾。现代化进程中，国家主权与公民权利之间、国家的统治合法性与主权在民的原则之间并不能够总是保持均衡一致。现代国家是根据理性原则建构的，但人的行为并非只在理性的王国之中游走，而是经常会受到多种具有内在逻辑矛盾的原则所支配，甚至为非理性所左右。民族国家的建构理性是民族主义的，强调的是国家整体性、稳定性，国家利益的至高无上性。民主国家的建构理性是民主主义的，强调的是构成国家的个体性，个人自由和权利的至高无上性。"这两种主义如果不能保持相对均衡而走向极端就会导致现代国家的生长困难，甚至崩溃。如极端民族主义造成德国和日本的脆弱的现代民主制度的崩溃，使这两个国家走向法西斯主义。而民主主义的过度也容易使国家在激烈的世界竞争体系之中，缺乏整体竞争力而走向失败和解体。"[1] 因此，现代化进程中的民族国家建构与民主国家建构这二者之间，当有一方开始向极端靠近时，就需要有另一方施加力量，使其回到相对均衡的状态之中。正是这种相互牵制的张力关系推动了现代化进程，这也是形成国家公民教育在各个时期具有不同功能取向的重要根源。

因此，本书将英国民族国家建构和民主国家建构之间的关系置于其整个现代化进程之中，并从国家与公民之间关系为研究的这一个点来进行剖析，通过历史的、动态的纵向梳理，最终构成探讨现代国家与公民教育之间关系的一个平面，来阐明二者关系。民主国家与民族国家实质上是一个问题的两个方面。只有在现代化进程中考察二者各自的演进与相互之间的

---

[1] 徐勇. "回归国家"与现代国家的建构 [J]. 东南学术, 2006 (4): 18-27.

关系，才会对二者关系做出更全面的解释。而且也只有在这样的剖析过程之中，英国公民教育迟滞性发展的根源才会最终浮出水面。对这二者之间关系的探讨将构成本书分析框架的基础。

2. 民族国家建构与民主国家建构——国家与公民社会之间制衡关系的表征

"国家是一种持续运转的强制性政治组织，其行政机构成功地垄断了合法使用暴力的权力，并以此维持秩序。"[1] 在马克斯·韦伯对国家所下定义中，他强调了国家的一个非常重要的特征，即现代国家是一种合法垄断使用暴力的权力的组织，这种对暴力的垄断减少了强制性特权的滥用。安东尼·吉登斯也认为，国家是在一国之内合法垄断强制力的权力集装器。国家权力的形成与实施过程中，国家都具有最根本的自主性。因此，国家是源于社会，又高于社会的组织，它垄断了暴力，可以对社会实行强制。然而，在国家建构的过程中，国家这种合法的被垄断的暴力却并不能总是合法地、有效地保护公民的权利，而且还有可能会侵犯、妨碍公民权利。公民个人的力量是无法与国家权力形成制衡的，这就需要有一个自由、自主、自治的公民社会[2]，以此制约国家权力，防范国家权力的无限扩张并脱离人民意志。国家与公民社会之间的制衡关系是公民与国家关系由平面到立体的转化，它们是在民族国家建构与民主国家建构的过程之中得以体现出来的。因此，民族国家建构与民主国家建构不仅是国家与公民之间关系平面式的动态演进，又是国家与公民社会之间立体式的相互制衡关系的表征。

公民社会与国家之间相互分离、相互制衡的关系，对现代化进程有很

---

[1] 王焱．宪政主义与现代国家［M］．北京：生活·读书·新知三联书店，2003：31．

[2] 注："civil society"一词在国内有三种译法，即"公民社会"、"市民社会"和"民间社会"（参见何增科主编：《公民社会与第三部门》，社会科学文献出版社，2000年，第2页）。考虑到：(1)"民间社会"过于边缘化，"市民社会"在马克思那里几乎被认为等同于资本主义社会，而"公民社会"被认为是一个褒义词，且强调公民对社会政治生活的参与和对国家权力的监督与制约。(2) 如下观点具有某种合理性，civil society 一词"与野蛮或无政府状态相对，汉语称'文明社会'；与教会相对，称'市民社会'；与国家相对，则称'公民社会'"（中国社会科学杂志社编：《民主的再思考》，社会科学文献出版社，2000年，第227页）。(3) 本书以"civil society"为描述对象并旨在揭示其对宪政及国家的影响。因此，笔者赞同我国学者谢维雁先生在《宪政与公民社会》中的观点，采用"公民社会"这一术语，将其内涵界定为："它是与政治国家相对且在政治国家控制之外的，由一系列与经济、宗教、知识乃至政治有关的、独特的、按照自身法则运行的、不受政治团体干预的自主性机构及其制度构成的那部分社会。"本文在引用其他学者论述时，对原作者在这一意义上使用的"市民社会"、"公民社会"与"民间社会"等术语则予以保留。

大的推动作用。但是这种关系并不是一开始就存在的，而是伴随着现代化进程的启动逐渐形成的。"公民社会的形成有一个'蛹化'过程。在前资本主义时期，公民社会与政治国家之间具有高度的同一性，二者之间没有明确的界限，政治国家就是公民社会，公民社会就是政治国家。随着近代工商业的发展，公民社会构成要素逐渐获得独立存在和发展的意义，公民社会开始同政治国家相分离。""在公民社会与政治国家的分离过程中，市场经济起到了关键性作用，因为，市场经济造就了市民社会的主体，拓展了市民社会的活动空间，塑造了市民社会的意识形态，塑造了市民社会的自治体制，促进了适合于市民社会的法律理念和制度的形成。"① 现代民主则是建立在公民社会发育成熟的基础之上的。公民社会这种共同体与传统社会中以血缘、地缘为基础的宗族、族群不同，它是市场关系下的自由民组成的自治体。构成公民社会的成员之间存在着种族、宗教、文化方面的巨大差异，这种多元化是公民社会产生与存在的基础，同时也是现代民主国家建构的重要表征。民主国家建构的过程正是使社会具有越来越大包容性的过程。从最初的贵族与王权的抗争，到民主权利向普通平民的推广，再到民主渗透到黑人、妇女等社会弱势群体，民主在不断扩充自己的主体阵营。正是在这样的过程中，现代国家越来越倾向于多元性、包容性。民主国家建构的目的就是旨在努力使国家权力体现每一个公民的意志，从而使国家为每一个公民的权利提供保障。

现代国家与公民社会是相互依存的。公民社会是现代国家形成与建构的基础，它推动着国家一体化的进程。伴随公民社会的成熟壮大，才实现了公民社会与国家、公民团体与政府机构的鲜明区分，这种社会分化在前现代化社会中是根本不存在的。公民社会在推进民族国家建构的同时，仍然保持并拓展公民社会本身所具有的多样性，并通过定期民主选举政党执政的政治形式整合这种多样性，从而构成现代国家政治的相对均衡状态。正是在现代民族国家的形成与建构过程中，公民的民主权利才得以逐步获得确认和保障，公民社会才能健康运转，保持其多样性。

现代国家与公民社会又是相互制约的。国家建构的整合特性与民主化的发展特性又使得国家与公民社会往往处于矛盾状态。公民社会的多元化势必导致各种利益的多元化，而国家建构则追求国家意志的统一性。公民

---

① 谢维雁．宪政与公民社会[EB/OL]．http://www.law-lib.com/lw/lw_view.asp?no=1171，2007-10-04．

社会多元利益能否实现，在多大程度上实现，则取决于国家建构过程中的国家目的、政治体制、社会条件等，取决于国家与公民社会相互博弈的结果。因为各个国家在现代化的不同阶段都有不同的社会背景、国家目的、国家政策、治国方略……而且公民社会的发展也具有各时期的特点，因此，二者之间的关系同样要以发展的眼光去看待。

在现代化进程中考察国家与公民之间的关系是一种由点到线的研究；在现代化进程中考察国家与公民社会的关系则是一种由平面到立体的研究。因此，民族国家建构与民主国家建构之间的关系，实际上就是"公民—公民社会—国家"这种由点及线、由线及面、由面至体的关系。民族国家建构与民主国家建构，更凸显出这三者之间关系的纵向、动态特征。

民族国家建构与民主国家建构之间的关系很难达到绝对意义上的平衡，而是在彼此的张力中形成相对平衡状态。民族国家建构与民主国家建构，在现代化的某个时期通常有其中一者得以凸显，而另一者处于相对弱势，另一者积极发挥作用对这种关系进行调整，使得二者相对均衡。待发展到下个时期，再由明显不平衡到相对平衡。民族国家建构与民主国家建构之间这种动态平衡关系，直接影响到现代化进程中国家在不同发展时期对公民教育功能的不同需求。当民族国家建构处于相对强势时，公民教育的整合功能就会受到相应重视；当民主国家建构成为社会主题时，公民教育的民主化功能就会相应地被提上议事日程。

在早发现代化国家之中，二者的同步建构关系在每个国家也具有各自的特点。英国是西方现代化国家的先驱，它的许多国家建构理念、民主思想都为许多国家所学习、效仿。英国所做出的努力是开天辟地式的，之前没有任何可供借鉴的规律可循，正因为如此，英国的现代化进程明显地带有浓重的保守渐进式的传统特征，这使得英国的现代化进程又与其他早发现代化国家有着诸多明显区别。与之相应，英国公民教育的发展历程也明显具有其自身的特色。

四、现代化进程中的公民教育内涵及理论

伴随现代化进程在欧美的开启，各国教育也随即发生了重大变革，主要表现就是教育开始走向世俗化与义务化、普及化。这一方面是由于工业

现代化对劳动者素质的培养有了更高的要求;另一方面也是由于国家的现代化进程需要现代化的人来推动。教育是实现人的现代化的重要途径之一。国家的现代化通过教育来培养公民对民族国家的认同与归属,提高公民的民主意识、参与能力,因此教育成为各国现代化亟须完成的任务。除了通过历史、地理、文学等学科教学来间接实现公民教育的目的以外,许多国家都开始发觉在现有教育体系中建立一门独立的公民教育学科的必要性。公民教育正是由此开始走向学科化、正规化的。

进入 20 世纪末期,公民教育已经引起了世界各国的充分重视,有关公民教育的调查研究成果不仅在数量上是前所未有的,在研究范围上也突破了单一国家公民教育的研究,出现了大型的多国公民教育跨国研究成果,这些成果不仅为各国开展公民教育实践提供了重要的理论依据,而且也为公民教育研究的进一步深化夯实了基础。此外,由于公民教育关涉到教育学、政治学、社会学、历史学等多个学科,因此公民教育的研究主体、研究视角也呈现出跨学科性、多维度性。当然,无论是单一国家公民教育研究、多国公民教育研究,还是从某个学科或某个角度所开展的公民教育研究,大多都要从探讨公民的定义开始。公民的定义是探究现代公民教育内涵的基础。

(一) 公民和公民教育的内涵

1. 公民 (citizen) 定义及其内涵中的两种关系

"公民"的概念源于古希腊时期,是城邦通过法律赋予有财产的男性自由民的一种特殊身份。"公民"后来由古罗马所沿袭,经近代发展,并一直沿用至现代西方社会。现代公民依然体现的是一种身份、一种资格,它以民主主义和民族主义为基础,是民主政体的产物,它是由民族国家规定的,并通过法律所赋予的,是具有某一国家国籍,并依据该国法律规定享有相应权利、承担相应义务的自然人。从法律维度对公民所做的定义,是公民的基准定义。

尽管对公民的定义可以追溯到古希腊时期,但是,现代国家中的"公民"已经与古希腊时期的"公民"有着很大区别,它是人类进入现代社会后的一个特殊范畴。公民的定义、内涵与现代国家之间存在着必然的适应性。各国政治理念、政治制度、政治结构和法律的差异,使得不同国家的公民概念的具体内涵,特别是公民资格的构成要素各不相同。公民的内涵也将会因国家现代化的启动与发展而逐渐丰富起来。然而,无论公民内涵怎样因国家而异，无论怎样不断深化或者调整，公民内涵中所具有的两种关系维度——公民与国家之间的关系、公民与公民之间的关系，却是无法变更的。

（1）公民与国家之间的关系

公民内涵中蕴含着公民与国家关系的普遍意义——国家公共权力来源于公民权利的让渡，且归属于公民。

公民与国家的关系在西方早期的社会契约论者那里得以充分展示。有学者将这种关系描述为国家与公民的两极对立格局。"尽管社会契约学说导出的一些结论遭到自边沁以来的一些思想家的批判乃至否定，但它所采用的思维方式及其确立的价值目标越来越显示出普遍意义，这一点即使是社会契约论的批判者们也从未否定过。首先，公民概念假定了一种新的公民与国家关系模式，这种模式表现为公民与国家的对立格局。而这一两极对立格局正是宪政思想的逻辑前提，及一切宪政理论与制度建构的基础。近代西方启蒙思想家们正是凭借公民概念，以社会契约论为基础构建出现代国家和宪政制度的。"[①] 在公民与国家的两极对立格局中，单个的、分散的公民根本无力直接面对国家，更不可能与国家相抗衡。一个介于公民与国家之间，公民自愿参加，以自治为基础的经济、社会活动领域成为必需。这个领域就是公民社会。一方面，个体公民要通过公民社会与国家达成公民权利与国家权力之间的平衡；另一方面，个体公民除了在享有国家所赋予的权利，履行对国家的义务的同时，也需要一种对民族国家的归属感，这种归属感能够促使彼此生疏的人们团结一致，共同致力于国家的稳定与发展。

（2）公民与公民之间的关系

公民内涵中蕴含着公民之间关系的普遍意义——独立、自由、平等的关系。

在人类进入现代社会以前，自然经济、计划经济体制之下的人与人之间的关系主要是依靠血缘、地缘所建立起来的一种依附的、隶属的关系。而伴随着现代化进程的开启，市场经济的兴起使人们逐渐摆脱了封建体制下的依附关系。市场经济需要公民以独立、自由、平等的身份参与到市场经济与其他社会活动之中。正是市场经济孕育了独立性人格以及人与人之

[①] 谢维雁. 宪政与公民社会 [EB/OL]. http：//www.law－lib.com/lw/lw_view.asp?no=1171，2007-10-04.

间的新型关系。这种独立的公民身份使得公民自身的创造性与价值得以更充分地体现。公民人格的独立,是通过国家法律赋予公民权利与义务的公民资格来实现的。法律所赋予的权利、义务具有个别性、具体性。也就是说,这些权利应当是公民个体的权利,这些义务也应当是公民个体的义务,权利与义务只有相对于具体的、独立的公民个体才有实际的意义。

与此同时,法律所赋予公民的权利与义务对于每个公民个体又是平等的。现代国家在赋予自然人公民资格的同时也就规定了公民之间关系的普遍意义即平等。这种平等关系意味着特权阶层将逐步退出历史舞台,独裁与垄断将受到公众的联合抵制。当然,公民之间的这种平等性关系并不是绝对意义上的平等。公民与公民之间的平等是相对的,它必须以一定的制度化社会背景为依托。不同的国家在不同的历史时期赋予公民的权利和义务都不相同,因此,世界上也并不存在普遍适用的、决定公民必要权利和义务的原则。

2.公民资格的维度

公民资格(citizenship)是解析公民定义的核心要素。公民资格是一个开放的、多维度的、立体动态体系,它历经法国大革命以及近代以来诸位思想家以及各个思想流派的发展,最终形成了具有现代意义的内涵——以具有某一国家国籍为最低法律底线,同时又兼顾公民权利、责任、认同感、归属感等多种维度(如图1所示)。正是由于公民资格的这种多维特性,对公民资格的定义也就表现为多样性。

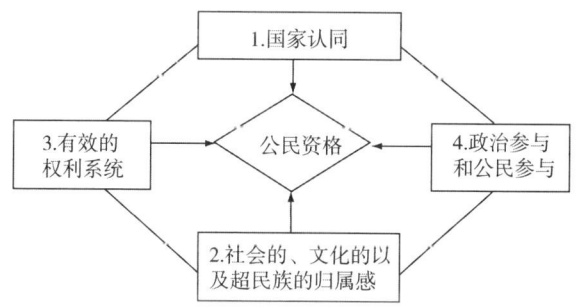

图1 公民资格概念框架图[①]

---

① Conceptual Framework for an Analysis of Citizenship in the Liberal Democracies [EB/OL]. http: //canada. metropolis. net/research — policy/cern — pub/relatedstudies/Name — me2. pdf, 2007-09-18.

托马斯·雅诺斯基在《公民与文明社会》一书中，明确了法律、社会科学以及道德规范三个方面的公民资格定义。法律上对公民资格的定义是由国家立法机关制定并由司法部门以实际行动加以解释的法律（通常是宪法）来界定公民资格的轮廓。它强调的焦点是个人对于法律的服从。它是现代社会中的自然人获得公民资格的基础，但是法律上对公民资格的解释只是一种底线性规定。由于它只保留了公民的被动权利，而未延伸到政治民主和社会民主方面的主动权利，因此，它无法涵盖现代民族国家中公民资格的广泛内涵。社会科学对公民资格的定义所强调的是，民族国家内的权利和义务的总体结构，以及公民和国家之间的个人和群体关系。公民资格是国家官方对于个人成为其政治体系成员的一种确认，它指国家给公民规定的权利和义务。谁有资格成为一国的公民？人们或群体怎样能赢得公民身份，又怎样会失去这一身份？拥有这一身份的人要服从国家的权威，甚至可能要为国效忠，除了要履行对国家的责任和义务，同时公民也拥有一定的权利、特权；而没有这一身份的人却仅能在较小程度上分享或者根本无法分享该国公民的权利与特权。道德规范上的定义则侧重于公民个人应有的行为和态度，而很少涉及公民权利和义务的不同组合。在总体层面上，道德规范论似乎是为了批判个人主义之类的文化价值观，而不是考察国家、法律系统或利益集团的压力。尽管也从经验论方面考察人们如何看待权利和义务，但是，道德规范论中的公民资格主要是描述人们如何成为"好公民"。它常常用于研究公民参政以及参加志愿团体为之服务的著述之中。[1]

当代社会中，公民资格已经突破了公民权利、公民义务的法律定义维度，而越来越呈现出立体、多维的发展趋势。由国家认同、归属感、权利系统、公民参与等等维度构成了一种多维、立体的公民资格框架（如图1示）。公民资格框架并不是静止、固定的，而是开放的、动态发展的。框架之中各个维度的地位与作用也是不同的。在现代化进程中，由于受到民族国家建构与民主国家建构之间张力关系的影响，不同的国家在不同的历史时期，公民资格的特征也有不同表现。

总而言之，在一个国家的不同发展阶段，其公民资格的各个维度，至

---

[1] 托马斯·雅诺斯基.公民与文明社会[M].沈阳：辽宁教育出版社，2002：293.

少会有一个维度得以彰显，这时的公民资格就将会以这个维度作为公民资格的主要特征。随着社会的发展，当这种公民资格不能够适应国家现代化发展进程，甚至会为国家、社会的发展带来一定阻力和问题的时候，那么，公民资格的各个维度便会依据社会的客观需要进行重组。

公民教育与公民资格框架的动态发展是相互对应的。公民教育的目标、核心理念并不是一成不变的，而是一个开放式的、动态发展的系统。公民教育的目标、理念直接决定于公民资格的发展状况。因此，一个国家公民教育是与该国家的公民资格密切相关的。公民资格的维度决定了公民道德教育的基本目标、核心理念以及主要内容，公民资格的变化与发展也势必带来公民教育目标、理念与内容方面的相应调整。

公民教育在每个国家现代化道路中的不同时期都会呈现出不甚相同的特征，其根本原因就在于民族国家建构与民主国家建构之间的张力关系导致了国家在各个时期的公民资格维度的状况不尽相同。这从西方公民教育发展的历史中可以找到很好的例证。法国大革命胜利使封建等级制度土崩瓦解，西方民主国家的纷纷建立，为公民社会的复兴提供了一片沃土。大革命胜利后，法国的公民教育主要围绕着公民权利展开，主要以自由、平等、团结、人权为准则，确保可以将民主共和国的基本价值观念传播给每一位法国公民。美国在民主制度建立之初，同样也都非常重视公民平等、自由权利方面的教育。此后，由于各个国家在各个时期公民资格维度的不同变化，公民教育也进行着相应的调整。随着公民的权利由法律权利、政治权利扩展到社会权利，各国公民教育也随之增加了社会权利方面的内容。而且，除了公民权利以外，公民资格的维度也在不断向多元化方向发展，公民认同感、公民参与逐渐成为当今西方各国公民资格中的重要维度。在公民教育中，这些维度也就相应地逐渐凸显出来。以美国的公民教育为例，作为世界上典型的移民国家，美国从19世纪初期开始就一直非常强调公民的认同感、归属感。20世纪末期，面对公民政治冷漠、缺乏社会责任感的社会现实，美国的公民教育则倾向于培养公民的责任感和实践参与能力。

3. 公民教育

伴随现代社会的发展，公民内涵不断丰富起来。对于公民来说，公民资格也不再意味着仅仅是由国家法律所赋予的公民国籍、公民的权利与义务。公民的塑造并非是一蹴而就的。它是个体人逐渐向社会人转化的过程。在现代民主社会中，这种转化就是一个自然人通过遵守公共规范、习得公共意识、参与公共生活而逐步具有公民资格的过程。公民教育在这一过程中发挥着举足轻重的作用。

(1) 公民教育的定义

当前，国内外既有研究成果中对公民教育的定义表述方法表现为多种多样，在此列举其中几例：

公民教育是所有学校的一项基本教育任务，通过教育使得每个学生获得公民知识、技能和价值观方面的训练，从而使人们能够了解、判断、决定和参与公共事务，并且进一步关心其他人的福祉以及其他社会的福祉。[①]（理查德·格罗斯·E、托马斯·戴尼森·L，1991）

公民教育可从社会和个人两个角度来界定：从社会的角度而言，公民教育是为了维持政治稳定所必需的公共知识、态度、价值观和群体认同之代代相传的过程；从个人的观点而言，公民教育是指这些公共知识、价值观和群体认同被赋予私人意义以及内化为行为方针的过程。[②]（张秀雄，1998）

公民教育应当是以公民的本质特征为基础和核心而建立起来的教育目标体系，它必须以公民的独立人格为前提，以权利与义务的统一为基础，以合法性为底线。[③]（李萍、钟明华，2002）

公民教育是以公民理念为核心和目标而展开的为民主社会培养一代又一代积极、负责、有效能的社会成员的教育过程，它贯穿于公民的整个生命历程，有赖于家庭、学校、社会和媒介的共同教育作用，是终身教育的过程。[④]（王颖，2003）

社会通过培养使公民成为依法享有权利和履行义务的权责主体，成为在政治、经济及社会生活中有效成员的过程。[⑤]（蓝维等，2007）

[①] RICHARD G E, THOMAS D L. Social Science Perspectives on Citizenship Education [M]. New York: Teachers College Press, 1991: 6.
[②] 张秀雄. 公民教育的理论与实践 [M]. 中国台湾: 台北师大书苑公司, 1998: 6.
[③] 李萍, 钟明华. 公民教育: 传统德育的历史性转型 [J]. 教育研究, 2002 (10): 66-69.
[④] 王颖. 当代中国公民教育历史性复兴的现实反思 [J]. 教育理论与实践, 2003 (4): 7-11.
[⑤] 蓝维. 公民教育: 理论、历史与实践探索 [M]. 北京: 人民出版社, 2007: 21.

上述这些定义从不同角度对公民教育加以界定，它们有的倾向于法律维度上对公民资格的底线要求，有的强调公民教育的内容，有的则突出了公民教育的实施途径……此外，由于在国家现代化进程中，不同国家、不同时期在公民资格维度方面有着不同的倾向，对公民教育的定义也会因此而表现出不同的侧重点。

基于上述公民的定义、内涵以及公民教育的定义，基于现代化与公民教育的基本关系，笔者将公民教育的基本定义概括为——现代国家依据现代化进程中国家建构的社会整合与民主化需要，而培养其成员对民族国家的认同感、归属感，并使之具备民主素养、民主能力；公民教育以民族主义与民主主义这两种动力不断推动国家现代化进程。

近年来，公民教育成了国际教育研究领域中的一个研究热点。有关公民教育的表述方式、实践途径、实施方法也如公民教育定义那般表现为复杂多样。例如，有的国家将公民教育表述为"civic education"，有的国家则表述为"citizenship education"；有的国家通过历史、地理、政治、法律、德育、社会科等各个学科渗透来开展公民教育，有的国家除此以外还建立了专门的公民教育课程。尽管国际公民教育研究领域存在着诸多差异与争论，但是，这种以公民资格为核心，并致力于为现代国家培养合格成员的教育，已经取得了国际社会的共识，并于近年受到了更多国家的充分重视。

（2）公民教育的连续统

英国学者大卫·科尔（David Kerr）借鉴了麦克劳林（T. H. McLaughlin）的公民资格连续统思想，提出了公民教育的连续统（continuum of citizenship education）（如表1所示）。公民教育的连续统将公民教育的各种属性按其表现的强弱和允分与否的状态，组成一个光谱式的连续统。这个连续统涵盖了针对公民教育从最小限度的解释直到最大限度的解释。它为称呼不同、课程及实施途径多样的各国公民教育提供了相互比较的参照系。它使得复杂多样的国际公民教育有了相互交流的基础，而且更便于国际公民教育研究的开展。依据这个连续统，研究者可以对各国公民教育的各类属性加以分解和描述，并将其置于从"最小限度的解释"到"最大限度的解释"的连续状态中加以考察。

表 1 公民教育的连续统[①]

最小限度解释	——	最大限度的解释
表浅的	——	深厚的
排他的	——	包容的
精英主义的	——	行动主义的
狭义的公民教育	——	广义的公民教育
正规的	——	参与的
内容导向的	——	过程导向的
知识本位的	——	价值本位
讲授式的传达	——	互动式的阐释
实践中较易达成和测量	——	实践中较难达成和测量

科尔设计的这个公民教育连续统不仅适用于不同国家之间的公民教育比较研究，而且也为同一国家不同时期的公民教育提供了一种研究模式。在同一国家的不同发展时期，由于公民资格的适度调整以及国家建构的需求变化都会导致公民教育的相应变化，而这种变化也同样可以通过科尔的这个公民教育连续统来做出解释。本书也将运用公民教育的连续统来阐释英国公民教育的发展历程。因为如果以推行国家课程作为公民教育诞生的标志的话，那么也就意味着英国的公民教育直至 20 世纪末才产生。而实际上，尽管此前英国学校没有公民教育科目，也没有国家课程，但是事实上的公民教育却早就存在。学校中的历史、地理等学科以及个别学校所开设的民主知识课程都在一定程度上发挥着公民教育功能。因而，在这种情况下就需要以公民教育连续统作为参照。国家课程实施前的英国公民教育曾一度表现出"表浅的、排他的、精英主义的、正规的、内容导向的、知识本位的、讲授式的"诸多特征。这就说明此前英国公民教育并非不存在，而只是与其他国家表现不甚相同，这是一种基于最小限度解释的公民教育，一种狭义的公民教育。因此，公民教育的连续统是本书中议题成立的前提条件，是统摄全书的有力分析工具。

科尔还根据公民教育所涉及的深度、广度以及公民教育的目的、目

---

① KERR D. Citizenship Education：an International Comparison [EB/OL]. http：//www. inca. org. uk/pdf/citizenship_no_intro. pdf，2007-04-04.

标，将公民教育分为三种类型（或层次）：

（1）"关于公民资格的教育"（education about citizenship）。这类公民教育将重点放在如何为学生提供作为一个合格公民必须具备的知识上，强调对国家历史以及政府和政治生活的结构和过程的理解。

（2）"通过公民资格的教育"（education through citizenship）。主要是指学生通过行动，即通过积极参与学校和社区的活动来实现的公民学习。这种学习有助于巩固和强化学生所学的知识性的内容。

（3）"为了公民资格的教育"（education for citizenship）。这类公民教育包含上两类的公民教育的含义，强调赋予学生一套可以使他们在未来的成人生活中积极、敏感地履行作为公民的角色和责任的工具。这套工具包括知识与理解、技能与态度、价值与性向。这类公民教育使得公民教育与学生的整个教育经历联系了起来。[①]

这种公民教育类型（层次）的划分方法也将复杂多样的公民教育形态统整为一个整体，以便于研究的开展与经验的借鉴。它对于复杂的英国公民教育历程来说，也同样适用。根据上述分类，在颁布国家课程以前，尽管没有统一的国家指导，但是由地方的学校教育或者公民教育团体所倡导的理论与实践却为培养合格公民做出了诸多实际努力。这段时期的公民教育可以被归为第一种类型，即"关于公民资格的教育"；而在1998年《克里克报告》，即《学校中的公民教育与民主教学》（*Education for Citizenship and Teaching of Democracy in schools*）发表之后，英国政府明确地提出了公民教育的目标为培养积极公民，并通过知识、态度与技能等方面的系统设计来推广公民教育，因此，世纪之交以来的英国公民教育可以被纳入"为了公民资格的教育"这一类型。

除了上面的公民教育分析工具以外，公民教育自身的思想根源也是探究某个国家公民教育必然要涉及的问题。这些思想往往集中体现在各个思想流派所倡导的公民资格之上，因而公民教育的内容、途径以及发展方向在很大程度上会受到这些思想的影响。在西方国家现代化的过程之中，也伴随着产生了一系列政治思想流派——自由主义、共和主义、新自由主义、社群主义、多元文化主义、全球主义，这些思想逐步成为指导公民教育实践发展的重要思想基础，并最终形成了相应的公民教育思潮。尽管这

---

① KERR D. Citizenship Education：an International Comparison [EB/OL]. http://www.inca.org.uk/pdf/citizenship_no_intro.pdf, 2007-04-04.

些公民教育思潮在观点上并非截然对立,但是它们都有着各自坚定而明确的思想倾向。依据前面提及的国家建构二维性,笔者将现今比较流行的一系列公民教育思潮划分为两组,并通过对这两组公民教育思潮的分别探讨,进一步明确公民教育与民主国家建构、民族国家建构之间的关系。

(二) 公民教育的民主之维——自由主义、多元文化主义等公民教育思潮

公民的诞生始于公、私领域的区分。公民之"公"意味着,公民在公领域之中享有平等的权利。公民之间、公民与国家之间的民主平等关系不是一蹴而就,也并非静止不变的。民主,需要每一个公民去用心经营、去身体力行。民主的发展对公民自身的素养亦提出了更高的要求。公民教育基于民主国家建构的需要而使公民了解自身的权利与义务,并教会公民通过什么样的途径如何行使与维护自身的权利,履行自身的义务。相对来说,自由主义与多元文化主义等公民教育思潮主要倾力于公民民主权利方面知识的普及与拓展。

1. 自由主义公民教育思潮

自由主义的公民资格是一种相对消极的、普遍性的公民资格。自由主义者认为个人与国家的关系是松散的,国家只是为了维护个人权利这个目的而存在,个人的权利才是第一位的。有关公民道德方面的思想也是为了维护每一个社会成员的利益,而主张要对个人私利有所制约。他们不主张在学校中开展公民的教育。

20世纪中后期,以美国著名政治哲学家、伦理学家约翰·罗尔斯(John Rawls,1921—2002)为代表的新自由主义在重塑自由主义思想的时候,对自由主义的公民道德观进行了调整。他提出了正义的两个原则——平等原则和差异原则。简言之,平等原则实际上维护了自由主义普遍的公民资格观,他用平等原则说明个人权利平等、至上的思想;而差异原则实际上则是进一步阐述平等、自由的公民资格并非意味着平均主义,差异的存在是客观的,因此,这就需要公民认同、公民参与、公共理性等公民道德来从中协调。

除了罗尔斯以外,还有许多新自由主义者,如,盖尔斯顿(Galston)、斯蒂芬·马塞多(Stephen Macedo)、古特曼(Gutmann)等也都对公民道德提出了各自的看法。我国台湾学者林火旺将新自由主义者的论述进行了归纳,他认为自由主义所倡导的公民道德应包括:容忍(肯定多元价值就必须容忍差异）；公开讨论和理性对话（任何政策或主张允许公开讨论和理性对话，是重视个人自由具体的实践）；不同价值主张者之间的相互尊敬（这是肯定人的平等性的具体表现）；自我批判和反省能力（自由社会是一个透明的社会秩序，公民必须具有批判力，才能理性地思考政策，民主政治才能成熟发展）。① 新自由主义开始关注公民道德的作用，并倡导公民参与。当然，新自由主义提倡的公民参与依然是以公民个人的利益为最终追求目标的。

2. 多元文化主义公民教育思潮

正如前面所述，现代民族国家的民主化经历了由少数新兴资产阶级到多数平民，再到下层平民、黑人、妇女、移民的过程。与此同时，民主化已经超越了单纯的民族国家的范畴，开始趋于多个共同体范畴内的民主化发展态势。多元文化主义与全球化的公民教育思潮正是在这一背景下应运而生的。

多元文化主义的公民教育思潮同新自由主义一样继承并修正了传统自由主义者的观点。传统自由主义者主张"普遍的公民资格观"，认为无论种族、阶级、党派、性别、宗教方面有多大的差异，公民之间都是自由、平等的。但是，事实上，这种自由、平等的理想却严重忽略了弱势族群的权益。自由主义公民教育在处理这种问题上，仅仅强调了公民教育的国家整合功能，只强调公民对国家的效忠、对政府的支持，却要求少数族群放弃自己的文化，而被本国的多数族群文化所同化。在这样的观念里，认同主流民族、效忠主流民族所建立的国家，被认为是最重要的，而认同民族、效忠国家最主要的手段，这便是同化。这种同化论因其单向性、强迫性而招致批判，其后又出现了民族融合论，但是，依然无法解决社会中的不平等问题。

多元文化主义针对自由主义的这一弊端，提倡"差异性的公民资格观"，强调不同的族群拥有不同的文化，但这些文化并无优劣之分，因此应该尽力消除相互歧视或压迫。要消除歧视与压迫，不仅要为弱势族群提供公平参与、公平竞争的平台，而且更要致力于建立一个相互宽容与尊重的社会。

多元文化主义的倡导者之一、加拿大著名哲学教授威尔·金里卡批判

---

① 林火旺. 自由主义社会与公民道德 [EB/OL]. http://210.60.194.100/life2000/professer/linhowang/6PSliberalism.htm，2003-09-19.

自由主义的公民教育为了使孩子们对社区的传统保持一种非批判性的顺从，只能让他们接触最低限度的公民教育。这种最低限度的教育只教授关于政府的事实，不教授礼仪、公共理性和对政治权威的批判态度。而培养礼仪习惯、公共理性能力以及批判能力正是多元文化社会背景下公民教育的三个主要内容。金里卡指出："通过公民教育，孩子们意识到了其他生活方式的存在，并且学到了必要的知识和技能去理解和评价其他生活方式。正如古特曼指出的那样，公民教育涉及'使孩子们具备那些评价不同于他们父母生活方式所需要的知识技能'，因为'在诸多幸福生活方式中进行选择所需要的大部分（如果不是所有的）能力对于在诸多美好社会中做出选择也是必需的'。"[①]

3. 全球公民教育思潮

20世纪末，现代化进程进入了一个新的阶段。"在当代全球化浪潮的推动下，世界正在发生突破性的转变，因此有西方学者认为，世界正在进入'后现代化'时期，然而万变不离其宗。无论是'全球化'，抑或'后现代化'，都不过是世界现代化线索的一个合理历史延续，都将翻开世界现代化历史崭新一页。"[②] 伴随着世界上各种非政府组织、非营利性组织如雨后春笋般增长，国际活动影响力的逐渐增大，全球公民社会已经初见雏形。全球化对公民资格的影响，以及全球化背景下如何开展公民教育，已成为当今社会重要的议题。公民资格已经开始超越了原有民族国家与政府的界线。公民的全球意识升高、国家主权的相对削弱、公民参与的增多、大众文化的产生与传播、社会正义的凸显，成了全球化背景中公民资格的主要特征。全球化浪潮的推进不仅促使民族国家有意识地加强了对公民意识和公民参与能力的培养，而且还促使各国在公民教育中开始考虑"世界公民"的培养问题。"现代公民素养必须跳脱传统的以国家为本位、强调个人与单一国家之对应关系的狭隘观点，而代之以宏观的全球视野，体认世界各国相互依存的关系，进而培养世界公民所需具备的各项能力，并善尽世界公民的责任，以成功地扮演世界公民的角色。"[③]

---

① 威尔·金里卡. 少数的权利：民族主义、多元文化主义和公民 [M]. 上海：世纪出版集团，2005：342.

② 周穗明. 现代化：历史、理论与反思：兼论西方左翼的现代化批判 [M]. 北京：中国广播电视出版社，2002：195.

③ 张培新. 全球化与现代公民素养 [EB/OL]. http：//www. eshare. org. tw/3 _ Book/Text. asp？Txt _ ID=322，2003-08-05.

(三) 公民教育的民族之维——共和主义、社群主义的公民教育思潮

公民教育与现代国家之间是一种相伴相生的关系。从现代国家诞生之时起，教育就必然性地承担起了渗透国家主权、整合民族国家的历史重任。正如霍布斯鲍姆所言："国家会运用日益强势的政府机器来灌输国民应有的国家意识，特别是会通过小学教育来传播民族的意象与传统，要求人民认同国家、国旗，并将一切奉献给国家、国旗，更经常靠着'发明传统'乃至'发明民族'以便达成国家整合的目的。"① 在诸多公民教育思潮中，共和主义与社群主义的公民教育思潮非常明显地体现出了现代民族国家整合的需求。这二者都将国家或者社群的利益置于个人利益之先，强调公民对国家的责任，强调公民的参与意识与能力，极力倡导通过公民教育培养负责的公民。

1. 共和主义公民教育思潮

共和主义的传统源自古希腊、罗马时期的政治思想。在共和主义思想中，首要强调的不是个人的权利，而是公共利益，强调必须把公共利益至置个人利益之上。个人要以公共利益的实现为其最高目标，当个人利益与公共利益发生冲突时，个人利益必须做出让步，必要时候还要为了公共利益牺牲个人利益。共和主义对于公、私领域的划分使得公民资格具有了鲜明的排他性。也就是说，共和主义的公民资格并不像自由主义公民资格那样按照消极自由的模式来确定，因为消极自由是私人享有的。共和主义的公民资格是有条件限制的，它要求公民必须是一个积极自由的主体、有责任感的主体，作为公民必须有能力参与公共领域的活动。因而，是否有能力或是否愿意参与公共事务也是区别公民与私民的重要特征。

(1) 共和主义公民教育的目标与内容

公民知识是培养公民责任意识与实践能力的基础，因此公民共和主义公民教育的首要内容就是公民知识。公民知识内容包括：使学生了解民主的程序、了解宪法；教给学生社会技能，使之积极参与到公众的讨论中；培养学生寻求权利、责任的平衡点。总之，学生们所要掌握的文化知识必须有助于他们由个体转变为一个好人、一个好公民。②

公民德行是实现公共善的必要条件，也是共和主义公民资格的重要组

---

① 埃里克·霍布斯鲍姆. 民族与民族主义 [M]. 上海：上海人民出版社，2000：108.
② PRATTE R. The Civic Imperative: Examining the Need for Civic Education [M]. New York: Teachers college, Columbia University, 1998: 49.

成部分。因此，培养公民德行便成了共和主义公民教育思潮中的重要内容。

"公共善的维持和实现需要公民对公共善具有强烈的责任感，而这种公民意识来自于公民德行的建立。"① 公民德行表征了一种公民美德的理念。公民在公共领域活动中，通过与他人的互动发展自己的人格、实践公民德行，并在其指引下达到个人利益与公共善的良好平衡状态。共和主义者认为公民德行的内容主要包括：爱国与勇气、人格尊严、认同感、隐私权、自主权、关心他人、关怀社会、宽容、公共服务以及积极参与等。

(2) 共和主义公民教育的方法与途径

公民参与意识、参与能力的培养必须通过在公民教育过程中深入实践。学生只有在亲身参与共同生活实践的时候，才会产生参与的意识，而且只有在参与的过程中个人的参与能力才能得到锻炼。

共和主义教育思想主张建立一种学校社群，学校社群的事务要由不同派别通过商讨达成一致意见后做出决定，而并不能简单地依据"多数原则"来决定，这种做法相对于以往的以语言形式灌输民主思想的教学方法相比，具有很大优势。它会使学生更易于获得理智的、正确的道德判断，有助于学生公民德行的养成与实践，从而也有助于学生在步入社会生活后更好地去实现"公共善"这一共和主义所追求的、崇高的社会目标。自由主义庇护下的社会产生了诸多的问题，公民共和主义正是要通过它所倡导的这种公民教育来肃清这些问题。② 当代共和主义主要受马基雅维里和卢梭的影响，并钟情于古典共和主义的德性传统，强调政治参与对公民个人的内在价值。这种观点认为，政治生活高于家庭、邻里和职业生活中纯粹私人的乐趣，应成为人们生活的中心。然而，这种观点与现代世界中大多数人对良好生活的理解方式相抵触。在现代公民看来，政治只是个人生活的手段，政治参与也被看作一种偶尔的活动，大多数主要是在愉快的家庭生活、宗教以及丰富多彩的娱乐活动中，而不是在政治中得到最大的幸福。这种观点也为大多数西方政治思想家所赞同。

2. 社群主义公民教育思潮

社群主义是在批判新自由主义的过程中逐步发展起来的。社群主义同

---

① 张秀雄. 公民教育的理论与实施 [M]. 中国台湾：师大书院有限公司，1998：112.
② PRATTE R. The Civic Imperative: Examining the Need for Civic Education [M]. New York: Teachers college, Columbia University, 1998: 51.

共和主义一样，主张通过公民德行和公共善来强调个人利益与社群的关系，但社群主义又力图突破共和主义的单一认同、必要时牺牲个人利益、极端参与等局限。社群主义的公民资格观强调公民认同①与公民参与这两个维度，这也直接决定了社群主义公民道德教育的目标——通过参与和实践来培养公民道德，以促成公民对政治社群的认同，进而实现社群主义所倡导的公共善。

（1）社群主义的公民教育内容主要包括两个方面：

第一，公民对其所属政治社群的认同感和归属感。公民认同是获取社群主义公民资格的必要条件，它有助于公民更加热心于社区的事务，更加积极地参与社区的实践，从而共同地去实现公共善。公民认同是实现公共善的重要基础。

社群主义认为社群成员对社群的忠诚、归属与认同非常重要。

社群主义对"认同"（我是谁的问题）的界定是指向一个人和其家庭、文化传统或社群的关系。桑德尔指出，每个人都是由某些未经我们选择的关系所构成的，例如，每个人一出生，即注定成为某个人的儿女、某个社会文化的一员、位于某个特定的历史时空、以某种方式和其他人建立关系。是故，社群文化的特殊性不但构成了个人认同的重要部分，个人也会对社群产生认同感和归属感。②

社群主义认为公民对社群的认同对于公民资格的取得具有重要的作用，公民的认同能够使得公民的资格具有实质性的意义。它是公民确立群我关系、参与社群活动的基础，也是公共善得以实现的基础。

第二，公民积极主动参与公共事务的意识和能力。社群主义鼓励公民积极参与公共生活，并尽可能地扩展政治参与的范围。这也是公民取得公民资格的必要条件。公民参与被认为是公民个人实现自我价值的重要途径，正是在参与的过程中，公民个人的权利才会得以充分体现。此外，社群主义认为，积极的公民参与也是防止专制集权的根本途径。社群主义主张在培养学生的公民参与能力的同时还要渗透认同的意识，因为公民德行

---

① 社群主义、公民共和主义、新自由主义都强调认同，但是三者所强调的认同的维度是不同的。公民共和主义所强调的认同是一种单一的对于民族国家认同；社群主义所强调的是一种多元认同，这种多元认同又并非新自由主义对公民之间的差异性的认同，而是指对不同社群的认同。因此，社群主义所主张的多元认同是指公民对了多个社群的认同，国家只是众多社群中的一个，公民可以认同于多个社群，因而个人具有多重公民身份，既是社群成员，也是国家成员。

② 张秀雄. 公民教育的理论与实施 [M]. 中国台湾：师大书院有限公司，1998：132.

与公民认同之间的关系是密不可分、相辅相成的。

（2）在公民道德教育的途径和方法方面，社群主义者认为，只有在现实的社区生活中开展公民教育才能培养学生的认同感与实践能力。学校只是众多社群之中的一个社群，因而学校也并非是实施公民教育的唯一途径。学生只有通过参与社区的活动，才能逐渐产生对社群的认同感，并在不断的互动过程中建立对社群的认同，使学生积极面对社区的问题，并有志于解决这些问题，促进社区文化的发展。因此，在公民道德教育的问题上，必须要求学校与社区二者达成一致。

五、国家建构与公民教育

公民教育与现代化的关系，特别是公民教育在现代化进程中的功能等问题，是本书首先要解决的一个重要理论问题，这也是此后阐述英国公民教育发展历程的重要理论基础。如前所述，无论是现代化还是公民教育，都与现代国家建构有着密切关系。因此，本书将以现代国家建构作为探讨现代化进程中英国公民教育的切入点，而现代化与公民教育之间的关系自然也就具体化为现代化进程中的国家建构与公民教育之间的关系。

（一）现代化进程中国家建构对公民教育的需求

1. 公民教育是民族国家维系政治稳定与社会整合的积极诉求

现代民族国家打破了传统国家的血缘性、地缘性，在共同语言、共同地域、共同经济生活以及表现在共同文化上的共同心理特质基础上，使原本分散的社会凝聚为一体。它不仅是具有地理边界意义的实在共同体，而且还是具有文化与心理边界意义的虚拟共同体。因此，在现代国家建构的过程中，更需要从文化、心理方面强化全体公民的整体性，即通过民族认同的培养来实现国家的整合。

民族认同是国家建构追求稳定性的意识形态基础。正是公民对国家权威的认可、崇敬，及其对国家的热爱，才会在整个国家内形成一种强大的凝聚力、向心力。这种力量可以鼓舞人们万众一心击退外敌侵犯，可以支持人们兢兢业业投身国家建设，可以使公民在追求个人利益的同时兼顾国家的整体利益。这种力量可以是坚如磐石的，它激励人们在关键时刻宁愿舍弃自己的利益，甚至生命，也不放弃对祖国的热爱；但是，有时候这种力量也是不堪一击的。如果一个国家长期处于分崩离析或者受人奴役的状态之中，公民无法作为国家的主人享受自由、平等的权利，那么这个国家的公民就很有可能对中央权威的合法性产生怀疑，进而对国家产生离心力。这时，公民心中的"国家"也就不再是"我国"，即我们自己的国家。公民对国家忠诚意识的弱化甚至会背离自己的祖国。"美利坚合众国正是由于一些对自己祖国失望并背离自己祖国的人组成的一个新国家。亨廷顿认为：'人们对国家的认同并不是固定的和永远不变的，民族主义也不是时时处处都具有压倒一切的力量。只有当人们认为自己同属一国时，国家才会存在，而人们对自己的看法可能是有高度可变性的。'除了背离祖国以外，在国内，对国家的失望还会促使人们回归到自己更加认同的政治单位，从而造成国家的分裂和地域化、族群化，由此大大动摇统一国家的根基。特别是对于那些民族—国家体系还相当脆弱的国家，由对国家忠诚感下降而产生的民族分离主义和族群分立主义，很容易导致国家的解体。如前苏联和前南斯拉夫地区。"① 由此可见，培养公民对国家的认同感与归属感是现代国家建构的重要保证。世界各国在现代化进程中一般都十分重视对公民开展爱国主义教育，原因即在于此。培养公民的民族认同是现代化进程中民族国家建构的一种必然需求。而教育恰恰在民族认同的培养方面能够迎合现代国家的这种需求。19世纪以来，许多西方国家都逐步加强了对教育的干预，公共教育体系也随之建立起来。这一方面反映出现代化进程中，国家开始有意识地通过教育培养公民的民族认同；另一方面，这也是现代公民教育的形成与发展的重要基础。通过公民教育，能够培养公民的爱国情感，渗透国家意志，能够有效地促进公民对国家的认同、归属，促进民族整合，实现民族国家建构。

2. 公民教育是民主国家维系民主制度健康发展、推进民主化的重要依托

与民族国家建构的过程一样，现代民主国家的建构也并非一蹴而就。确切地说，民主国家建构实质上就是民主化的过程。从历史发展的纵向角度来看，它是一个渐进的建构过程。现代国家的民主化经历了由少数新兴资产阶级到多数平民，再到下层平民、黑人、妇女的过程。这个过程是历经数代人的卓绝努力，历时三百多年时间才逐步实现的。从民主内涵的横

---

① 徐勇."回归国家"与现代国家的建构［J］.东南学术，2006（4）：18-27.

向角度来看，民主不仅仅是一种现代国家的政治制度，而且是一种现代国家公民的生活方式。相应地，现代民主国家建构，也并不仅仅是国家民主制度的建立与完善，而且包含着民主观念的传播与民主意识的塑造。

现代化进程中，民主制度的建立是民主国家建构的第一步，也是现代国家制度体系的重要根基。民主制度的建立与完善确认了"人生而平等"的原则，并使得个人的自由与权利有了法律保障。民主制度的建立与完善尤为重要，然而若只是建立起民主制度而没有相应的民主观念作为支撑，那么民主制度也就不可能具有可持续性，民主国家的建构亦会举步维艰。以菲律宾为例，"今天的菲律宾虽然在政治制度层面已经实现了民主化，但在政治文化领域仍然受着传统的权威主义、主从观念、世袭制、裙带关系等的影响"。因此，"在制度层面上已经现代化的菲律宾仍然蹒跚于传统与现代政治文化之间，在传统的惯性与现代化的冲动之间经受着折磨"。① 其民主国家建构的任务依然是长久而艰巨的。由此可见，民主制度的维系与实施，不能单纯地依靠推行制度性的权利与义务来实现，更需要从精神层面上培养公民的民主观念与民主意识，使之为民主制度的推行扫清障碍，进一步促进民主制度的完善，从而实现民主国家的建构。

因此，公民教育，不仅是可以宣扬国家权威、进行民族整合的途径，同时又是推广民主制度、渗透民主意识的途径。前者是一股旨在谋求稳定的整合力量，而后者则是一股旨在谋求平等与自由的民主化力量。从民主化功能这一方面来看，通过公民教育，能够有效地宣传和普及民主观念；能够提高公民的民主意识、参与能力。

（二）现代化进程中公民教育的功能

1. 公民教育的社会整合功能及实现途径

现代国家能够通过多种方式实现国家的整合。"在国防方面，国家征召和训练他们参加国防；国家登记他们的出生、婚姻和死亡状况；国家监督和规定他们的越境行为和他们的政治活动；对他们进行惩罚或监禁；吸引他们参加新的国家仪式，使之聚集在国家的旗帜之下；使他们团结在国歌和国家宣言的声音之中；在官方统计资料的高山上记录下他们的集体特征。但是，最重要的是，国家教育公民。"② 公民教育是这其中一支重要的整合力量。公民教育能够促使公民对国家权威的认可与崇敬，对国家的忠

---

① 丛日云. 当代世界的民主化浪潮 [M]. 天津：天津人民出版社，1999：158.
② 安迪·格林. 教育、全球化与民族国家 [M]. 北京：教育科学出版社，2004：145.

诚与热爱，有助于增强整个国家的凝聚力、向心力。

那么，如何来培养公民对国家的认同与归属呢？公民教育本身就是一项综合性的、系统性的复杂工程，其功能的发挥势必要通过多学科教学的渗透与互动才能实现。但就公民教育整合功能的实现途径来说，以下三个途径至关重要。

其一，通过公民科、政治课或社会科等与公民教育直接相关的学科教学使学生初步认识国家。现代化进程中，伴随国家主权凝聚力的逐渐增强。主权成为区别国家与国家之间的基准线，于是也就有了一系列体现主权国家的象征和符号体系：国名、国旗、国徽、国歌、国语、国界、国籍、公民等等。这一系列国家象征都是对"我国"的确认，是国家主权的重要标志。有研究表明，儿童大约在4到7岁的年龄就会发展出清晰的国家认同感，这一认同过程主要是通过象征而获得的，例如国家的旗帜。儿童会以偏好的形式表现出对国家的认同感，他们真诚地相信他们所属的国家是最好的，并为此而感到骄傲。当儿童入学后，他们会接受一些精心安排好的课程以强化最初的印象。公民科等学科教学的一项基础任务就是培养学生了解这些抽象意义上的国家象征与符号，形成对国家的初步印象与初步认同。以此为基础，民族语言教学与历史教学成为发挥公民教育整合功能的关键途径。

其二，民族语言与文学的教学，不仅蕴含着民族文化传承的深刻意义，同时也潜在地发挥着巨大的民族整合功能。语言是文化的有形载体，因此，民族语言教学的过程实质上就是培养公民对民族文化进行认同的重要过程。现代国家大都是多民族国家，对官方语言的界定、标准化以及教学已经成为世界各国民族国家建构的首要任务之一。[①] 民族文学作品中的民族史诗、民族英雄故事等都能够激发公民的爱国主义情感、民族自豪感，促进公民对民族国家的认同。

其三，历史也是任何国家进行公民教育的关键学科之一。历史教学通过弘扬本民族的辉煌历史培养公民的民族认同感、归属感，并着意十通过树立民族英雄、历史文化名人等光辉形象，以培养学生的民族自豪感与爱国主义情感。"历史是集体记忆的一种形式，没有这种形式，一种集体的认同感是不可能的。虽然个体的记忆是对于过去经历的回忆，集体的记忆

---

① 威尔·金里卡. 少数的权利：民族主义、多元文化主义和公民[M]. 上海：世纪出版集团，2005：346.

只有通过历史证据而形成共同的回忆才是可能。引入这种想象性回忆的精神活动是学校的一项重要职能。一个民族国家的公民既有必要也有权利去获取这种记忆。"①

公民教育的整合功能不可避免地带有某种强制性,而这也就涉及公民教育整合功能的"度"的问题。在学校教育中仅仅强调单一语言教学、单一民族历史的教学的这种整合方式,或许会迅速达到某种程度上暂时的整合与稳定,但是极易于忽略多民族国家中的社会团结问题。因此,过度的、极端式的公民教育整合方式往往会适得其反,造成国家内部的分裂与不团结。如果国家没有把握好公民教育适度整合的问题,那么也会很容易导致公民教育的极端民族主义倾向。例如,在历史教学方面,出于培养公民认同于一个群体历史的需要,公民教育要求学校实施一种更为高尚的、具有教化能力的历史教学,因此,有一个特别有效而实际上又特别有害的方法——在历史教学内容方面故意曲解该群体的历史。近年来,频繁成为国际媒体焦点的日本历史教科书问题正是基于这一根本原因。

植根于自由主义公民教育思想的单一民族认同因无法解释多民族国家中的社会团结问题而招致越来越多的批判。多元文化主义公民教育思想不仅肯定了公民教育在每个民族国家内部培养一种以共同语言和历史为特点的民族认同,并且还要谋求培养一种能把国家中的各个民族群体结合在一起的超民族认同。国家有权使移民和少数民族公民掌握主流社会语言,了解主流社会的历史发展状况。但是,也应尊重移民和少数民族的语言和历史。在通过历史教学培养学生的认同感与归属感方面,"学校可以发挥合法的作用。学生应该把国家的历史当作他们自己的历史,并因此为其成就感到自豪,对其不公正现象感到耻辱。对国家历史的认同感是在一个多元化国家中维护社会统一的少数几个可行方法之一;如果公民想履行拥护公正制度和纠正历史不公正的责任,可能需要这种认同感"。②

2. 公民教育的民主化功能及实现途径

众多西方国家的实践都表明,公民教育在民主观念塑造方面成效卓著,它是现代民主国家建构过程中的关键环节。法国在 1871 年第三共和国

---

① 德里克·希特. 公民身份:世界史、政治学与教育学中的公民理想 [M]. 长春:吉林出版集团有限责任公司,2010:271.
② 威尔·金里卡. 少数的权利:民族主义、多元文化主义和公民 [M]. 上海:世纪出版集团,2005:350.

建立以后，在小学开始开设公民道德教育课，并把公民教育课程列为各科目之首。其目的就是为了共和国培养合格公民，以自由、平等、团结、人权为准则，将民主共和国的基本价值观念传播给每一个青少年，使之成为法国社会中的一员。① 虽然家庭也可以培养儿童具有某种特定的价值观念，但法国政府认为只有通过国民教育体系才能够使个人与共和国的民主价值观念紧密联系起来。法国政府对公民教育民主化功能的重视，还可以在此后教育部的相关政策中体现出来。尽管多数西方国家并不像法国那样拥有强大的集权教育体制，而且又都奉行政治中立的原则，但是这些国家在公共教育体系中都非常重视公民教育中的民主教育，而且也并不完全回避政治教育。

公民教育民主化功能的基本途径，是通过设置公民科、政治课、社会科等学科的教学使学生掌握有关民主的基本知识，例如，公民的权利与义务、国家、政府、宪法与法律、选举……总之，学生们所要掌握的文化知识必须有助于他们由个体转变为一个好人、一个好公民。② 除了传授民主基本知识以外，通过课外实践和社区参与等途径培养公民的民主参与能力也越来越受到更多国家的重视。尤其是到了20世纪末，国际公民教育呈现出了一种新的国际走向——培养主动公民。伴随民主化进程的推进，"许多国家都越来越强调参与型或经验型公民教育，即强调通过学生在学校生活与社区中的参与，强调将知识与内容的学习与鼓励调查、讨论和参与有机结合起来，以培养学生的参与意识和能力。作为前者的表现，许多国家已经或正在进行旨在使学校生活民主化并促进学生积极参与学校民主生活的'民主学校'的实践，亦被称作'学校民主精神模式'（school ethos model）；后者体现在许多国家大力推进的社区服务或服务学习实践，亦被称作'社区行动模式'（community action model）"。③

（三）国家建构中的张力与公民教育

在世界各国的现代化进程中，民族国家的建构与民主国家的建构并不一定都齐头并进。正如约翰·本迪克斯（John Bendix）所指出的那样，民

---

① 赵明玉. 法国公民教育述评 [J]. 外国教育研究，2004（6）：11-14.
② PRATTE R. The Civic Imperative: Examining the Need for Civic Education [M]. New York: Teachers college, Columbia University, 1998: 49.
③ 饶从满. 主动公民教育：国际公民教育发展的新走向 [J]. 比较教育研究，2006（7）：1-5.

族国家的建构并不等同于民主建设,尽管二者都非一蹴而就。[①] 由于民族国家建构的速度、程度、质量和民主国家建构的速度、程度、质量之间并不是完全处于同一水平,因此民族国家建构与民主国家建构之间的关系在不同国家有着不同的表现。"在欧美国家,民族—国家和民主—国家的建构是同步的。而在中国这类后发国家,不仅民族—国家和民主—国家的建构是不同步的,而且会产生矛盾。因为,前者追求的是整体性和强制性,后者是基于多样性和自主性。"[②] 即使在同一国家内部,由于现代化进程中各个时期的社会核心发展目标有所不同,因此也会在民族国家建构与民主国家建构之间各有侧重。

由于民族国家建构与民主国家建构之间的这种关系,世界各国现代化进程中公民教育的功能取向也就有相应的体现。在早发现代化国家中,总体上来说,民族国家建构与民主国家建构是趋于同步发展的。但是,基于二者之间存在一定的张力,不同时期的公民教育也会出现不同的功能取向。在后发现代化国家,民族国家的建构通常要早于民主化进程,因此,在这些国家现代化早期的公民教育中,通常首先注重的是整合功能,强调国家的整体性与国家意志,从而有助于快速形成民族凝聚力,促进国家的稳定与发展。伴随着后发现代化国家经济活动以及各种社会生活的开展,民主化逐渐成为社会的需求,公民教育的民主化功能也随之受到重视。国家实力的增强使公民个人的权利会受到更好的保护,这时国家也将更加关注公民个体的权利、需求,关注民主体制的完善,因为这同样是推动国家良性发展的重要保障。

综上所述,现代公民教育与现代国家是相伴相生的。对于公民教育的探究,仅仅关注教育方面的问题是远远不够的。公民教育因其与国家建构的紧密关系,会更多地受到国家社会、历史发展大背景的影响。民族国家建构与民主国家建构之间既一致又紧张的关系深刻地影响着公民教育的功能取向。

---

① BENDIX R. Nation-Building and Citizenship [M]. New Brunswick and London: Transaction Publishers,1996.
② 徐勇. 现代国家建构中的非均衡性和自主性分析 [J]. 华中师范大学学报(人文社会科学版),2003 (5):97-103.

第一章　开创：现代国家诞生与公民教育溯源（17世纪—18世纪前期）

英国，是第一个迈进现代社会的国家，是现代民主思想的发祥地，也是西方公民教育深深植根的沃土。英国在现代化进程中率先取得的成功经验，成为此后许多国家竞相效仿并在其基础上加以批判、继承的范本。英国早期的公民思想更是成为当前国际公民教育理论与实践的重要根基。因此，本章内容将总结与回顾这世界上第一个现代化国家从现代化初期到工业革命时期的公民思想、公民教育思想及其相关实践活动。这不仅是研究英国公民教育的基础，也是研究西方公民教育的重要起点。

第一节　现代国家的初创与崛起

英国全称为大不列颠及北爱尔兰联合王国，是位于欧洲西部的一个群岛国家。英国国土由北部的苏格兰，南部及中部的英格兰和西南部的威尔士三个地区组成，东濒北海，西临大西洋，北过大西洋可达冰岛，南与欧洲大陆只有英吉利海峡一水之隔。英国总面积为24万多平方公里，当前全国居住人口约6000万。虽然英国只是一个四方临海的小小岛国，却在世界近现代史中占据了非常重要的地位。世界现代化的进程正是从这里开始起步的。

一、从绝对主义国家向现代民族国家转型

"国家"这个词是时代发展的产物。中世纪时期，罗马教皇及其教廷

控制着欧洲社会的政治生活，世俗权力微弱。民众只知有领主，不知有国家，尚未对国家产生归属感，也没有"忠诚"于国家的思想；民众之间缺乏凝聚力，没有"民族情感"之类的特殊情感等等。从15世纪后期起，一种新型的政治共同体正在西欧日渐形成，这便是现代国家的雏形。人们用"国家"一词来描述这种新的政治集合体，但是，直到16世纪初，英语中的"国家"一词除指代公爵的领地或王国的含义以外，还没有明确的政治含义。[①] 英国著名社会学家安东尼·吉登斯将历史上国家形态分为三种类型：传统国家、绝对主义国家、现代国家。其中，绝对主义国家是从传统国家向现代国家的一种过渡形态。绝对主义国家意味着与传统国家的断裂，也预示着继之而来的现代民族国家的发展。[②]

中世纪末期，英国正处于吉登斯所谓的"绝对主义国家"时期。13世纪末，国王爱德华一世带领英格兰军队征服了威尔士，为现代国家的形成奠定了基础。14—15世纪的百年战争与玫瑰战争中，英国虽然失败，但是，这两次战争也是英格兰民族主义兴起，走向民族国家的重要时期。从历史角度来看，这两次战争为英国制造了迈向现代化的重要机遇——在百年战争中，英国尽失欧洲大陆领地，这使它不得不退回到不列颠岛，从此只能按照民族和地域的原则行事，这为民族国家设置了方向。玫瑰战争消灭了封建领地军事贵族，封建制度的基础在不经意间被摧毁，这为新制度的构建提供了空间。从此以后，英国每走一步，都恰好选择了现代化的方向，并不知不觉地迈进了现代化的大门。英国是一个"原生型现代化国家"，其"原生"意义就在于此。在玫瑰战争废墟的昏暗上空，已经露出了现代世界的第一丝曙光。中世纪后期的英国，在北部，国王所任命的主教的辖区已超越了英格兰各郡；在西部，1301年以后的英国王储都同时拥有"切斯特伯爵"和"威尔士亲王"的称号，这些都是王权的加强和民族国家走向统一的重要表现。战争也是宪政发展、社会变化以及民族意识增长的催化剂。议会逐渐成为贵族、官吏与国王共商国事的场所。14世纪末议会已分为世袭的上院和选举的下院。英国长期存在的反教皇的民族主义情绪因百年战争而更加强烈，英格兰教会世俗性的不断增强也成为走向民

---

① 岳蓉. 英国民族国家理念的缘起：英语中"国家"语境的释读 [J]. 贵州师范大学学报（社会科学版），2002（5）：44-47.

② 安东尼·吉登斯. 民族—国家与暴力 [M]. 北京：生活·读书·新知三联书店，1998：4.

族国家的重要表现之一。① 英国民族的自信心也在伴随着其民族语言和文化的成熟而不断增长。在诺曼底征服的初期，英国土著民与诺曼底贵族之间存在着语言上的巨大差异。诺曼底人所使用的法语成了官方语言和法律用语，英语则作为盎格鲁—撒克逊人的土著语言在民间通用。此前，法语也一直被用于学校教学。到14世纪后半叶，英语已经冲破了偏见，在英格兰的中东部地区以及伦敦逐步取代了法语，成为用于教育人民的正规语言。15世纪早期，英语在国家中的使用已经完全超越了法语。② 到了14—15世纪，英格兰文化史上两个重大发展就是识字率的上升和英语的广泛使用。中世纪后期，在英格兰能读会写的人已不限于贵族、教士或官吏，商人、农民、裁缝和水手也能读书写字了。③

15世纪末16世纪初，整个世界也面临着一个新的时代。1492年，哥伦布发现了美洲新大陆；1522年，麦哲伦的船队历经三年完成了环球航行。这意味着，在一个刚刚被重新发现的世界面前，哪个国家能抢到先机，接受新的思想，哪个国家更快地打破旧有的价值观念，那么这个国家就会迅速地变得富有和强大。此时的英国在欧洲还只是一个人口稀少的小国，但是，这个小国比其他欧洲率先进入现代化的条件却已日臻成熟。

（一）文艺复兴是第一推动力

文艺复兴运动是英国进入现代社会的第一推动力。文艺复兴的宗旨是人文主义，它代表着新兴资产阶级反对天主教会和封建贵族，否定蒙昧主义、禁欲主义、经院哲学、来世哲学和神学思想。人文主义从神学的桎梏下解放了人性，高扬了人的能力，一方面把自然科学从千余年的神学婢女地位中解放出来，一方面证明了人的世俗生活的合理性和正当性。……文艺复兴运动在保守、传统的英国激起了阵阵涟漪，为之注入了新的活力，恢复了人类自身的尊严以及对创造力的信心。以莎士比亚、托马斯·莫尔、弗朗西斯·培根等为代表的英国人文主义思想家促进了科学知识与社会的联合、科学家与匠人的联合，为英国科学技术的发展、资本主义制度

---

① 钱乘旦，许洁明. 英国通史 [M]. 上海：上海社会科学院出版社，2002. 84-89.
② LAWSON J, SILVER H. A Social History of Education in England [M]. London: Methuen & Co Ltd, 1973. 48-49.
③ 钱乘旦，许洁明. 英国通史 [M]. 上海：上海社会科学院出版社，2002：103.

的诞生提供了思想背景和技术准备。①

（二）宗教改革成为精神力量积淀

16世纪30年代，英国的宗教改革为英国独立民族国家的形成拆除了政治屏障和精神藩篱。都铎王朝时期，亨利八世为了克服财政危机，开始反抗教皇的垄断，夺取教会丰厚的收入。他创立了新的君主政治，改信新教，于1529—1536年，切断了英国教会与罗马教会的关系，停付教皇的大量税赋；此后又夺取僧院土地、没收教会财产用以充实国库，并大力倡导新教精神。新教教义强调"上帝的选民"的观念，培育了人们对工资的强烈献身精神和取得成就的信念；鼓励人们投身商务，同时摒弃物质世界的穷奢极欲；鼓励有利于资本主义市场的行为方式，并使之合法化。新教改革的意义在于，它确立了商业资本主义所要求的道德观和行为模式，促进了英国资本主义的兴起。②

（三）重商主义传统为资本主义经济奠基

英国是一个有着浓厚重商主义传统的国家，这种重商主义传统下的长期经济积累也辅助了英国资本主义现代化的起飞。传统的英国社会就是一个对经济利益分外敏感的社会，英国人都很热衷于商业冒险。英国的王室与贵族也并不排斥经商者，他们不反对商人、银行家通过社会流动进入贵族行列，同时王室与贵族也会投资到各种商业贸易之中赚取利润。15世纪至16世纪，除了纺织业与羊毛贸易的迅速发展以外，英国日益拓展的海外贸易与海外殖民也为英国现代化的起步做了必要的原始积累。③

（四）强有力的君主制催生英吉利民族

君主与贵族之间的契约精神、法制精神促使英国走上了渐进式的现代化发展道路。也正因如此，英国的君主制并未像多数欧洲国家那样成为现代化革命首先摧毁的对象；相反，强有力的君主制却成了英国现代民族国家的催生因素。

英国由传统向现代转型时期，正处于伊丽莎白一世（Elizabeth I,

---

① 周穗明. 现代化：历史、理论与反思：兼论西方左翼的现代化批判 [M]. 北京：中国广播电视出版社，2002：4.

② 周穗明. 现代化：历史、理论与反思：兼论西方左翼的现代化批判 [M]. 北京：中国广播电视出版社，2002：5.

③ 周穗明. 现代化：历史、理论与反思：兼论西方左翼的现代化批判 [M]. 北京：中国广播电视出版社，2002：6.

1533—1603)的统治下。伊丽莎白一世是一位宽容、智慧、审慎的女王，是都铎王朝黄金时代的缔造者。她是不列颠帝国海上传奇的奠基人，她统治下的英国军队战胜了当时的海上霸主西班牙无敌舰队；她也是英格兰宗教改革平和化及民族统一的坚决倡导者和执行人。在她的统治生涯中，她较好地维持了王权和贵族议会之间的平衡，她总是试图在公认的法律和常规下统治。她经常召开议会，实施大多数人（特别是有影响的人）所倡导的政策。当王权与议会发生矛盾时，她也总是会根据情况做出必要的让步。王权的扩张始终控制在议会能够忍受的范围之内。这二者之间的平衡和秩序给英国带来了一个相对稳定和宽松的社会环境。因此，伊丽莎白一世为英国带来了早期的辉煌，为英国稳健走上现代化之路奠定了坚实的基础。英国从此成为一个国力日盛、处于上升态势中的国家。正如英国皇家历史学会教授波琳·克罗夫特认为的："在欧洲以及英国社会由中世纪向现代社会转变的过程中，强有力的君主制是关键的一环。强大的君主对于这些国家是有益的，因为他们是爱国主义的核心，能给予国家明确的领导。"①

并非每一任英国君主都能够像伊丽莎白一世女王那样处理好王权与议会权力之间的关系。1640年，查理一世不顾贵族议会反对擅自增收新税，并最终解散议会，而导致英国内战爆发。战争给英国带来了人力、物力、财力方面的重创，但是，从另一个角度来看，战争也大大促进了英国交通的发展，由于战事需要，全国的海运、陆路交通迅速扩大，邮政通信成为全国的企业；战争刺激了英国金属、火药、造船、纺织、皮革、采矿等工业的极大发展；而且还带来了大量的人员流动，增进了各阶层人民的彼此接触与思想碰撞。因此，这场战争又"把英国更紧密地结合成一个国家"。②

（五）海上霸主地位的确立

现代民族国家的主权确立，一方面表现为对内的至高无上性，而另一方面则表现为国家主权对外的神圣不可侵犯性。15世纪末，西班牙、英国和法国等西欧大国都完成了国家的统一，形成了民族国家，但是，国内的分裂因素和国外的干涉势力仍然威胁着这些新兴民族国家的稳定与正常发

---

① 纪录片《大国崛起》解说词[EB/OL]. http://www.chinaelections.org/NewsInfo.asp?NewsID=99265，2006-12-01.
② 钱乘旦，许洁明. 英国通史[M]. 上海：上海社会科学院出版社，2002：171.

展。一个国家外部的崛起，实际上是它内部力量的一个外延，在内部，自己的国家制度还没有健全的情况下，就很难成为一个大国，即使成为一个大国，也不是可持续的。因而，伴随国家内部的巩固与繁荣，英国也开始逐步改变自己在国际上的劣势。英国先后战败西班牙、荷兰这两个当时的海上霸主，获得了海上霸权。

1588年，英国与西班牙之间的"英西大海战"中，英国以弱胜强，取得最终胜利。这次海战的胜利极大地振奋了英国人的士气，它标志着17世纪英国海上力量的崛起。它显示了在王权统治下的民族国家的力量。长期处在欧洲主流文明之外的岛国，第一次以强国的姿态向欧洲大陆发出了声音，并迅速进入世界海洋霸权和商业霸权的争夺中心。此后，英国又经过三次英荷战争，英国最终迫使荷兰接受了《航海法》。此时的英国，除了陆地霸主法国以外，其他国家已不是英国的对手。在连续的征战中，英国建立起一支欧洲最强大的海军，它已显示出不可阻挡的强劲力量，它的商业触角也开始伸向全世界。

从1588年战胜西班牙的大海战，到1688年的光荣革命，在整整一个世纪的时间里，英国一方面调整内部制度，一方面积极对外扩张。百年时间的积蓄之后，英国人开始释放自己的能量。光荣革命前后的英国，人口大量增长，商业和手工工业迅猛发展，对外贸易成为越来越重要的国计民生。1707年，《联合法》签订后，英格兰与苏格兰正式合并，新国家被称为"大不列颠联合王国"，英格兰的圣·乔治旗与苏格兰的圣·安德鲁旗合为一体，形成一面新的国旗即"杰克联合旗"（中国人称"米字旗"）。苏格兰尽管处于从属地位，但是它的社会、文化方面的独特性得以保留下来。苏格兰自此与英格兰同步进入人类历史上第一个工业化进程。[①] 当然，苏格兰的并入，不仅使英国的版图进一步扩大，而且也无疑使英国在现代化初期获得了一个相对安定的内部政治环境，并增强了民族国家的整体实力。总之，光荣革命之后直至工业革命以前，英国具备了更加成熟的对外扩张条件。为了与欧洲其他国家争夺殖民地利益，英国与西班牙、法国等大国频频交战，直至1756—1763年的英法七年战争，英国以大胜结束。这是英国争夺世界霸权的一次决定性战争。交战双方签订《巴黎和约》，奠定了英帝国的基础。此时的英国不仅是最强大的海上强国，一个世界范围

---

① 钱乘旦，许洁明．英国通史[M]．上海：上海社会科学出版社，2002：195．

的工业帝国已粗具雏形。

二、在追求自由的过程中诞生的民主国家

由于所处环境与发展状况的不同，各国通向现代化的道路也不尽相同。有的国家（例如：法国）经历了激进的暴力革命走向了现代化之路，而有些国家则是通过平缓的渐进变革过程走向现代化。英国正是通过渐进的方式实现现代化的典型国家。历史之所以让英国走上渐进变革的现代化之路，一方面是由于有上述文艺复兴的推动、宗教改革的奠基以及重商主义传统的积淀；另一个重要方面，就是英国历史上具有对后世影响的政治传统。

（一）自由主义的政治传统影响深远

在进入现代社会之前，英国一直处在君权神授的君主制统治之下。如此崇高、神圣的君权，那么现代的公民思想与实践是如何产生的呢？简言之，这个根源就在于英国根深蒂固的自由主义政治传统，英国人的这种传统即使是处于与之极不适宜的独裁主义环境中也不会被摒弃。

自由主义传统蕴藏在英国的封建制度之中。与中国古代封建社会的君王大一统思想不同的是，英国的封建制度是以庄园制为基础的。贵族领主在庄园上，不仅有司法权，还有经营权、行政管辖权，这就意味着分权。因此，在国王与贵族之间始终存在着一种惯例规则——他们有权享受各自的权利，也要履行相应的义务。这种约定俗成且模糊不清的贵族与王权关系，最终在 1215 年颁布的《大宪章》中得以明确为法律文字。《大宪章》中有两项著名的条款——其一，国王要宣誓向任何人施以公正，不能剥夺他人的权利；其二，如果法庭没有判决，国王也不能逮捕和剥夺他人的财产。这两个条款表明，臣民的权利是独立的，不是国王恩赐的。在《大宪章》颁布后，英国历代的国王不断地将《大宪章》稍加修正后，继续颁布，几个世纪下来，《大宪章》被颁布了 40 多次。尽管在很多时候，《大宪章》并不被英国人明确感知，但是这种长期的重申与普及，积累起深厚的传统力量，它将契约和法制的基本精神注入了英国人的思想根基之中。此后，在英国的历史上逐渐形成了两大原则，第一，王在议会，即国王必须通过议会来进行统治。第二，是王在法下，即法律高于国王，国王必须服

从法律。

（二）王权与贵族权力的冲突与融合

16世纪开始，世界进入了急剧变革的现代社会。这种变革发生在绝对主义权力统治的环境之中。绝对主义君权是对欧洲王国裂变趋势的一种应对，实际上，这种王权从来都不是真正意义上的"绝对"。强大的王权为英吉利民族的形成和此后英国的强大奠定了坚实的基础。王权是必要的，但是，王权又是高度危险的，因为王权总是试图用以对付臣民，因此，英国的历史上也始终存在着另外一种发展倾向——对王权的限制与抗拒。在英国，为限制王权所做出的努力，被看作"自由"的传统。[①] 在从中世纪向现代社会迈进的几百年时间中，王权和民权之间的这种斗争，是英国政治史发展的一个主线。正是在这样的一个抗争之中，英国走出了中世纪，走进了现代世界。

英国人正是在追求自由的过程之中，既保持了原有的臣民身份，又逐渐具有了现代国家的公民身份。公民与臣民原本是相互矛盾的一对概念，然而在当时这样一个既重王室传统同时又在进行着现代化的国家中，在保守主义与激进主义两股力量的推动下，臣民与公民身份的共存却成了客观存在的现实。

当然，并非英国历史上的每一个国王都像伊丽莎白一世女王那样能够处理好王权与民权之间的关系。前面提到的《大宪章》，正是由于13世纪初的约翰王严重触犯了贵族的利益而最终缔结的和约。1640年，查理一世因不顾贵族议会反对擅自增收新税，并最终解散议会，而导致英国内战爆发。1649年，查理一世被送上断头台。在经历了短暂的共和国时期以及复辟时期，最终，英国在1688年实现了一场不流血的"光荣革命"，确立了君主立宪制。君主立宪制的本质是依法治国，也就是包括国王在内的任何人都不能高居法律之上，谁都不能超越国家法律为所欲为。

光荣革命导致了国家政治权力格局的重新调整，这也带来国家机构的相应变革。这些机构中的成员被认为是精英公民，因此也就需要相应的教育来培育这些精英，使之能够胜任国家所赋予的职责。进一步来说，尽管用更恰当的政治术语来说，这些人应该被称为王权统治下的臣民，但是，"公民"这一古典词汇依然会偶尔出现，被政治理论家使用或者改写，以

---

① 钱乘旦，陈晓律.在传统与变革之间：英国文化模式溯源[M].杭州：浙江人民出版社，1991：28.

之强调公民对于王权所负有的责任。教育的职责就是使公民去了解这些责任。

　　光荣革命所建立的君主立宪制度是英国贵族为追求自由而限制王权的结果，也是王权与贵族之间冲突与融合的结果。但是，这个制度并不是民主的，而是少数贵族通过议会来控制国家的政权，多数人仍被排斥在权力之外。尽管如此，这个制度却保证了英国社会那种宽松、平和的环境，让人们追求个人的目标，最大程度地发挥创造力。英国成为一个开放的社会，在这个社会中，人们很容易接受新思想、新观念。只要人们认为是可以发展自身经济生活的，他们都愿意为之努力，尝试创新。

三、"出生地主义"公民资格的盛行

　　基于公民权利发展历史的研究都公认，公民资格产生于现代国家的工业演进，产生于民族国家中市民的进步。公民资格最初是由谙熟民主制的上层阶级所创造，然后一步步拓展到下层阶级的。公民资格是一个不断发展的动态体系，在一个国家的现代化进程中，每当新的社会力量进入社会共同体之时，就有新的权利加入到日益增长的权利体系中来。公民资格的新发展势必会危及既得利益者，反过来，后来者也有可能企图限制公民资格的应用，使之退到过去的范围。[①] 与欧洲其他大陆国家一样，英国的公民资格可以追溯到古希腊、古罗马时期。现代公民资格是中世纪时封建制度中的个体公民概念与罗马法中的古代公民概念共存与互动的结果。因此，由于共处于欧洲版图之上，英国公民资格或有意识或无意识地都受到了古希腊与古罗马的公民理念的遗传。现代化初期，每个欧洲国家都使用相似的公民术语和理念，但是由于应用于不同的背景与问题之中，因此，通常也走向了不同的发展后果。英国的公民资格就有着明显不同于他国的显著特征。

　　英国（或曰英格兰）历史所具有的纯粹的连续性，以及英国核心政治制度所具有的持久"革命"特征——这种"不间断的"特质就意味着，英国几乎没有机会拥有有关公民概念或者"臣民"权利与义务方面的正规

[①] 巴巴利特.公民资格[M].中国台湾：桂冠图书股份有限公司，1991：41-42.

的、公开的陈述。……另外一个条件因素就是英格兰普通法（common law）的理性（intellectual）背景，……阻碍了公共权利与义务的形成。……与罗马法和现代公民法相比，英国普通法的潜在文化假设就是，英国存在着很大的社会活动自治领域，而并没有必要正式地对"公众""公民"加以界定和规范。一定的、基本的自由，（当前的话语有时候与公民的权利是混淆的，）其发展与一个人是否是公民无关，也与其是否是英王的臣民无关……另一个特征就是，英国政治思想的长久历史中，实质上，"公民"在人们的语言中，一直都是一个占有很小分量的话语。而且，即使是有些英国政治理论家、公众人物提及"公民"问题的时候，他们主要关注的并不是谁拥有公民资格，而是好公民的特征是什么。因此，在20世纪前半叶，对于公民的"道德的"或者"有公德心的"本质这个问题，在英国有着广泛的讨论。[①] 但是，20世纪中后期以前英国几乎没有关于公民资格的正规讨论。

基于上述原因，我们从英国一系列官方的宪法、法律文件中无法直接读出英国公民资格的历史。在其他国家的政治文化中，公民的权利、义务都是被清楚地宣布或者体现于宪法法典之中，而在英国却被认为是一种"默认的想当然"，它体现于日常的社会实践，或者被包含于普通法之中。与其他语言中对"公民"的理解一样，英语中的"公民"一词也是模糊的、不固定的，有时候它被用于一个特殊城市或者城镇的居住者，有时候用于指城镇中贵族的精英群体（a select group），有时候被用于整个王国或者联合王国的居住者。有关公民的不同层面、不同语言类型共存，并相互重叠，因此，近来的诠释者通常会发生误解或者过分地简单化。在英国许多个世纪以来，"臣民"一直都是比"公民"更容易被文化接受的词语，有时候臣民与"公民"存在着精细的区别（后者通常处于劣势）。由于当前人们在深入诠释"共和制的"（republican）与"帝制的"（monarchical）这两个词汇时，二者内涵往往被认为并无二致，因此，"公民"与"臣民"这两个词也被认为是可以互换的。[②]

英国现代化初期，"公民资格"作为一种特别的民族身份、公民身份，

---

　　① BELLAMY R. Lineages of European Citizenship: rights, belonging and participation in eleven nation-states [M]. New York: Palgrave Macmillan, 2004: 73-74.

　　② BELLAMY R. Lineages of European Citizenship: rights, belonging and participation in eleven nation-states [M]. New York: Palgrave Macmillan, 2004: 75.

是由男性"臣民"对封建国王的效忠发展而来的。依据"出生地主义"（ius soli）（这一原则不仅在英属各个岛屿很盛行，而且在整个中世纪后期的欧洲都很盛行），公民资格普遍都是由出生地来进行赋予和管理。任何在一个统治者领地诞生的人就被认为是该统治者的臣民，即使他成为另一统治者领地的永久居住者。女性的臣民身份与男性相同，除非她嫁给另一领地的臣民，她的身份将正式转变为其丈夫的那一领地。只有王国的臣民才能拥有真正的财产；只有统治者才能赋予生在国外的人"公民资格"。上述这些规则一直统治着英格兰臣民的正式身份。17世纪早期，苏格兰、爱尔兰也制定了这样的规则。此后的几个世纪中，这些规则一直是"公民资格"的决定条件，时至今日，这些规则的余留部分仍然对英国国家法律保持着影响。

第二节　现代公民教育溯源

现代化初期的英国已显示出与中世纪时期明显的不同。封建制度下的英国是建立在一个绝对权力主义基础之上的社会。"国王的权力至高无上，并倾向于专制独裁。在国王之下，从大地主直至干零活的工人，分成许多社会等级。"国王与臣民是一种无可争辩的隶属关系。中世纪的教育，强调君权神授，强调对王权的无条件服从。进入现代社会以后，这种状况则发生了巨大改变，社会阶层构成的"金字塔底部是一个至少拥有人身自由的阶级。农奴制在英国实际上已经消失……英国农民开始脱离土地，为这个国家今后将发生的社会问题奠定了基础"。[①] 因而，绝对主义国家向现代国家的过渡，意味着由君主制向君主立宪制的转变，由臣民向现代公民的转变。这需要教育思想的相应调整。君主制时代的教育提倡对君主的忠诚，对国家的责任与义务；而进入现代社会后，教育中臣民对君主的忠诚转变为公民对国家的认同与归属；而且，教育不仅强调公民对国家的责任与义务，而且也开始强调公民的权利。

---

① 霍布豪斯. 自由主义［M］. 北京：商务印书馆，1996：6.

一、早期自由主义思想中的国家建构理念与公民教育思想

与同时代的欧洲其他国家相比，英国是一个思想更为自由、社会更为宽容的国家，这也为学术思想的繁荣创设了良好氛围。英国之所以能够逐步走向世界之巅，也正是由于英国在现代化初期以及现代化过程中涌现出一代又一代伟大的思想家，他们先进的社会理念指引着英国现代化的道路。随着他们纷纷提出天赋权利、自然法、契约论等学说，个人自由第一次被作为社会的等价物甚至是先于社会的价值存在而被讨论，这在人类社会历史上是从来没有过的。以维护个人自由为核心，寻求国家的起源、政治治理的基本原则、相应的制度安排，构成了现代化初期自由主义相对完整的逻辑结构和内容体系。这些思想家的理论也从不同的角度反应出现代国家建构的不同思路。从英国现代化的初期到工业革命时期，自由主义思想逐渐发展成熟，并最终成为西方国家的主流政治思想。尽管那种正式的、正规的"公民教育"几乎还无人提及，但是，公民教育的一些思想已散见于自由主义思想家的著述之中。这其中最具代表性的当数霍布斯和洛克。

（一）早期自由主义思想中的国家建构理念

1. 霍布斯的国家建构思想

托马斯·霍布斯（Thomas Hobbes，1588—1679）为英国民族国家的建构提出了重要的理论依据。霍布斯的代表作《利维坦》在吸收了前人国家理论基础上继续完善了国家主权理论，以国家契约论构建了绝对主权学说。

霍布斯认为，在国家产生之前，人类处于一种孤立、自由的自然状态之中，这种自然权利是每个人都平等拥有的。但他同时指出，如果放纵这种自然权利，则会导致人与人之间的相互敌对与争战。在霍布斯以前，英国的自由传统只是少数贵族的特权，并不具有普遍意义。霍布斯则通过自然权利的理论预设赋予自由一种普遍的意义。每个人都平等拥有天赋的或自然的权利，这种权利是基于每个人保存自我生命的绝对权利而并不是基于出身或血统。这种普遍意义上的自由也正是自由主义思想产生的必要前提。但是，霍布斯还认为，为了摆脱人与人之间的敌对状态，必须寻求一

种凌驾于个人权利之上的强权力量来克制个人的权利，使之转换为社会状态中的人的自由，实现秩序和安全。因此，人们应订立契约，交出自己的全部自然权利，让一个绝对主权的"利维坦"（《圣经》中提到的巨型怪兽）——即全权国家来统治。国家的主权正是源自于主权者与臣民之间所订立的契约。"当一群人确实达成协议，并且每一个人都与每一个其他人订立信约，不论大多数人把代表全体的人格的权利授予任何个人或一群人组成的集体（即使之成为其代表者）时，赞成和反对的人每一个人都将以同一方式对这人或这一集体为了在自己之间过和生活并防御外人的目的所作为的一切行为和裁断授权，就像是自己的行为和裁断一样。这时国家就称为按约建立了。"① 霍布斯认为，为了保证强大的利维坦的权力，公民没有必要拥有自由权利，与此同时，他也反对传统的专制王权，反对君权神授。他认为利维坦可以是一个人（君主国），可以是全体人（民主国），也可以是一部分人（贵族国家）。因此，他在英国内战结束后，拥护克伦威尔的独裁统治，认为这是他所主张的理想政体。②

正如英国哲学家和政治思想史家以赛亚·伯林（Isaiah Berlin）在其著作《两种自由概念》中指出的那样，自由概念具有积极自由与消极自由两种传统。其中消极自由是英美式自由主义的核心，这种消极自由的概念正是由霍布斯最早提出来的。霍布斯所指的自由是一种免受外界干扰的自由，而不是意志的自由。这种消极自由的概念为洛克、密尔等后来许多自由主义者所继承，成为英美式自由主义的重要传统。在个人自由与国家的关系上，个人权利优于国家，但只要人类以社会整体的形式存在和发展，就必须要由某种权威的力量来维持社会稳定和秩序，这一力量就是国家政治主权。霍布斯虽然主张强权，但主权者却不能拥有中世纪君主那样的绝对权力。③ 从本质上说，霍布斯的国家建构理论是对民族国家主权化的诠释以及对英国现代化初期客观历史现实的一种回应。霍布斯为传统国家向现代国家的过渡，提供了重要的理论支持。他力图突破传统国家君权神授的樊篱，同时又试图描绘出一个强大的、拥有完整、统一主权的现代国家

---

① 霍布斯. 利维坦 [M]. 北京：商务印书馆，1985：133.
② 钱乘旦，陈晓律. 在传统与变革之间：英国文化模式溯源 [M]. 杭州：浙江人民出版社，1991：63-64.
③ 王彩波，靳继东. 西方近代自由主义传统：从霍布斯到约翰·密尔 [J]. 社会科学战线，2004（1）：168-174.

蓝图。其诸多思想都被后世的思想家吸收与借鉴。可以说，霍布斯对于主权的思考进一步促进了主权理论的发展，但是民族国家不仅是一个理论问题，它也是一个现实问题。霍布斯的理论与现实之间存在着巨大的冲突性与矛盾性。他既与英国的自由传统格格不入，否定了公民自由的真实性；也不赞成王权的神性和血统性，而企图在一个悬空而没有根基的设想上建造一座全新的利维坦大厦。霍布斯的学说同时背叛了英国历史上两大主流传统。因此，他既受到自由的批判，又受到王权的指责。

如果说霍布斯的国家理论体现了现代民族国家主权的集中性与神圣不可侵犯性，那么洛克的理论则对现代民主国家主权的归属与分配的问题做出了回答。更重要的是，后者实现了国家主权问题从理论到现实的回归，对国家主权归属与实施的问题——民主制度的运转——给予了明确的指导，并提出了建立理性的现代国家的初步构想。

2. 洛克的国家建构思想

约翰·洛克（John Locke，1632—1704），英国又一位著名思想家，晚霍布斯40多年出生。1688年英国"光荣革命"时，洛克正值英年。他目睹了民主力量最终战胜王权专制的全过程。洛克的政治哲学著作《政府论》反映了他对英国革命的思考，其中上篇发表于1680年，下篇发表于1690年。该著作被称为自由主义政治哲学的经典著作，洛克被誉为"自由主义的始祖"。在《政府论》中，洛克系统地论述了其自由主义思想，其中作为其自由主义思想重要组成部分的就是洛克对于国家、公民的阐述。

（1）洛克的现代国家理论

洛克秉承了英国的自由传统，认为人是生而自由的。他强烈批判君权神授的思想，反对君主独裁统治。在思考国家起源的时候，洛克与霍布斯一样，将"自然状态"作为逻辑起点的。但与霍布斯提出的敌对的自然状态不同，洛克是基于性善论，认为所谓自然状态是国家产生以前，人人平等的自由状态。洛克指出，这是一种完备无缺的自由状态，人们在自然法的范围内，按照他们认为合适的办法，决定他们的行为和处理他们的财产和人身，而毋须得到任何人的许可或听命于任何人的意志。这也是一种平等的状态，在这种状态中，一切权力和管辖权都是相互的，没有一个人享有多于别人的权力。[1] 然而在这种状态中，当人们利益发生冲突时却缺

---

[1] LOCKE J. Two Treatises of Government-Cambridge Texts in the History of Political Thought [M]. 北京：中国政法大学出版社，2003：269.

乏公正的、权威的裁判者，国家的产生正是为了弥补这种缺失。国家的作用就是为了协调其成员的利益冲突，从而使个人利益得到保障。洛克与霍布斯同样都认为国家是契约的产物，国家是公民将部分权利让渡而形成的。国家产生与存在的目的就在于它能够维护个人权利，整合公民间的利益冲突。洛克将国家称为"公民社会"，个人的权利才是第一位的。为了确保个人的权利，洛克还提出了分权的政治思想。他倡导国家实行君主立宪制，国家权利应分为立法权、行政权和联盟权三种，以此来限制君主极权。

（2）洛克的公民权利理论

霍布斯从个人自由出发推演出政治服从的道德义务。个人一旦与国家签订契约就意味着对政治权力的服从，践诺守约构成政治服从的道德基础。与霍布斯这种专制主义的国家思想相反，依照洛克的思想，民主才是现代国家得以持续发展的重要保障。洛克认为个人的权利是至上的，而在个人权利之中，财产权与个人的自由、平等权利一样是一种不可转让的权利。私有财产是神圣不可侵犯的。因为他认为公民的财产是通过个人劳动所得，除了公民本人以外其他人不具有享有权。唯一能够支配个人权利的只有国家立法，而国家立法又是人们根据自己的利益在国家中建立的规则，这种规则的产生过程实质上也是一种公民行使权利的过程，它体现了全体社会成员的意志与权利，因此，它要求每一位成员必须遵守。

处在社会中的人的自由，就是除经人们同意在国家内所建立的立法权以外，不受任何立法权的支配；除了立法机关根据对它的委托所制定的法律以外，不受任何意志的管辖或任何法律的约束……处在政府之下的人们的自由，应有长期有效的规则作为生活的准绳，这种规则为社会一切成员所共同遵守，并为社会所建立的立法机关所制定。①

洛克所理解的法律，"以其真正含义而言，与其说是（对人的一种）限制，倒不如说是指导一个自由而智慧的人去追求其正当利益"。② 理性的作用就在于法律与自由的统一，它们与理性的力量分不开。"人的自由，及其按照个人意志来行动的自由，是以其所具有的理性为基础的。这种理

---

① 启良. 西方自由主义传统：西方反自由主义至新自由主义学说追索 [M]. 广州：广东人民出版社，2003：178.
② LOCKE J. Two Treatises of Government-Cambridge Texts in the History of Political Thought [M]. 北京：中国政法大学出版社，2003：305.

性能够指导他了解用以支配自身行动的法律,并使他知道这种由个人意志所支配的自由具有怎样的限度。"① 因此,政府要证明自己是正当而合法的,就只能以承认和支持个人和社会共有的道义权利为基础。

洛克被誉为"近代自由主义的鼻祖",他不仅完全排除了霍布斯思想中以个人理想选择导致专制统治的可能性,而且还开创了现代国家政治权威合法性的自由主义理论传统。18世纪末19世纪初,英国开始进入工业革命时期,资本主义经济呈现出明显的自由竞争特点,以斯密、边沁、密尔为代表的英国著名思想家在洛克所开创的自由主义思想基础上,围绕经济利益问题阐述个人自由和国家的关系。斯密提出,个人对经济利益的追求是国家经济发展、人们生活水平提高的最根本动因,而国家的作用只是对自由经济给予保护,为之提供发展的良好环境。个人权利追求只要不触犯国家立法就应该完全放任其自由发展,使其参与广泛的自由竞争,追求更多价值。② 因此,国家应该奉行自由放任主义政策、不干涉经济生活和社会生活,赋予个人以更大的自由活动余地。而自由竞争中因缺乏政府监督所带来的混乱则是通过"看不见的手"(即市场)来处理。而以边沁、密尔为代表的功利主义者则认为,个人的目的是谋求个人幸福的最大化,社会的目的则是谋求社会幸福总量的最大化。社会公利是每一个社会成员私利的总和,因而,社会必须维护个人追求自我幸福最大化的行动自由。个人与社会之间的关系,并不应该是通过斯密所谓的"看不见的手"发挥作用而实现的,而应该依赖于国家、法律来进行调节。因此,功利主义者主张,自由主义政治理论的中心问题应该由强调国家政府的合法性基础转为对国家政府运作的合理性的关注,即以功利原则为标准,国家、法律如果符合功利原则,个人与社会之间关系就会协调,个人利益、社会利益将共同实现最大化的目标,否则就要按照功利原则对国家、法律进行批判和改造。尽管斯密、边沁、密尔等思想家在阐述个人与国家之间关系的协调方式上不尽相同,但是,他们的自由主义思想却是殊途同归。

(二) 早期自由主义中的公民教育思想

从现代化初期以霍布斯和洛克为代表的诸多英国伟大思想家的国家建

---

① LOCKE J. Two Treatises of Government-Cambridge Texts in the History of Political Thought [M]. 北京:中国政法大学出版社,2003:309.

② 启良. 西方自由主义传统:西方反自由主义至新自由主义学说追索 [M]. 广州:广东人民出版社,2003:192.

构理念、公民理念、民主理念之中,我们透视出当今复杂多样的公民教育理论的一个重要渊源——自由主义公民教育理论。也正是在他们的著述中,我们看到了英国思想家对于英国公民的教育期望,这些期望在一定程度上具有前瞻性,因而这其中的某些理论依然对当今国际公民教育发挥着巨大的影响力。由于上述思想家对于个人与国家之间关系的协调方式有着不同的观点,因此在他们理想中的公民培养问题上,一方面都明显具有自由主义性质,另一方面又各具特色,这些公民教育思想特色反映出各位思想家所处不同时代的国家建构需求的变化。

1. 霍布斯的公民教育思想——现代国家的整合力量

霍布斯认为,国家在建立之初,尚未完善,很容易回到混乱的状态之中,主权者有责任保持主权的完整。因此,他提出了开展公民教育的必要性。"主权应该确保'人民在本质性权利中都有接受教育的机会……而主权是对这些权利的一种保护,用以抵制在自然状态下破坏其自身的威胁,并且还可以免于反抗'。"[1] "有权势的人对于任何建立权力以约束其情感的事物都不能消化;有学问的人则不能接受任何揭露其错误,因而降低其威信的事。至于一般人的脑子,……像一张白纸,适于接受公共当局打算印在上面的任何东西。"[2] 因此,当权者应该教导人民认识一些根本权利,即自然的基本性法律。这不仅是当权者的义务,也是他们的利益所在;同时也是一种安全保障,可以防治叛乱给国家带来的危害。

(1) 公民教育的内容

霍布斯依据其思想提出了若干具体内容[3],这些公民教育的内容是与《圣经》中的"十诫"内容相互对应联系的。

第一,应当教导人民不要爱好自己在邻邦中所见到的任何政府形式更甚于自己的政府形式。同时也不要因为看到统治形式和自己不同的国家目前繁荣昌盛,因而见异思迁。……

其次,要教导人民,任何其他臣民以及主权会议以外的任何会议不论其地位怎样高,也无论其在国内怎样显赫,当他们在个人的职位上代表主权者时,都不要因为慕其德而以尊主权者之礼尊敬他们或以服从主权者的

---

[1] 德里克·希特. 公民身份:世界史、政治学与教育学中的公民理想 [M]. 长春:吉林出版集团有限责任公司,2010:53.
[2] 霍布斯. 利维坦 [M]. 北京:商务印书馆,1985:263.
[3] 霍布斯. 利维坦 [M]. 北京:商务印书馆,1985:263-266.

方式服从于他们。……

第三，由于上一条，还应当教导他们，使之认识到主权代表者不论是一个人还是一个会议，如果加以非议，议论或抗拒其权力；或是以任何不尊敬的方式称其名，使之在臣民中遭到轻视，因而使臣民松懈国家安危所系的服从关系时，将是怎样大的一种过错。……

第四，如果不从日常劳动中拨出一定的时间以便听取指定的人员进行讲解，就不可能教导臣民认识这个道理，……因之就必须规定出这样的时间让他们集合在一起，在祈祷和礼拜万王之王——上帝以后，就听人讲解他们的义务，听人宣读和解释与他们全体普遍有关的成文法，并让他们记住为他们制定法律的当局。……

由于子女最初的教导要依靠父母的照管，所以当他在父母的教养下时便应当服从父母。不但如此，就是在以后，感激之情也要求他们在外表上以崇敬的方式感谢其所受的教益。……原先每一个人的父亲也是他的主权者，对他操有生杀之权。建立了国家之后，这些家庭中的父亲就放弃了这种绝对权力……

每一个主权者都应当让臣民学习到正义之德。这种美德在于不夺他人之所有。也就是说，让人民受到教导，不以暴力或欺诈手段夺取根据主权当局的规定应属旁人的任何东西。……

最后还要教导人民认识，不但不义的行为，而且连不义的打算和企图，纵使由于偶然原因受阻而没有实现，也是不义。……

霍布斯所主张的公民教育内容以宗教教条作为说服大众的重要依托，前三条内容主要是致力于培养公民对国家主权的服从、对主权者的尊崇。这些内容表明，现代化初期英国的民族国家的边界意识、主权意识已经很明显，用以维系民族国家的秩序稳定的有意识的整合已经在思想领域得到积极倡导。第四条内容有组织、有目的地规定特定时间，集合大众，向他们传达国家的法律、公民的义务等，这一方面突出了在霍布斯思想中公民教育的必要性，而且霍布斯对于国家主权的强化观点也使其主张的公民教育具有明显的强制性特点；但是，由于时代局限以及英国宗教本身的复杂性，霍布斯没有明确现代国家在这种公民教育活动中的重要作用，而这也正是英国此后几百年都长期避而不谈的问题。第四条以后补充的内容宣扬正义之德、力排不义之行，这一方面是出于维护社会安定、和谐的考虑，另一方面也是为了保护公民个人的利益。尽管如此，霍布斯公民教育思想的总体特征是倾向于现代国家整合的。

（2）公民教育途径

霍布斯认为，教堂是公民教育的主要渠道。普通平民"关于义务的概念便主要是从讲坛上的神职人员方面得来的，还有一部分则是从那些口若悬河、说话头头是道、在法律与良知意识方面看来学问比自己高明的邻人或熟人那里得来的。至于神职人员与其他夸耀学识之徒的知识则是从各大学、各法律学校以及这些学校与大学中知名人士所出版的书籍中得来的。因此，我们便可以显然看出，对人民的教育完全取决于正确地教育大学中的青年"。霍布斯指出，当时英国的大学在培植正确的教义方面仍有欠缺。"直到亨利八世王朝结束时为止，支持着教皇的权力以反对国家权力的始终主要是各大学。许多教士以及许多在大学中受过教育的法律家和其他人所操的反对君主主权的说法就充分地说明了这样一个事实，即各大学虽然没有创立这些错误教义，但也不曾懂得怎样去培植正确的教义。在这种意见的矛盾中，有一个事实是极其肯定的，即他们没有得到充分的教导。因此，如果他们知道现在还保留着一点当初自己曾受其熏陶的反对世俗权力的那种淡薄的酒味，那就不足为奇了。"① 在此，霍布斯一方面抨击了大学在公民教育中存在的不足，另一方面事实上也指出了大学在公民教育上的重要作用及其本应具有的更大发挥空间。大学中走出来的精英分子不仅将作为国家政府机构的官员、教会的神职人员，而且也将担负起公民教育（主要是传播法律与公民义务）的重要使命。因此，国家整合目标的实现，必须将国家主权的权威性以及国家意志渗透到每一个国家成员的意识之中，因而必须要保证公民教育的普及性与强制性，也要保证向公众传播的内容具有权威性和一致性，否则很有可能适得其反。

2. 洛克的公民教育思想——现代国家的民主化力量

显然，霍布斯的公民教育思想体现出一种面向所有国家成员的、旨在培养国家顺民的现代国家整合的特征。相对来说，洛克的公民教育思想则体现出明显的现代化的民主化力量，但是这种公民教育只是针对社会精英阶层的，其目的是为国家政府部门培养三种专业人才——中央政府官员、司法审判员和法官、议会参议员。《教育漫话》是洛克著名的教育学著作。该著作的主旨就是为处于现代化初期的英国社会培养出符合现代社会发展

---

① 霍布斯. 利维坦 [M]. 北京：商务印书馆，1985：267-268.

需要的，具有独立、自主精神的新型绅士。与长久压抑人性的欧洲中世纪风气相比，《教育漫话》展现出了教育对于人性的彰显与尊重。

以洛克为代表的早期自由主义思想家认为，公民教育的作用并不在于使个体转变为"公民"，而是在于使每一个富有个性的人更有能力适应共同生存与生活。人们学习社会规则是为了适应社会，而不是为了适应一个根本不存在的公共善。政府看似全社会成员的指导者，但是其唯一的作用就是如果公民违反了法律、社会习俗，国家才会出面干预，即通过惩罚来规范他们的行为。国家并没有能力帮助全体公民将社会的共同信仰与目标内化。①

（1）公民教育内容

洛克在《教育漫话》中为满足这些需要安排了繁重的课程。所指定的西塞罗、葛洛休斯（Grotius）和普芬道夫（Pufendorf）的著作构成"民法和历史的概论部分……是一个绅士不仅要接触，而且应该时常研读，永远不能放置之物"。年轻学生的阅读也应该包括对英格兰法律、政体和政府的学习。因为洛克认为，"无论身在哪个国家，这个国家的法律都是不可或缺的，从治安推事到政府大臣，我知道缺少了法律的知识他都无法更好地履行职责"。②这样一种课程安排应该能够取得非常好的效果，至少在知识层面上是应该如此的，通过公民知识的学习来熟悉公民关系，这也是霍布斯所推崇的。

教育者要向儿童传授一些公共价值，使儿童能够考虑到他人的想法，并通过日常生活实践将所学的知识内化为自身的观念。把儿童培养成为善于赞扬和建议的公民，培养儿童的荣辱感，使儿童学会尊重他人、遵守社会秩序，这是他们生活得以幸福的基本要求。洛克认为，这是完全基于儿童自身利益的一种公民教育观，因为对他人尊敬与尊重会比直接支配他人获得更多的权利。③

教育是为了培养公民具有为社会所认同的行为能力。但无论教育如何开展，人们总是不可回避地受到自身情感的影响，而且，自由主义者认为

---

① BATTISTONI R M. Public Schooling and the Education of Democratic Citizens [M]. the University Press of Mississippi, 1985: 38.

② HEATER D. A History of Education for Citizenship [M]. London and New York: RoutledgeFalmer, 2004: 31.

③ BATTISTONI R M. Public Schooling and the Education of Democratic Citizens [M]. the University Press of Mississippi, 1985: 37.

人类与生俱来便具有一种支配、统治别人的意识。这会使人们对公民教育的心理产生逆反，洛克对这一问题提出了自己的看法：

首先，要尽可能早地在儿童心中确立父亲的权威。控制儿童的情感。只有通过这种方式才能使儿童抑制上述的逆反心理。

其次，洛克认为教育的本质与内容，必须能够促使儿童发展成为一个有序社会的成员。他将公众的荣誉感作为对儿童思想与行为的最有力、最直接的刺激。"一旦儿童意识到了对荣誉感的热爱，对耻辱的忧虑，那么你就已经将一个真理传授给他了。这种真理能够使儿童不断向着正义方向的发展。"[①]

奉行政治中立原则素来是自由主义思想的传统，在自由主义的公民教育中也在回避直接的政治教育。自由主义者认为，在向人们教授公共价值或信念的同时不应该涉及过多的政治内容，政治对于教育的作用并不重要，因为政治领域中总是存在着各种各样的冲突与矛盾。公民教育是要向公民传达文明、和谐、美好的社会技能，而不是教给公民"矛盾与对抗"。[②] 我们从中也可以看出，以洛克为代表的自由主义者之所以主张绅士教育，他们所主张的政治中立原则是其中一个重要原因。

当然，自由主义者所主张政治中立原则也并非是要将教育与政治完全隔离。实际上，儿童在接受上述公共规则教育的同时也会受到一些政治秩序与规则的教育。这种政治规则是维系社会稳定、维护公民和平共处所必需的基本规则。

（2）公民教育的途径

早期的自由主义者认为对儿童实施公民教育是十分必要的，但是不主张在国家举办的教育机构中开展公民教育。这显然是由早期自由主义的基本理念所决定的。在早期自由主义的理论中，个人与国家的关系是松散的。个人利益位于国家利益之上，国家维护社会秩序以保障个人利益的至高无上地位，从而促进资本主义社会的自由竞争。在17—19世纪末期，教育一直排斥国家的干预。早期自由主义者提倡，公民教育只能在家庭或社会中进行，而不能由国家来实施。

---

① BATTISTONI R M. Public Schooling and the Education of Democratic Citizens [M]. the University Press of Mississippi, 1985: 36.

② BATTISTONI R M. Public Schooling and the Education of Democratic Citizens [M]. the University Press of Mississippi, 1985: 38.

洛克认为，对儿童进行训练与培养是家长尤其是父亲不可推卸的责任。他非常怀疑公共机构是否具有开展公民教育的能力，在公共环境或公共机构中儿童不可能从他人的身上学习到太多关于正义、慷慨、节制（sobriety）等公民的美德。[①] 与洛克观点相似的还有斯密，他也同样主张儿童应该在家中通过父亲及其家人的口传身授，学习道德、自然法则以及国家法律方面的知识。

二、宗教教育与精英教育中的公民教育萌芽

亚当·斯密在《国富论》中针对英国现代化初期两个阶级的道德体系做出了简明扼要的总结，而这两种道德体系的差别也是导致现代化初期两种不同的公民教育实践的重要原因——"在每一个文明社会，在每一个阶级差别已经完全确立的社会，总有两种同时流行的道德方案或体系：一种可以称为严格的或严肃的体系，另一种可以称为自由的或（如果你愿意的话）放荡的体系。前者一般为普通人民所称赞和敬奉，后者普通受到所谓上流人物更大的尊重和采用。"[②] 对于有地位和财产的人来说，他的权威和重要性极大地依存于社会对他的尊敬，社会注意他的每一种行为，因此，这便使他不敢做任何有失体面或者不受信任的事情；而对于地位很低的人来说，由于不会受到过多社会的关注与监督，因此，最好加入某个教派，通过宗教教育来实现对他的道德约束。对所有年龄的人民进行教育的机构主要是宗教机构。其教育的目的就是使人民成为国家的良好公民，并使他们在来生进入另一个更好的世界。

（一）宗教教育是发挥整合功能的主要公民教育形式

在绝对主义国家向现代国家过渡的过程中，宗教教育在很大程度上发挥着英国的公民教育职能。宗教教育是公民教育的主要形式。这是因为在宗教冲突与纷争的年代，宗教争执和冲突会明显激起一种反叛情绪，讲授国家"真正的"宗教也是公民教育的一种形式，其目的就是为君主制国家培养统一的忠诚之心。同时，宗教也能够发挥出一种完全相反的作用——

---

① BATTISTONI R M. Public Schooling and the Education of Democratic Citizens [M]. the University Press of Mississippi, 1985. 34.

② 亚当·斯密. 国富论 [M]. 西安：陕西人民出版社，1999：860.

第一章 开创：现代国家诞生与公民教育溯源（17世纪—18世纪前期） 69

破坏绝对主义王权。新教派的教义有一款条文就主张培养一种公民观念——统治权并不属于国王而是属于人民的。一位英格兰学者对此解释道，英国内战期间，加尔文教派思想中的个人主义因素从宗教领域延伸到了政治领域。……主权被认为是属于人民的，是"上帝赋予所有人的"。绝对主义王权受到了威胁，我们正处于革命时代的边缘。[①]

1558年，伊丽莎白一世继承王位后，她最为关注的就是努力营造宗教安定的环境，结束她姐姐玛丽统治时期的恐怖氛围。她也认识到，巩固她的政权需要教育要素加以支持。这一时期，许多的皇家指令、教会教规以及议会法案都确保了王室对于学校的控制。第一个就是1559年的指令。只有那些能够理解真正的上帝教的人才能从事教学；而且，指令还要求，"儿童的所有教师都应该鼓励、驱使学生对真正的上帝教产生热爱和应有的崇敬之情，现在由公共权威正式提出"。……此外，伊丽莎白一世统治时期教会还推动世俗性的爱国公民教育的发展。……当时学校教科书的名称为《论英国战争》，这本教材被提交给女王的重臣伯利男爵，他认为这本教材的爱国主义精神非常具有教育意义。当时的枢密院也认为，这本教材可以满足政治的需要，并且要求主教在学校里使用这本教材。在当时的英格兰，星期日早上祈祷之后，1000个教区中的每一个教区都聚集了许多青少年，他们来自于贵族、自耕农、农夫、商人、劳工甚至是乞丐的家庭，他们向牧师学习怎样做一名基督徒……青年人被唯一告知的事情就是，教义问答手册中所包含的服从、权威以及社会秩序和政治秩序。而且，这些少年男女中的大多数人无法证实或修正那些庄重的牧师所告知他们的东西，因为他们不识字。[②]

然而，没有任何文化素养的公民是一个国家现代化进程中的潜在威胁。因为一方面文化素养的缺失将使公民无法适应国家的现代化生成与生活，另一方面没有文化的公民也很难接受来自现代国家的整合力量，当然也无法去争取和捍卫公民应有的权利。因而大众普及教育是每个国家现代化初期都面临的问题。但是，英国是一个特例。"在不列颠国家形成的历史进程中，教育正如所描述的那样，并没有发挥像在欧洲其他国家那样大

---

① HEATER D. A History of Education for Citizenship [M]. London and New York: Routledge Falmer, 2004: 27.
② HEATER D. A History of Education for Citizenship [M]. London and New York: Routledge Falmer, 2004: 30-31.

的作用。民族主义在学校课程中也只是采取相对温和的形式。不列颠国家早期的统一联合在民族性国家教育法制的几个世纪前就发生了,它替代了教育在不列颠国家形成中的所有主要作用。"① 因而,英国国家政府并没有将教育作为一项紧迫的任务。大众教育的历史任务便顺其自然地继续主要由宗教教育来担当。如此,在伊丽莎白一世当政期间,就是凭借宗教正统性和历史自豪感,通过教会学校来激发一种民族聚合感的。一方面,宗教教育在宣传教义的同时对于普及下层人民的文化知识做出了贡献,但一方面也使宗教分歧随之进入教育领域,导致了英国教育制度的长期混乱与教育思想的复杂多样。

正如霍布斯所说,公众头脑中的国家观念、公民观念实际上很多是从大学中传播出去的。尽管大学被国家视为促进英国国教一致性的"引擎",但是大学也滋生出多种宗教分歧。实际上,1580年后,天主教已经在牛津大学销声匿迹了,但是,在剑桥大学中,还存在着各种各样的清教徒团体,他们致力于英格兰教堂的神圣改革。而这些清教徒也促进了社会整体文化素养的提升。1560—1640年,英格兰社会的教育水平因为相对良好的经济状况与社会秩序而有了一定的提升。而清教则是提高社会文化素养的一个重要影响因素。为了推广《圣经》的阅读和圣经的信仰,就要首先通过普及文化知识予以加强和传播。②

然而,革命时代的到来打破了宗教教义控制下的宁静生活。17世纪中期,也就是英国内战到光荣革命前的一段时期内,英国政治的混乱与公民的骚乱愈演愈烈。缺乏文化素养被认为是导致下层社会人民脱离国家控制的潜在因素。……一项综合调查显示,整个18世纪,英格兰的公众文化素养根本没有获得任何进展。这主要是由于英国的人口由1700年的大约550万增加到1801年大约889.3万。③ 英国大众普及教育中的复杂因素与难题是英国公民教育始终流离失所于国家之外的直接原因。由于从现代化初期开始,英国国家政府就不曾过问教育。教育在很长时间内被英国人视为一种"产业",认为应该放任自流地由私人去经营。许多学校都要依靠各种

---

① 安迪·格林.教育、全球化与民族国家[M].北京:教育科学出版社,2004:113.
② LAWSON J, SILVER H. A Social History of Education in England [M]. London: Methuen & Co Ltd, 1973: 131, 143.
③ BOWEN ames. A History of Western Education (Ⅲ) [M]. New York: ST. Martin's Press, 1972: 141.

宗教团体资助或者慈善家的捐助，因而宗教分歧也随之进入教育领域，这就导致了英国教育制度的长期混乱与教育思想的复杂多样，教育长期滞后于经济发展，不能适应工业社会的需要。在宗教教育向世俗性教育的转变的过程中，除了原有的宗教教育仍发挥着一定的公民教育功能以外，公民教育由于缺乏国家的支撑转而诉诸民间薄弱的大众教育。而这种以字母学校、唱诗班学校、慈善学校为典型的民间大众教育力量是极其有限的，绝大多数下层阶级的子女是通过学徒的形式接受职业技术教育或者根本没有机会获得教育。而在仅有的这些教育形式中能够发挥公民教育作用的，更是微乎其微。

（二）精英教育是发挥民主化功能的公民教育形式

从17世纪末开始，公民美德和古典意义上的公民观念在英国繁荣兴盛起来。在欧洲大陆，公民也同样获得复兴，并且开始渗入教育思想之中。古典公民观念的复兴是以质疑君主专制统治为目标的。在包括英国在内的许多欧洲国家中，都开始对特权阶层子弟进行地理、历史、法律、政治方面的教育，其主要目的就是培养成为承担公共服务职能的"精英公民"。

精英主义公民教育最初主要源自于文艺复兴运动中人文主义思想的传播以及宗教改革的先进思想。人文主义高度赞扬人的价值与尊严、宣扬人的思想解放和个性自由，肯定现世生活的价值和尘世的享乐，提倡学术自由和尊崇理性。在贵族与君主之间的冲突与融合过程中，中世纪大学发挥出重要的作用。宗教改革则是文艺复兴运动在宗教领域的继续。宗教改革者并不是要求消灭宗教，而是主张改良宗教，以新的教会、教义取代名声不佳的天主教会。新教反对罗马教廷欺世敛财、反对僧侣贪婪腐化、反对旧教的陈规陋习与繁文缛节。而所有这些思想上的变革都主要来自于大学教育中先进思想的诞生与传播。现代国家的先进理念以及现代民主的启蒙思想正蕴藏于大学教育之中。

14世纪时，大学已经开始越来越成为控制国家生活的重要力量。尽管这一时代，教堂、修道院也具有一定的教育功能，但是，大学作为教育体系中的顶点，它无疑滋养着所有的学习活动。受过大学教育的人开始执掌教会和国家最高机构的管理大权。大约有2/3的主教是大学毕业生，……大学毕业生，特别是主修教会法规与民法的大学毕业生，大部分都在皇家大法官法庭、财物署、外交部门任职……①由于这些职位的优越性，大学中的民法与教会法专业吸引了大多数学生来学习。因为法律不仅能够为他们的学术研究提供有益的支撑，而且也为他们今后的晋升提供了便利。而伴随这些精英分子在教堂和国家政府机构中占据重要的位置，他们头脑中先进的现代国家理念以及自由思想也开始对英国的公众生活发挥出重要的影响。他们通过下属机构以及地方教堂将这些理念和思想传达和渗透下去，英国的公众文化逐渐带有了现代社会的气息。

14世纪后期，治安法官（或太平绅士）（the justices of the peace）已经发展成为司法系统中的一个重要元素。作为法律外行的一些拥有土地的爵士、乡绅们很快便发现法律知识不仅对于他们处理一些行政职务很有帮助，而且对于保护他们的私有土地财产也很有益处。于是，他们便送自己的儿子去培养律师的学院临时性地学习法律知识，其目的并不是为了从事法律实践活动，而是为了出于保护自我利益的目的去掌握一些法律常识知识，并使他们获得伦敦所提供的学习典雅的社交礼仪的良机。② 这是公民为维护自身权益自主增强法律意识、民主意识的一种体现。学习法律已经不仅仅是为了职业的需要，而且成为公民为维护个人自由、权益的一种生活必需。

宗教教育中所体现出的整合力量是自上而下的一股力量，这种力量源自现代民族国家产生与持续发展的需求，因而，公民教育中的整合力量主要源自国家统治者或国家政府机构的倡导；相对比而言，现代民主国家建构的民主化力量则是自下而上的，民主化的动力来自民间，相应地，公民教育中的民主教育需求也同样源自公民的民主意识。

总之，直至17世纪，英国的公民教育很大一部分是由宗教布道者来传播的。学校并没有视之为己任。具体的政治教育确实已经开始流行起来，但也只是在上流社会。年轻的绅士接受地理、历史、司法和政治方面的教育，这明显是为了使他们适应公共事业。现代化初期的英国公民教育主要表现为大众公民教育和精英公民教育。针对大众的公民教育主要强调对爱国主义，强调对国王的忠诚，对国家统治的顺从，强调义务和责任。而精

---

① LAWSON J, SILVER H. A Social History of Education in England [M]. London: Methuen & Co Ltd, 1973: 54.
② LAWSON J, SILVER H. A Social History of Education in England [M]. London: Methuen & Co Ltd, 1973: 76-77.

英公民教育则侧重于法律教育、权利教育。大众公民教育的途径是教会和慈善学校等宗教教育场所。精英公民教育则主要通过家庭、公学和大学。"到伊丽莎白一世摄政结束时期为止，精英公民身份的文艺复兴概念已逐渐与上流社会在当地和全国履行的公民角色关联在一起。而且，当选为众议院的议员们的权利如今正在减弱其威力，并且为那些在实践中拥有投票权的人提供一种稚嫩的公民身份形式。""在17世纪，公民身份和公民身份教育就像等待着破茧的蛹一样，处于一个比任何时候都更为先进的成熟状态中。公民身份知识等待着革命年代的动乱来解放它；公民身份的教育因民主化而得到自由，而这个进程的释放和团结需要新一轮的民族主义信念来加以推动。"[①]

[①] 德里克·希特. 公民身份：世界史、政治学与教育学中的公民理想 [M]. 长春：吉林出版集团有限责任公司，2010：45，55.

第二章 勃兴：现代国家崛起与公民教育（18世纪中后期至19世纪中期）

1687年，光荣革命即将来临前的一年，英国伟大的物理学家艾萨克·牛顿用数学方法证明了万有引力定律和三大运动定律。牛顿通过自己的发现告诉世人：自然界存在着规律，而且规律是能够被认识的。这一发现给人类带来从未有过的自信。曾经匍匐在上帝脚下的人类，终于大胆地抬起头来，开始用自己理性的眼光打量世界。思想的解放也带来了巨大的社会创造力。

第一节 工业革命时期的国家发展

正如法国思想家伏尔泰所评价的那样："使英格兰变得强大的是下述事实：从伊丽莎白时代开始，各方面已经就重商的必要性达成一致。把国王送上断头台的同一个国会，同时在忙于分配海外贸易的职位，仿佛任何事情也没有发生。查理一世的鲜血还在流淌着，这个国会却通过了《航海法》。"[①] 光荣革命在整个英国社会内部奠定下一个宽松而又平和的环境，当时的英国人发挥最大创造力，追求最大个人利益，这也为此后英国叩开工业革命大门，进行工业化发展铺平了道路。

一、自由主义经济中的秩序整合

工业革命肇始于生产工具的改进。18世纪30年代以后，伴随着纺织

---

① 纪录片《大国崛起》解说词[EB/OL]. http://www.chinaelections.org/NewsInfo.asp? NewsID=99265，2006-12-01.

工具飞梭、珍妮纺纱机的发明，以及18世纪80年代，詹姆斯·瓦特成功地将旧式蒸汽机改造为万能蒸汽机，英国正式进入了工业革命时期。在生产工具改进的基础上，英国的工业生产发生了一系列连锁反应。除了工具的改造、机器的出现、人造动力的运用之外，工业革命还引发了生产技术的创新与生产组织形式的变革，生产率的提高，使手工作坊逐渐退出英国的经济生产舞台，代之以现代化的大型工厂。工业生产的高效率以及交通工具的改进与创新，也使英国的交通运输异常繁荣。总之，到19世纪中期，英国已经是个工业化国家，迅速成为当时世界上最富有的国家。英国的生产能力比世界上其他国家的总和还要多得多。它成为全世界的加工厂，它庞大的远洋船队把数不尽的工业品运往世界各地，再把原材料运回国，加工成工业品，然后再运出去。

工业革命使英国成为世界上第一个工业化国家。这就迫使整个世界追随着英国向现代化的方向前进。环顾当时的世界，法国正处在君主专制的鼎盛时期；俄国的彼得大帝还在南征北战，建立专制帝国；德国和意大利则四分五裂，人民正期待着强有力的王者出现；在亚洲，日本还在被封建幕府制度束缚；而中国，大清王朝268年的江山才刚刚坐了44年。但是英国，这个地处边缘的小国，却在历史性的转变中抢占了先机，已经率先到达现代文明的入口处，即将一步步稳健地走向世界的中心。[①] 从这个意义上可以说，是英国打开了现代世界的大门，并引领着当时的世界潮流。

二、工业化进程中的民主浪潮

伴随着英国现代化进程的深入发展，"国家"已不仅仅是一个地域性概念，还是一个包含国家主权完整、民族独立等内涵的政治性概念。英国国家主权的对内渗透尽管仍依托于强大的君主制，但是，主权却已并不完全掌握在封建君主手中。主权对外的神圣不可侵犯性则主要表现在英国获得了海上霸权。伴随资本主义经济迅速发展与资本力量的不断扩张，资产阶级力量逐渐壮大，他们开始按照自己的意志建构国家。他们逐步削弱君主权力，提出主权在民的政治要求。

---

① 纪录片《大国崛起》解说词［EB/OL］. http://www.chinaelections.org/NewsInfo.asp? NewsID＝99265，2006-12-01.

在光荣革命以后,英国现代民主制度的确立还经过了长期的演变。英国进行工业革命的时候,政治上进入了一个保守时期。这个现象在许多国家的现代化进程中都出现过,即经济激变与政治保守同时并存。在英国,从18世纪80年代起即出现托利党的持续执政,一直维持到19世纪30年代。[①] 英国工业革命一直处于这种极端保守的氛围中。经济创新与政治守成同时出现,这又是一个值得注意的现象。政治上的保守不仅表现在对内的压制上,而且也表现为充当国际旧秩序的宪兵。在二十多年的反法战争中,英国与欧洲最古老的旧势力结成同盟,与革命的法国顽强地对抗。保守的政治外观与剧烈的经济变化互为表里,构成了这个时代最典型的特征。不过,英国这时的社会政治制度仍然是最"自由"的,这是当时其他任何国家都无法企及的。当经济发展到一定程度时,社会与政治制度就会承受巨大的压力。新的政治变革就会出现,英国再次进入新的改革时代。

伴随英国工业革命的深入发展,资产阶级羽翼丰满,工人阶级力量日益壮大,原来集中在上议院手中的国家权力开始出现下移的趋势。土地贵族和资产阶级为取得民众的支持而展开了范围广泛的竞争,两党轮流执政的制度建立起来。正是在这种土地贵族、资产阶级、工人阶级之间力量博弈的过程中,英国逐步完成了由贵族寡头制向民主制的过渡。"那个年代大多数人在争论中长期关注的问题是,应该把这些权利尤其是政治权利扩展到多大程度。如果人们是平等的,而且是有权利的,如果人们是主权者,那么如何才能够把人们排斥于选举权职务认为是正当的?另一方面,如果根据妇女和儿童的社会而不是智识从属关系来排斥的话,社会上受安抚的男性就不应该也没有选举权?许多参与激进运动的人为了回避这种困境,坚持相信,如果把投票权给予贫穷的人们的话会更为服从。"[②] 1832、1867和1884年的三次议会改革,一次比一次扩大了选民人数,到最后终于基本实现了成年男子普选权,也相对合理分配了议席。伴随贵族寡头制向民主制的过渡,英国民主化的进程也相应加快。普选权范围的逐步扩大也带来了相应的教育需求。以往的宗教教育与精英教育都无法满足现代工业社会中的培养合格公民的需求,尤其是工人阶级逐步取得选举权后,公民教育的需求就越来越显得必要且急迫。

---

① 钱乘旦,许洁明. 英国通史 [M]. 上海:上海社会科学院出版社,2002:222.
② 德里克·希特. 公民身份:世界史、政治学与教育学中的公民理想 [M]. 长春:吉林出版集团有限责任公司,2010:67.

这些社会变革有力地推动了英国民主化的进程。但在另一方面，工业革命时期民主国家建构的那种相对保守特征也清楚地表明，在现代化进程中，每个国家的民族国家建构与民主国家建构之间都存在着一种既矛盾又一致的张力关系。只不过在后发现代化国家中，这种张力比较大，表现得比较明显；而在英国这样的早发现代化国家中，这种张力相对微弱，所以表现得不是很明显，但这并不意味着它不存在。因而，所谓的民族国家建构与民主国家建构之间的"同步性"只是相对意义上而言的。这二者之间的张力也正如我国学者徐勇所总结的那样，公民的"自主性是衡量国家理性化的重要标志之一。但是，自主性与国家的一体化往往处于矛盾状态。因为，自主性来自于社会的多样性，更多蕴含的是个人、团体、地方的利益，这种利益往往会与国家的统一意志相冲突。所以，自主性能否实现取决于特定的历史条件、国家目的和政治体制。如果是民主政体下国家与社会的相互博弈中形成的国家意志，那么，在实现共同性的国家意志时，自主性仍然有广泛的扩展空间。反之，国家就有可能成为脱离个人的'利维坦'，压制个人的自主性"。①

三、公民权成为公民资格核心

出生地主义原则明确了公民的归属地、突出了公民对于现代民族国家的认同，这表明现代化之初英国公民资格明显带有现代民族国家整合的特征。然而，伴随着1640年的英国内战、1688年的光荣革命以及18世纪的国会圈地运动，资本主义经济获得繁荣发展，使得统一的主权国家中形成了统治阶级内部的竞争关系。这些都与新生的国家公民资格的核心——公民权的发展有着密切的关系。

英格兰与苏格兰王国的联合，来自欧洲大陆的新教徒难民以及经济移民，伴随着英国国际贸易的增长，海外殖民、占领的逐渐扩展，长时间以来潜移默化地冲淡了"出生地主义"原则。案例法通过苏格兰人立法规定了英国大陆的所有权，反过来（也通过授予了同等的公民地位），大约在此一个世纪以前的1707年的联邦法案就创建了一种普通的政治身份。在整

---

① 徐勇. 现代国家建构中的非均衡性和自主性分析［J］. 华中师范大学学报（人文社会科学版），2003（5）：97-103.

个18世纪的时期内,一系列大大小小的内阁法案慢慢向出生在国外的新教徒,甚至是犹太人移民拓展了一定的权利。同样的立法也用于承认出生在海外的英国公民(大部分是外交官和商人的后代)。一些英国的殖民地也制定了授予公民资格的规则,这些当地的规则被逐渐承认并吸纳到英国的普通法之中。

到了19世纪,英国统治阶级内部的竞争,特别是地主和城市资本家之间的竞争,导致了为在选举中争取人民支持而展开的议会竞争。这种由于向广大公众呼吁而在统治阶级的统一体内部造成的分裂,不仅产生了1840年的《工厂法》(Factory Acts),而且还通过了1867年的改革法案,扩大了公民选举权。换言之,资本主义发展所支持的统治阶级内部的竞争结构,往往为公民资格的创立和扩大提供了必要的背景条件。[①] 19世纪中后期,自由贸易以及自由民族主义的迅速膨胀,一方面,英国的公民资格进一步破除了传统的地缘性、血缘性限制,而普遍地赋予移民和殖民地居民;另一方面,在贵族寡头制向民主制的过渡过程中,成年男子已经获得普选权。

在现代国家建构的影响下,英国公民资格由现代化初期的出生地主义原则逐渐发展到工业革命时期,公民权内容进一步扩充与范围不断扩大。公民资格的产生与变革预示着现代公民教育的诞生与发展。

第二节 公民教育的"双轨制"发展

18世纪末,英国进入工业革命前期。然而,经济飞速增长的同时,却伴随着政治上的极端保守。相应地,在公民教育方面也在很长时期内一直延续着工业革命前的双轨制——精英主义的公民教育以及面向大众的顺民教育。到18世纪后期为止,从现代意识形态的意义上来说是刚刚出现民族主义。民族主义作为一种替代性的宗教,其千变万化的本性使之比其他意识形态更可能被接受——而且是作为一种刺激物而不是一种起麻醉作用的信条。这一时期非常广泛的观点是一个民族拥有共同语言传统的文化同质

---

① 巴巴利特.公民资格[M].台北:桂冠图书股份有限公司,1991:45-46.

性，应该承认在他们中间以及在他们栖息的土地上存在一种特有的情感和忠诚纽带。18世纪末，"民主"一词也开始在欧美国家首次得到流行，它标志着民主时代的到来。工业革命和工业化浪潮，城市化浪潮，教育的发展和知识的普及，大众传播媒介的出现和发展等等，带来社会面貌的巨大改观，与之相伴而生的是各种传统身份差别的消失和平民社会的出现。这是雅典式的平民民主原则得以复活的新的土壤。[①] 在英国，政治上的保守状况直到19世纪30年代开始有所松动。伴随英国工业革命的深入发展，中产阶级、工人阶级力量日益壮大。他们要求自由与平等的民主呼声也越来越高。中产阶级、工人阶级成为这一时期推动英国民主化进程的重要力量。在19世纪一浪高过一浪的英国工人运动的推动下，英国政府一次比一次扩大了下层阶级的选民人数，终于基本实现了成年男子普选权。在政治理想不断得到实现的同时，崛起的中产阶级与工人阶级也关注到公民教育在维系民主制度和推动民主化进程方面的重要功能，因而这时的英国开始出现了代表中产阶级、工人阶级意志的公民教育思想以及实践。因而，现代化早期精英主义公民教育与培养顺民的公民教育，在工业革命中后期逐渐转变为了精英主义公民教育和代表中产阶级和工人阶级的宪章主义的公民教育。而且，更具有趣味性的转变是，原本作为民主化重要力量的精英主义公民教育逐渐蜕变成为持重守成的整合力量；而新兴崛起的中产阶级、工人阶级所主张的宪章主义公民教育却继之而成为一股更具有民主化动力的力量。

一、自由主义思想中的公民教育

尽管洛克之后的斯密、边沁、密尔等自由主义思想家并没有出版像《教育漫话》这样的教育学专著，但是，他们的公民伦理观念明显在英国工业革命时期成为英国伦理文化中的主流思想，这种主流思想渗透于社会生活的方方面面，它所具有的工业革命时期的特点使该时期的公民教育既继承了洛克时代的自由主义的基本思想，又明显有别于洛克时代的公民教育理念。在此我们将对斯密、边沁、密尔的公民道德观与公民道德教育思

---

① 丛日云. 当代世界的民主化浪潮 [M]. 天津：天津人民出版社，1999：36.

想加以阐述。

(一) 斯密的公民道德教育观

18世纪的亚当·斯密 (Adam Smith, 1723—1790) 是自由主义思想的又一位重要代表人物。18世纪末至19世纪正值资本主义处于自由竞争阶段，正在进行的工业革命使英国发生着日新月异的变化。为适应社会的需要，斯密的自由主义思想主要从经济学角度阐述了个人自由和国家的关系。他的两部著作《国富论》和《道德情操论》详细阐述了他的自由主义思想。前者论述了"经济人"与国家社会的关系，后者则论述了在经济社会中经济人如何才能使社会成为一个道德社会。

斯密认为，追求利益是人类按照其自身意愿所开展的一项自由活动。"我们之所以吃得上饭并不是由于屠户、酿酒工人或面包大师傅的仁慈，而是出于他们自身利益的考虑。"[1] 每个人在追求财富时，也在不知不觉地增进了社会利益。如果不受到外界干预，人不仅仅能够达到自身追求财富的最高目的，而且还将非常有助于公共利益的增长。政府对经济生活的干预监督经常会阻碍社会经济的增长，因此，斯密主张经济自由、契约自由和竞争自由。他提出国家应该奉行自由放任主义政策、不干涉经济生活和社会生活，赋予个人以更大的自由活动余地，通过"看不见的手"（即市场）来处理自由竞争中所带来的混乱。

1. 自由放任主义中的个人权利

在斯密的理论中，个人权利至上的观点得到了进一步的强化。斯密认为，个人利益是人们从事经济活动的出发点，这种人被斯密称为"经济人"。经济人对利益的不断追求是国家经济发展、人们生活水平提高的最根本动因，而国家则应该在抵御外敌入侵、扩大市场以及公正司法方面发挥自己的作用，从而为个人创造财富创设良好环境，维护国家安定使之不受其他国家侵扰，维护社会中的个人权利不受任何其他人的侵犯，保障公共事业、公共设施的正常运转。个人权利追求只要不触犯国家立法就应该完全放任其自由发展，使其参与广泛的自由竞争，追求更多价值。[2]

2. 公民道德教育观

斯密认为，社会成员在作为"经济人"的同时又应该是一个"道德

---

[1] 亚当·斯密. 国富论 [M]. 北京：商务印书馆，1979：17.
[2] 启良. 西方自由主义传统：西方反自由主义至新自由主义学说追索 [M]. 广州：广东人民出版社，2003：192.

人"。道德规则是偶然产生的，现有道德结构的凝聚力是同情机制和无偏见旁观者的作用的自发产物。① 在斯密的道德世界模式中，道德行为并不是完全根据仁慈来定义的，事实上，他所谓的道德就是为了增进共同体成员的利益，要对个人的私利有所制约。"经济人"的活动受制于一只"看不见的手"，正是市场经济规律的作用对个人的道德产生了理性的制约，他使唯利是图的"经济人"控制自己的情感与行为，有规律地在一个确定的原则下活动，从而达成了私利与公益的和谐。上述对于所谓"经济人"的教育主要是针对资产阶级而言，斯密同样主张对"下层阶级"进行教育，"因为'受教育和有知识的人总是比一个文盲更为体面而有序。他们……更有可能获得自己在法律上更为优越的人的合法尊重。……对政府的措施更不会误入一种胡乱的和没有必要的反对'"。② 可见，在斯密的公民教育主张中已显现出了明显的双轨制倾向，斯密所代表的是资产阶级的立场，为了防止个体的"经济人"无止境的贪图利益，通过"看不见的手"来平衡和确保资产阶级整体的利益。而他提出对下层阶级的教育明显是侧重于对下层人民的规训与教化，使他们能够尊重和遵从资产阶级的意愿进行生产，保障资产阶级的生产秩序与更大利益的实现，使他们保守自己阶层的本分，成为国家的顺民。

"斯密的思想是时代的产物，也是工业时代来临的标志。当时，工业革命正迅猛地改变着英国的面貌。工业资产阶级急于在一切领域，尤其是思想领域挣脱传统的束缚。斯密学说为此种需要提供了一件有力的武器，因此它立即产生了巨大的反响。他的学说很快为工业资产阶级所接受，成为其正统的经济指导思想。经济自由主义表达了他们久已埋藏在心底的愿望，他们高兴地发现，在斯密那里，追求利润现在已变成正常的伦理，而且私的动机可以造成社会的福利。做生意可能有罪或者有失绅士尊严的那种潜在的负罪感一去不复返了，柏拉图式的或经典派的种种高雅的思想残余现在终于被除净。千百年来人们在现实的经济活动中早就奉行的谋利准则，现在终于和社会公认的伦理价值吻合起来了。……在三个多世纪里，英吉利民族从清教徒的虔信与天职开始，到经济自由主义定型为止，他们在追求财富的活动中，不仅改变了国家的经济生产形式，而且完成了价值

---

① 亚当·斯密. 道德情操论 [M]. 北京：中国社会科学出版社，2003：19.
② 德里克·希特. 公民身份：世界史、政治学与教育学中的公民理想 [M]. 长春：吉林出版集团有限责任公司，2010：69.

观念的转换。追求财富的活动终于从宗教的朦胧中解脱出来，得到了世俗的、合理主义的解释。以前尚须用面纱遮掩着的动机，现在成了合情合理的行为。工业革命的心理条件具备了，它为一个新的工业民族的形成打开了心扉。"①

（二）功利主义公民道德教育观

边沁与密尔则在斯密的基础之上进一步将功利明确地作为伦理价值的标准，他们把道德原则与社会立法、人们的福利、社会的建制联系起来，使功利的道德原则不仅成为衡量人的日常行为的标准，而且成为判定社会一切制度及其行动的准则，成为与资本主义发展不可分离的道德思想。

杰里米·边沁（Jeremy Bentham，1748—1832）是英国著名哲学家、法学家和社会改革家，功利主义思想最早的和主要的阐释者。他认为趋乐避苦的原则决定了人的行为方向。"最大多数的最大幸福"的功利原则就是一切社会道德的标准，追求幸福乃是人之天性，人之权利。道德之所以具有价值，是因为道德是产生快乐或避免痛苦的一种手段。"边沁根据他的功利主义的基本原则和人性论，提出了他的教育实践论。教育就是唤醒人在理性的压制下的对快乐的追求的本性，帮助人从理性高于感性而拒斥快乐的压制下解放出来。人们追求善而防止恶就是为了得到幸福和快乐。因为快乐是任何行动最深处的动机，教育就是要把人性中这一趋乐避苦的动力释放出来，不以任何的教诲来限制人对幸福的渴望和对快乐的追求。功利的道德原则其实也是衡量外在的教育是否符合追求快乐的人性的标准。这样，道德教育本身不仅以唤醒人的快乐的追求欲望为目的，即以快乐主义的人性为目的，而且教育应该以功利原则作为增大受教育者的最大快乐作为行动的准则。"②

约翰·斯图尔特·密尔（John Stuart Mill，1806—1873），英国著名哲学家和经济学家，19世纪影响力很大的古典自由主义思想家。他支持边沁的功利主义，把追求快乐和幸福作为人性的本质，但他又对边沁的功利主义加以修正。密尔认为，快乐不仅具有量的差别，还有质的不同。如果人性仅仅是追求最大量的物质快乐，那么道德行为则不会产生利他性，人将对那种能够为个人和社会带来普遍利益的道德行为丧失兴趣，人将不再

---

① 钱乘旦，陈晓律. 在传统与变革之间：英国文化模式溯源 [M]. 杭州：浙江人民出版社，1991：99-100.
② 金生鈜. 德性与教化 [M]. 长沙：湖南大学出版社，2003：230-231.

第二章　勃兴：现代国家崛起与公民教育（18世纪中后期至19世纪中期）　　83

因美德和善而感到快乐，这最终反而使道德行动的功利目的无法实现。因此，密尔主张用精神快乐的内在标准来补充功利原则，把求知、审美、情感等人类精神活动放在人类的利益中更高的位置，注重人的精神活动为人所带来的德性的培养和提升。边沁的功利主义反对牺牲个人利益，将个人幸福的获得视为道德行为的本源。密尔则提出全体社会成员的共同幸福和长久利益是功利主义的最基本原则，任何人追求最大幸福的行动都不能以损害他人的幸福和普遍的共同幸福为条件，功利原则包含着为普遍的福祉而牺牲个人幸福的道德精神。① 密尔的公民道德观是一种后天发展论，这无疑就突出了公民道德教育的重要作用。密尔受洛克"白板说"的影响，肯定了道德教育与社会交往对人道德发展的重要作用。密尔主张的道德教育并不是强迫性的道德说教，而主要是指后天环境与人之间通过互动而形成道德。

总之，边沁、密尔等功利主义思想家摒弃了霍布斯、洛克的天赋权利、契约论的理论预设，而从人类行为的现实目的出发来阐述个人与国家、社会之间的关系。当然，"使个人利益与公共利益相一致存在着困难，这是不容否认的。但是詹姆斯·密尔②等人特别致力于研究这个问题，认为这些问题可以用道德教育来克服。一个人从小就受到把他人利益同本身利益结合起来的教育，长大就会像关心自己的幸福一样地关心他人的幸福。因为归根结底，公共利益是和个人利益一致的。尤其是在自由经济制度下，每个人沿着最大个人利益的道路前进，就会完成对社会有最大利益的任务。懂得这一点，我们就应当有以个人利益自动起作用为基础的真正社会和谐，这种个人利益被知识开导，并被难驾驭的本能纪律所遏制"。③可见，这一时期的思想家主张以公民的道德来协调个人与国家之间的关系。他们所谓的"道德是不可能强迫的，因为道德是一个自由人的行为或性格，但是创造一些道德能在其下发展的条件却是可能的，在这些条件中，一个并非最不重要的条件是不受他人强迫"。④ 人们能够做到的，并不是去塑造道德，而是为道德生长提供最为合适的条件——不施加强迫，使

---

① 金生鈜. 德性与教化 [M]. 长沙：湖南大学出版社，2003：241-244.
② 詹姆士·密尔（James Mill，1773—1836），英国功利主义哲学家。约翰·斯图尔特·密尔的父亲，也是边沁的密友。
③ 霍布豪斯. 自由主义 [M]. 北京：商务印书馆，1996：37.
④ 霍布豪斯. 自由主义 [M]. 北京：商务印书馆，1996：72-73.

个体受理性自制的约束与引导。

不过，正如下一个时代的英国自由主义思想家霍布豪斯所评论的那样，"虽然边沁主义者的出发点不同，他们获得的实际结果却同天赋自由学说的结果并没有什么显著的不同，总的来说，两种势力联合起来形成了一个学派，这个学派在改革时期对英国自由主义产生了极其巨大的影响"。[①] 而在这个学派的影响下，英国现代化初期至工业革命时期的公民教育实践也明显表现出自由主义思想的一致性与现代化不同发展时期的不同特征。

二、公学中的精英主义公民教育

精英主义的公民教育在工业革命时期得到了充分的发展，因为它不但继承了古典主义的公民美德教育，而且融合了资产阶级的自由主义公民道德教育。精英主义公民教育的存续与发展也是英国工业革命时期辉煌成就的一种表征。

（一）维多利亚价值观

工业革命后期，英国达到了资本主义发展的最鼎盛时期，并一跃成为世界头号强国，而且从维多利亚女王时起便进入了东征西讨的殖民帝国时期，一个庞大的"日不落"帝国正在崛起。维多利亚女王（Queen Victoria，1819—1901），全名亚历山德丽娜·维多利亚（英语：Alexandrina Victoria）。维多利亚从1837年继位到1901年逝世，在位63年，是英国迄今为止在位时间最长的国王。维多利亚中期时，伴随国力的日渐强大，英国社会中也形成了一种道德风尚。这种风尚是维多利亚时代英国人的缩影，这就是维多利亚价值观。维多利亚价值观是维多利亚主义的核心。

维多利亚价值观强调个人意志的训练，强调严格的纪律与勇敢进取的精神；宣扬自制、自律、谨慎、禁欲主义、自治精神和责任感。于是，维多利亚时代的英国产生了一种坚强的个人主义。维多利亚价值观的影响力是极大的。在经济领域，它催人奋进，追求更高的社会地位与更大的经济

---

① 霍布豪斯. 自由主义 [M]. 北京：商务印书馆，1996：37.

利益；在思想领域，它注重宗教的整合力量，使人在宗教教义的支配下，减少对社会的怀疑；在社会心理方面，它使社会秩序趋于安定与和谐，它教导英国人减少酗酒与放荡不羁的行为。于是，在这种价值观感召与影响下，英国人一方面成为了追求最大利益的野心家，另一方面又是恪守宗教戒律的虔诚信徒。因此，在大不列颠和大英帝国力量日益增强的同时，整个英国社会也实现了相对安稳的社会秩序。

这种价值观给当时英国人的性格下了一种定义，而且也为当时整个英国社会的风气下了定义。它为英国人设定了一种全力以赴的人生目的，其重心在于当时的中产阶级以及基督福音救世主义宗教运动中，但它的影响力却通过教士的宣扬、严父的训导、教师的教育、法官的申诫、诗人的颂扬，而上达贵族、下至工人。维多利亚价值观不仅揭示了昔日所有宗教信仰的观点所在，也点出了当时多数自由主义哲学思想的中心。① 因而，无论是帝国时期的自由主义思想家所提倡的公民道德，还是维多利亚极盛时期的价值观，都是在自由放任的自由主义经济秩序下对社会秩序的一种整合与控制。通过道德观念的倡导缓解阶级矛盾，创造安稳的社会环境，从而为经济发展铺平道路。除了家庭和教堂以外，学校教育的力量也被重视起来。维多利亚价值观在培养精英分子的公学与大学中得到了很好的渗透。

（二）公学中的公民教育

在英国历史上，公学曾一度秩序混乱、黑暗，以至于一些人拒绝将自己的儿子送到公学就学，而是让他们在家庭中接受教育。古典学科与品格形成一直都是这些学校教育内容中的重要组成部分。然而，长期以来的古典学科教学脱离现代世界，使学生很难在观念中建立起对正在发生的公共事务的敏感意识。公学的管理也是异常严酷的。学生经常遭到校长或其他官员的鞭笞或者受到高年级学生的欺凌。学校中丝毫没有平等、和谐的气氛。当然，并不是所有的学校都是这样，而且到19世纪中期的时候这种不和谐、不公正的学校风气正在改变。

托马斯·阿诺德（Thomas Arnold）是英国著名的公学校长之一，1827—1842年他一直在拉格比公学任职。他认为教育需按照阶级进行分化，并对如何巩固这种教育方面等级体制的社会结构提出了自己的主张。

---

① 戴维·罗伯兹.英国史：1688年至今[M].广州：中山大学出版社，1990：271.

他极力阻止那种平等主义的公民身份的思想。他认为应该存在三种不同的学校来满足三个社会等级的教育需要。上层阶级应该训练其精英式的公民身份，教育方式是提供其"公立"学校的"氛围"，应该侧重于古典文献和古代历史来选择课程。他主持了对学校进行的改革。他所有的教育理念都是基于两个概念——基督教与公民——而提出来的。公民，意味着一种社会责任感、尽责地使用投票权与领导权。通过整个学校的风气来宣扬的道德教育，是达到上述目的的恰当而有效的方法。最为重要的是，一个有道德的公民必须是一个信仰基督教的公民。他强调，这不仅仅是公学要达到的目标，而且也是所有青少年应该达到的目标。阿诺德深信，如果能够做到古典学科的恰当教学，古典学科具有公民教育的目的。在英国的公学或者文法学校，基于公民教育，有三个问题：学习古典学科的是否能够广泛承担起培养国家领导人的最恰当方式？古典学科是否应该有现代学科作为补充，特别是理科？古典学科的教学是否应该具有明确的、明显的阐释当代问题的目的？阿诺德的立场很明确：古典学科应该保持其学科基础，但是古典学科的教学也应该具有时代的针对性。[①]

他教导学生说："宗教的真理不在神学里面，而是在一种道德的境界里面……"这是一种将基督教置于理智和自由基础之上的自由基督教，这种思想对成千上万的拉格比学生产生了深刻的影响。[②] 在阿诺德看来，上帝之道与教条无关，而与道德关系甚为密切。他劝导学生们去追求高尚可贵的东西，不可玩物丧志于低级趣味。他敦促学生为人要认真，志向要远大，工作要不怕艰难，要坚决抵制住诱惑，要有斯巴达人的精神。总之，必须做一个尽责、守信、爱国、勇敢的基督徒。因此，阿诺德布道所鼓吹的是具有尚武精神的基督教。

阿诺德之后，他的学生和助手又继续他的做法，将旧学校如哈罗公学和新学校威灵顿公学都进行了改革。公学的改革受到了上层阶级的欢迎。越来越多的富裕家庭的子弟都开始进入公学学习。公学的学校规模也逐渐扩大，数量在增加，质量也进一步提高。到1902年，已经共有64所公学。这种学校在课堂、教堂、运动场上，向学生灌输阿诺德所谓的"上帝之道和学问之益（godliness and good learning）"。

---

① HEATER D. A History of Education for Citizenship [M]. London and New York: Routledge Falmer, 2004: 89.

② 戴维·罗伯兹. 英国史：1688年至今 [M]. 广州：中山大学出版社，1990：271.

当英国叩开工业革命的大门时，宗教教育向世俗性教育的转化，精英教育中一些古典且陈旧的知识逐渐丧失掉原有的民主化功能，转而成为一股整合工业帝国的重要力量。工业革命不仅将英国推向经济现代化的巅峰，而且也在政治领域中给英国的现代国家建构与公民精神意识领域带来了更深刻的变革。公民教育因而也潜移默化地发生了一些调整与转变。新兴资产阶级与工人阶级所倡导的公民教育成为推动民主化的重要力量。

三、工厂中的宪章主义公民教育

18世纪70年代，英国民众的政治意识明显增强。80年代早期，英国民众对于改革议会的呼声越来越高，由此而组织起来的运动也越来越多。在1753—1792年的四十年间报纸读者数量到达两倍增长，尤其是法国大革命爆发后，这一重大事件促使英国民众对议会改革的需求更加强烈，有关自由、平等的激进政治争论也再度掀起高潮。这些都说明当时的英国已经具备一定的公民政治意识和公民社会的环境。英国公民意识的增长，主要集中于两个时期，即18世纪的70年代和90年代。对于英国来说，"公民"一词也是舶来品。当时法国的争论和立法使这个词发生了改变。所以，当英国英格兰北部城市谢菲尔德（Sheffield）在起草改革的必要性时，有激进派这样声称："我们所宣称的平等就是，使奴隶成为一个人；使人成为一个公民；使公民成为国家整体必不可少的一分子；使公民与整个国家的治理发生关联，而并不是作为一个臣民"。[1] 公民资格观革命性的变化，也为公民教育提出了新问题。旧有的公民资格只赋予社会中的少部分精英，因此，相应的公民教育也只是着重培养这一少部分人的公民德行。而新的公民资格则是以人民大众被普遍授予民主权利并要忠诚于民族国家为基础。进一步来说，一种理想状态中的公民资格被认为应该与有效的教育相互联系起来。正如一位历史学家所表示的那样，"多数激进分子相信，理性的论据和准确的信息对于政治进步是必不可少的，因此，他们将教育视

---

[1] HEATER D. A History of Education for Citizenship [M]. London and New York: Routledge Falmer, 2004: 50.

为一种至关重要的手段"。①

总之，这种公民教育是基于穷人的利益而设计的。在这一时期，英国有关公民教育的著作具有明显的激进式的、民主的特点，这些著作往往对国家控制教育表示怀疑。但是，在具体的公民教育策略上产生了分歧。其中的一个主要分歧就是——这种公民教育是应该通过建立统一的国民教育体系来推行，还是在以往的双轨制基础上各行其是。

（一）戴尔的公民教育思想

乔治·戴尔（George Dyer），是建立国民教育体系的提议者之一，他不仅仅提议为穷人提供公共教育，而且希望富人与穷人能够在同一屋檐下接受教育。如果所有公民在理论上是平等的，那么他们也应该接受大致相同的学校教育。他认为："这样的政策将会使（公民）心灵更具人性化……人人平等的原则，会使他感到更有尊严，使他感到地位的提升。"②以当代人的眼光来看，戴尔在工业革命时期所提出的教育民主化的观点无疑是非常先进的，但是，这种观点对于18世纪末19世纪初尚未获得民主权利之前的英国工人阶级来说，却又是缺乏现实基础的空想理论。在民主化的潮流波及下层人民之前，提出教育民主化的目标似乎跨越了一个不可逾越的时代——宪章运动时代。

而在另外一个阵营，却非常担心由国家来提供公共教育也就是意味着由国家来控制教育。这一派的代表人物就是约瑟夫·普里斯特利（Joseph Priestley）和威廉·戈德温（William Godwin），英国18世纪晚期对于公民教育非常有见地的两位杰出贡献者。相比较而言，他们的观点则更因贴近当时的时代特点，而赢得了后来的宪章主义者的更多支持。普里斯特利和戈德温这些激进主义者从当时本已经很贫瘠的教育状况中得出了与戴尔相反的结论：他们明确反对一种国民教育体制，因为担心政府会以此来操纵年轻公民的思想。普里斯特利甚至于还期望有一种教育能够把民众转变成爱国主义者和公民。

（二）普里斯特利的公民教育思想

1765年，普里斯特利发表了一篇非常具有思想性的小文章，题为《论

---

① HEATER D. A History of Education for Citizenship [M]. London and New York: Routledge Falmer, 2004: 50.
② HEATER D. A History of Education for Citizenship [M]. London and New York: Routledge Falmer, 2004: 50.

旨在促进公民积极生活的自由教育课程》（*Essay on a Course of Liberal Education for Civil and Active Life*）。他根据自身的从教经验，提出他所提倡的这种自由教育课程应该被纳入到大中小学校的课程之中，这些学科有益于公民的有效生活，而公民的有效生活又与整个国家的健康生活直接相关。普里斯特利认为，该课程应该包括如下主题：公民史以及更重要的一门科目公民政策，例如法律理论、政府、制造业、商业、海军力量等，这些都是显示民族力量和增强民族自豪感的因素。普里斯特利建议通过三个方面的课程和讲座来实现上述主题。第一，他号召学习一般历史，这有助于造就有才华的政治家以及有智慧又有才能的公民。在这门课程中，应该主要强调商业。第二，有关英国历史的一系列讲座。第三，宪法和法律。普里斯特利强调，那些掌握着影响国家命运的权力、能够提出思想的人（即精英公民）才能接受这种公民教育。但他在另一篇文章中也提出，这些学科最好能够被国家大多数人所知晓，更加理想的是，整个国家都能够从这些知识中受益。普里斯特利围绕公民教育所进行的清楚的分析，不仅仅是针对他所处的那个时代的需要而进行的判断性反思，而且也是对我们这一时代所开展的讨论的一种回应。[①]

把民众转变成爱国主义者和公民。

（三）戈德温的公民教育思想

与普里斯特利以及同时代的其他激进主义分子不同，威廉·戈德温并不是很关注实践改革计划，而是更关注于论述（公民教育的）理论原则。他的论述建基于两个信念基础之上——人是有理性能力的、正义是人类社会的首要目标。在其1793年出版的著作《有关政治正义的一种质询》（*An Enquiry Concerning Political Justice*）中有一章名为"关于国家教育"（*of National Education*），他在其中明确地反对开展公立教育的必要性，他担心政府控制下的教育将会导致思想的停滞、陈腐，甚至会导致支持偏见，这样则会造成既有制度的永久性，而没有任何发展。[②]

1832年的《第一次改革法案》令工人阶级很沮丧，经过轰轰烈烈的一场运动以后，仅有20%的成年男性获得了选举权。但有趣的是，公民教育

---

① HEATER D. A History of Education for Citizenship [M]. London and New York: Routledge Falmer, 2004: 51-52.

② HEATER D. A History of Education for Citizenship [M]. London and New York: Routledge Falmer, 2004: 52.

的目标成了 1838 到 1848 年运动中的重要辅助因素。工人阶级自己组织起来的自助式教育在 19 世纪初就达到了一种非常卓越的程度。当然，并不是上述所有教育形式都与公民教育相关，但是它们却足以提高工人阶级的政治意识。进一步来说，19 世纪的这些教育形式大大提高了工人阶级的识字率，使他们能够读书读报，这就自然使他们更加具有政治觉悟、政治意识，无论儿童还是成人都有适合他们的教育形式。

（四）罗维特的公民教育思想

伦敦宪章派的杰出领袖威廉·罗维特（William Lovett）于 1840 年发表了《宪章运动》(Chartism: *A New Organization of the people Embracing a Plan for the Education and Improvement of the People Politically and Socially*)。罗维特描绘了一个人民自己组织的学校体系蓝图，以及论述了为中产阶级和工人阶级建立这一体系所需的社会基础和政治基础。他强调受教育者不仅应该有男孩还应该有女孩，教育内容不应该有 3R 或者甚至古典学科的限制。妇女也应该接受教育，因为妇女对儿童的影响很大。罗维特还设计了非常完备的课程内容。在初等教育中，不安排固定的课程时间，而是安排一些简短的讲座或者对一些话题（例如：政府的本质、法律、权利、义务、财富的产生）进行解释；在初级中学，下层阶级学生将阅读到一些有关法律和政府本质方面的知识，而上层阶级的学生将学习历史。罗维特的观点展现出他对政治与教育之间关系的极大兴趣。他同样继承了戈德温的观点，反对国家政府对于学校的控制。他担心政府一旦取得中产阶级和下层阶级子女的教育控制权，那么国家政府就会按照政府的目的来塑造中产阶级和下层阶级子女。[1]

因此，可以说罗维特吸收了当时那个年代所有激进主义者与革命者的观点，他所倡导的这些思想不可能在政府控制下的大众教育系统中得以实现。按照他的观点，普遍的公民权应该先于普遍的学校教育体系的建立，理想状态下，是政治改革与教育改革能够相辅相成，但是他对此并不感到乐观。罗维特认为，出于利益尺度，政治是一种肮脏的交易，只有公民道德方面的大众教育才能抵消政治的这种瑕疵。罗维特不仅仅主张在大众之中开展公民教育，而且在宪章运动到来以前，他也创造了成年人学习的这种氛围；更重要的是，宪章运动在他的鼓舞之下对公民教育产生了卓越的

---

[1] HEATER D. A History of Education for Citizenship [M]. London and New York: Routledge Falmer, 2004: 84-85.

贡献，这样的贡献在以前的英国是很少见的。他们通过建立学校、学习机构、阅览室，通过演讲等等他们所能够想到的一切方式宣传宪章主义的政治目的。

然而，伴随着第二次议会改革法案对公民权的扩大，三年后，宪章主义者所担心的事情变成了现实。英国政府看到了宪章运动中下层阶级不可忽视的巨大力量，便不得不考虑到现代国家的整合问题。而亚当·斯密对此已早有预见。他在1776年出版的《国富论》中谈及政治与教育之间的关系——"国家……从对下等人的教育中并不是一点益处没有的。他们接受的教化越多，他们就越不易倾向于狂热与迷信的那种错觉，而在一些蒙昧无知的民族，这种狂热与迷信的错觉往往会酿成大祸。一个受过教育的、有智慧的人……在经受考验更能够泰然处之，更能够看穿内讧和骚乱中的有成见的申述，基于上述原因，他们更不易受到误导而站在与政府尺度相反的任何不道德的或者使不必要的立场。"①

1870年，英国颁布了《福斯特教育法案》(Foster Education Act)，英国政府开始全面介入到初等学校系统之中。当时的教育局（Education Department）副局长福斯特（W. E. Foster）很明确地指出国家普及初等教育的必要性与紧迫性："我们的立宪制度的良好和可靠的运行也取决于迅速地提供教育。承蒙议会最近决定，将来英国由民众政府来管理。……既然我们已经给了他们政治权力，我们就不能再推迟给他们提供教育。现在，存在着一些需要回答和必须解决的问题，而愚昧无知的选民是没有能力来解决这些问题的。我们的国力也取决于迅速地提供教育。"② 而在此之前，无论是穷人还是富人都依赖于私人所提供的教育。就公民教育这一方面来说，工人阶级的成人变得更有政治素养，富人的儿子被培养成精英公民。

工业革命时期，国家与公民教育之间的关系问题首度明朗地呈现出来。国家开展公民教育是否是一种必然需求？如果是，那么宪章主义者所担忧的国家控制问题又如何解释与解决呢？一边是疆域不断拓展的大英帝国整合，一边是蓄势待发的现代民主，二者究竟是怎样的关系呢？我们从密尔对公共福祉的重视及其主张为公共利益牺牲个人幸福的观点之中，似

---

① HEATER D. A History of Education for Citizenship [M]. London and New York: Routledge Falmer, 2004: 49.
② 瞿葆奎. 教育学文集：英国教育改革 [M]. 北京：人民教育出版社，1993: 11.

乎看到了一点"霍布斯"的踪影。在处理民族国家建构与民主国家建构的张力关系上，在协调个人与国家的关系时，密尔又朝着国家的方向走去。然而，这种朝向国家的方向已经不是"霍布斯"原来的位置。时间来到了19世纪末20世纪初，英国已经不是现代化初期的那个小小岛国，而是一个傲视全球的大英帝国。

第三章　盛衰：帝国主义国家与公民教育（19世纪末期—1945年）

自英国现代化肇始，在巨大的经济利益驱使下，在强大的海军实力支持下，英国始终没有停止过对外征战与殖民的步伐。英国早期的现代化进程实质上也可以看作是一个对外殖民、扩张的历程。19世纪末20世纪初，整个欧洲被帝国主义扩张、经济民族主义和复兴军国主义的恐怖氛围所笼罩。在英国，教育中的帝国主义、民族主义、军国主义情绪也日渐浓厚，最终将一个现代国家的民主主义期待完全淹没在世界大战的炮火之中。

第一节　从英伦三岛到日不落帝国

自16世纪后半叶伊丽莎白女王时期以来，英国人越过英伦三岛征服世界的进程就成为英国政治生活中一个重要旋律。1588年，英国海军击败西班牙"无敌舰队"，确立了海上霸权，为帝国形成奠定基础。从1756年至1763年，英法之间进行了漫长的"七年战争"。战线从欧洲、地中海一直延伸到美洲、印度、非洲甚至菲律宾。在"七年战争"中，英国取得了最为重要的两大殖民地——加拿大和印度。1837年，维多利亚女王继位时，英国已经成为一个帝国。到1900年时，庞大的大英帝国已拥有占世界四分之一的人口，占世界四分之一的土地。它的国旗，飘扬在北极的雪原、尼日利亚的热带森林、南部非洲的草原和风雪下的喜马拉雅山谷。一个前所未有的大英帝国就这样在现代化进程的推动下不知不觉地成长起来。而与此同时，在整个欧洲的现代国家中，原来那种以综合的民族认同为基础的早期形态的民族主义已经开始悄悄发生了转变。"由于面临上升的民主和民众骚乱，政府通过诉诸民族主义来寻求其合法性的安全保障，而这种民族主义在语言技巧和符号象征上既是种族的又是排他主义的。""一种新型的民族主义于 19 世纪后期出现在欧洲,它强调语言、传统文化,并且在极端形式下强调种族。"①

一、帝国主义国家的民主期望

19 世纪后期到两次世界大战以前的英国进入了现代化的新阶段。与前一时期比,民主化涉及的领域更加宽广,变化更加明显而深刻。"在政治领域,随着成年男子普选权的扩大、两党轮流执政制度的确立以及上、下院关系的调整,资产阶级政治民主化取得了比较坚实的成就;随着内阁权力的扩大,中央政府对地方的有效领导以及文官制度的实施,行政效率也进一步提高。一个现代化的国家机器已经最终成型。"② 从光荣革命至工业革命完成这段时期,英国国家建构的侧重点在于由贵族寡头制向现代民主制度的过渡,自由主义民主思想以及现代公民观念在这 200 年的时间内,逐渐渗透并深深根植于英国各个阶层的人民心中,并深刻体现在人民生活的方方面面。

民主再也不是精英阶层为自身利益而伸张的一种特权,再也不仅仅是自由民主思想家著作中的理论,民主已经逐渐成为普通公民维护和伸张权利与正义的武器,民主也正在逐渐成为每一位公民的生活方式。19 世纪,英国的工人阶级通过不断的斗争与努力,迫使议会多次改革,工人阶级的选举权逐步扩大。到 1867 年,议会改革已经将选举人数提高到 2,500,000 人,这意味着在当时的成年男性公民中每 3 人中就有 1 人具有选举权。普选权的逐步扩大,也使英国必须面对一个重要问题——如何提高工人阶级的政治素养,如何使所有公民理性地运用和维护手中的权力。

随着英国政府逐渐对民主控制的开放,公民教育这方面也随之变得越来越紧迫。正如边沁和詹姆斯·密尔所表明的那样,英国所有的功利主义思想家都普遍需要教育储备。约翰·斯图尔特·密尔甚至更有说服力地认为,民主进步的关键在于学校教育的普及。但他对具体政治教育的推行也还仅局限于成人参与的教育价值。他认为,恰恰是通过这种参与的过程,

---

① 安迪·格林. 教育、全球化与民族国家 [M]. 北京:教育科学出版社,2004:149-150.
② 丁建弘. 发达国家的现代化道路 [M]. 北京:北京大学出版社,1999:183.

才能把工人提升到一种为国家政治效力的水平,这正是公民教育的一种自我产生和自我提高过程。他相信,公民参与公共事务可以从根本上抵消人们的自私自利。正如霍布豪斯所言:"教育对于提高智力水平是必不可少的,教育能够提供至关重要的机会均等,没有机会均等,人民大众就无法利用由于撤销立法限制而获得的自由。"①

按此逻辑,如果维多利亚时代的国泰民安能够得以延续,那么可以预见的是,英国的公民教育将继续通过宗教教育以及学校中的历史、地理教学来灌输民族自豪感,赞美维多利亚时代的辉煌;而自由主义民主的理念则会作为公民教育的核心内容,在新世纪之初的英国公民教育中得到普遍渗透与发扬光大。然而,处于20世纪入口的英国却开始遭遇自由主义放任经济原则所造成的社会危机,与此同时,来自国际上的激烈竞争压力也使英国渐渐变成了一位步履蹒跚的巨人。为了维护伟大的维多利亚黄金时期所创下的辉煌,为了与其他西方大国竞争,为了不断地扩大海外殖民地、维护"日不落帝国"的版图,为了应对即将来临的世界大战,英国的国家建构明显地偏向了民族主义一边。而这种国家建构倾向的变化,也导致公民教育做出了相应调整。

二、帝国主义国家的极端民族主义

直到19世纪后半期,"民族国家的自由主义理想还是聚合性和解放性的,包括将较小的独立地区整合成较大的国家,这样的国家渴望独立生存,又能不断发展。根据这种理论,新的民族必须跨过一道很高的门槛,以确保他们作为独立民族的生存能力"。因此,这一时期,现代民族国家的聚合原则,无论在文化上还是语言上,都意味着民族国家必然是异质性的。"早期形态的民族主义并不太关注语言或文化遗产的同质性,而是与新的在某种意义上是综合的民族认同有关的构造物。"② 然而,19世纪末20世纪初,欧洲民族国家的种族文化观念开始在欧洲政治中占优势,欧洲国家的民族主义开始表现为种族主义的、文化排他主义的特征,而且还都带有一种反动性和侵略性。在1870年到1918年间帝国主义发展至鼎盛时

---

① 霍布豪斯. 自由主义 [M]. 北京:商务印书馆,1996:37.
② 安迪·格林. 教育、全球化与民族国家 [M]. 北京:教育科学出版社,2004:148.

期，殖民主义、军国主义、法西斯主义逐渐成为帝国主义国家的一系列衍生物。处于19—20世纪之交的大英帝国，面临严峻的国际竞争与小资产阶级与工人阶级民众的抗议与骚乱，其民族主义也同样呈现为一种极端的形式。素来以崇尚个人自由主义的英国开始诉诸国家的力量来寻求其合法性的安全保障。

（一）经济新自由主义对国家干预的新认识

自由放任的自由主义经济政策为英国带来了巨大的经济活力，也创造了维多利亚时代的辉煌成就。"从1847年到1873年，持续的经济繁荣使多数英国人民享受了资本主义的稳定、议会政治的贤明、帝国的显赫和维多利亚道德的高尚所带来的好处。"然而，"1873年后，经济和政治情况便开始打破维多利亚人万事如意的美梦。1873年，物价、利率和收入开始下跌。到1896年一般物价跌到1873年的1/3，虽然下跌的情形不是经常性的。1897年，粮价因进口而跌落，地租也大大下降。在1884年至1889年之间技术工人的失业率达7%——非技术工人则更高。……经济的暴涨暴跌，造成了危机四伏的气氛，且马上传播到社会和政治中去。工人不再驯服了，他们组织工会，发动罢工，……企业家们则组织起来破坏工会活动。妇女们没有取得选举权，行动激烈起来了。爱尔兰人没有取得自治权，政治活动也日趋激烈。……一个相信经济繁荣、不干涉主义和天助自助者的安全时代，变成了一个惶惶然危机四伏的紧张时代。"[①] 由于自由主义一直反对国家干预，所以在英国进入新的现代化发展阶段时，已越发无法应对经济和社会所迫切需要解决的问题。20世纪初，自由主义的这种弊端更为加剧，经济的无政府状态和社会的贫困问题加剧，使人们对自由放任原则产生重大质疑。

密尔的自由理论不仅是对传统自由主义集大成式的总结，而且对现代自由主义的产生和发展也发生了重要影响。在他之后，洛林、霍布豪斯等一些新自由主义者认为，自由的性质不是消极的，只意味着不受国家干预的个人活动的狭隘领域，而应是一种带有某种积极特征的、可以和别人共享的自由。相应地，国家也不再是个人自由的外在障碍，而是可以实现自由的积极手段。维护个人自由和扩大国家的权力可以并行不悖。积极扩大政府职能是关心公众福利的良好政府的必备条件，政府权力应干预经济、

---

① 戴维·罗伯兹. 英国史：1688年至今[M]. 广州：中山大学出版社，1990：325.

社会领域，如强制实行义务教育、干涉婚姻家庭、工人劳动条件、生活保障等事务，为个人实现平等的自由创造条件。在自由主义发展史上，这标志着现代自由主义开始取代传统自由主义走上历史舞台，而这一历史性的转变正是以密尔为开端的。[①] 新的自由主义理论家，如托马斯·格林和伦纳德·霍布豪斯等，开始强调国家与社会的积极作用。他们认为在创造一个真正"自由"——即公正、平等的社会方面，国家应起主要作用。[②] 1905年，时隔10年后再次上台的自由党面临这些深层危机，选择了新自由主义所倡导的"国家干预"。为了争取工人阶级选民的支持，缓和社会贫富差距矛盾，自由党积极推动一系列社会立法，其目的就是通过建立一个福利国家来解决日益突出的贫富矛盾，其本质是国家对社会问题进行干预，用国家的力量来调节财富的分配。

真正使英国人认识到国家干预必要性的，还是在两次世界大战期间。战时，为了领导战争，英国政府不得不承担起组织几乎所有国家活动的责任，例如组织人民疏散避难、生活物资调配、组织战时生产、控制物价等等。这些措施保证了战时整个国家内部的团结一致，保证了战争胜利，同时也向英国人证明，在经济领域中国家的作用不可忽视。30年代初的世界性经济危机也再一次地警示人们——自由放任的经济规则并不是金科玉律。

伴随着20世纪初英国政府采纳新经济自由主义思想，并着手在经济领域运用国家干预力量解决社会问题，"国家"这个被传统自由主义"旁置"了几个世纪之久的力量开始发挥出其特有的效用。更值得注意的是，经济领域中的这种新自由主义倾向也开始带动传统政治自由主义的松动，英国人开始对"国家"有了重新的认识，而这种认识也即将在公民教育中得以体现。

(二) 激烈的国际竞争激发爱国主义情节

在第一次工业革命的推动下，到维多利亚时代中期时，英国已经达到强盛的顶峰。英国的工业生产总量甚至超出全世界的总和，英国的对外贸易也远远超过世界上任何其他国家。然而到了维多利亚后期，也就是进入19世纪70年代以后，英国在达到强盛顶峰之后，其世界霸主的地位却逐

---

① 王彩波，靳继东. 西方近代自由主义传统：从霍布斯到约翰·密尔 [J]. 社会科学战线，2004 (1)：168-174.

② 钱乘旦，许洁明. 英国通史 [M]. 上海：上海社会科学出版社，2002：313.

渐开始动摇。这一时期的英国虽然仍是世界上最富有的国家，但是以美国、德国为代表的其他国家发展速度异常迅猛，英国的经济增长率相对下滑。"以国民生产总值为例，在1880—1890年的10年中，英国年增长率是2.2%，德国是2.9%，美国是4.1%。1890—1900年这10年英国是3.4%，德国也是3.4%，美国是3.8%。但1900—1913年，英国平均年增长率只有1.5%，德国却增长3.0%，美国增长了3.9%。1880年，全世界制造品出口总额中有40%以上是英国的，1899年却只剩下32%多一点。同一时期中，德国的份额从19.3%上升到22.2%，美国的份额从2.8%上升到11.2%。1913年，这三个国家在制成品出口总额中的比例变成了29.9%、26.4%和12.6%。英国的相对下滑趋势是非常明显的。"[1] 由于英国固守第一次工业革命中传统的煤、铁、棉等工业，而且对于文化、教育、科技方面重视不足，相对缺乏管理与创新意识，因而在接下来的第二次工业革命中开始落后于德国和美国。

面临如此严峻的国际竞争压力，许多英国人对教育寄予着非常大的期望。因为他们希望通过教育再造整个民族的辉煌。在这样的形势中，教育能够发挥出巨大的作用。通过教育方面的努力可以遏制英国的衰退趋势，可以缓解国家所面临的灾难，可以保障国家与皇室的生命力。有效的公民教育成为国家生存与发展的一种必要条件。与此同时，英国人也意识到，英国的教育体系亟待更新，因为它已经与当时所处的年代和局势渐行渐远。而这时的德国、美国和俄国已经在培育其公民体力、精神活力方面采取了大量有效的方式、方法。培养公民的道德与品格，已不仅仅是少数教育机构的职责，而是整个国家教育事业的终极目标，这一目标在当时英国的整个教育体系中被一再重申。19世纪90年代到20世纪初，英国主要的教育学出版物——《教育杂志》，也反复宣称：培养公民的品格是"教育的伟大目标"。[2]

（三）帝国殖民扩张导致帝国主义情绪高涨

英国人的重商主义传统以及对最大经济利益的追求是英国不断扩张殖民地的根本原因。从16世纪进入现代化直到19世纪末20世纪初，英国凭借其巨大的海军优势征服了一个又一个殖民地，制定无数个贸易、航运条

---

[1] 钱乘旦，许洁明. 英国通史 [M]. 上海：上海社会科学出版社，2002：270.
[2] ROBERTS N. Character in the mind: citizenship, education and psychology in Britain, 1880—1914 [J]. History of Education，2004, 33 (2)：177-197.

款，向殖民地倾销大量英国商品，掠夺殖民地的财富与劳动力。这些除了为英国带来了巨大的经济利益以外，也无疑增强了英国的国力。在殖民扩张的同时，英国的思想、文化以及人口也源源不断地到达世界各个角落。其中推动帝国扩张的巨大动力之一，就是英国向殖民地大量派遣传教士。这些传教士的讲经布道活动使殖民地人民从思想上受到控制，从而使大英帝国殖民统治得以维系。

"帝国的建立从1583年把新西兰变为殖民地开始，整个过程的完成，则在1898年法绍达事件，如果我们不将布尔战争和1919年国际联盟托管制度成立两事计在内的话。"[1]英国的工业革命又将其海军优势与商业优势推到近乎垄断的地位。到1900年，大英帝国已经拥有世界四分之一的土地，世界四分之一的人口。一个前所未有的、最大最富有的、人口最多的帝国在不知不觉中成长起来。到19世纪末，伴随这个庞大的日不落帝国的形成，英国人自身的优越感也越发膨胀起来。"国家主义在英国达到狂热的顶点，法德两国也是一样。而国家主义最受欢迎的表现，便是帝国主义。……德国作为经济、军事和帝国主义的强大力量而崛起；法国也不放弃列强地位，雄心勃勃，企图实现其沙文主义的野心；庞大的俄国染指近东，熊踞虎视，这些都是令英国人和他们的领导者寝食不安的。所以他们帝国主义的调子唱得越来越高，盘算也越来越紧张。……英国国民的国家主义，贸易上的经济斗争和政治家的外交部面临紧张和挑战，而最好的应对方式，只有英帝国更加强大。"[2]

这种帝国主义自豪感的高涨首先发生在知识分子阶层。"1883年，剑桥大学的历史教授约翰·西利爵士（Sir John Seeley）所著的《英国的扩张》（*The Expansion of England*）一书出版，它唤醒了无数的英国人，使他们认识到他们帝国的伟大。其他一些作者也打开了英国人帝国主义感情的闸门。1885年，许多英国人觉得帝国的自治领应当结成一个更紧密的团体，这种想法就促成了帝国联邦大同盟（Imperial Federation League）的形成。1883年，斯特德（W. T. Stead）担任《培尔·梅尔》杂志（*Pall Mall Gazette*）的编辑；1888年，汉利（W. E. Hanley）创办了《国家观察报》（*National Observer*），两种刊物都是鼓吹帝国的兴盛的。"[3]

---

① 戴维·罗伯兹. 英国史：1688年至今 [M]. 广州：中山大学出版社，1990：321.
② 戴维·罗伯兹. 英国史：1688年至今 [M]. 广州：中山大学出版社，1990：319-320.
③ 戴维·罗伯兹. 英国史：1688年至今 [M]. 广州：中山大学出版社，1990：317-318.

这种帝国主义的自豪感也很快在教育领域中得以渗透。这一时期的儿童读物都明显带有帝国主义军事色彩，例如，亨特在1891年（G. A. Henty）出版的《亚历山德里亚的炮声》（*Bombardment of Alexandria*）和《进兵卡尔图姆》（*Dash for Khartoum*）。

维多利亚时代后期见证了一种帝国爱国激情的不同寻常的全面爆发，其影响甚至一直持续到20世纪中期。广告、剧院、电影院、儿童读物、青年运动……到处充斥着这种情绪。在学校和各种青年运动中普遍存在着对国家的崇拜以及爱国激情。这种高涨的帝国主义情绪渗入了所有的政治党派、社会各阶层和每种宗教。"拥护帝国主义的狂热，成了不可遏止的洪流。塞西尔·罗兹在1899年说：'自由党相保守党相互较量，此起彼伏，不过是在表现谁是最伟大、最热心的帝国主义者。'……从纯学术的社会达尔文主义的作品，如本杰明·基德（Benjamin Kidd）所撰《热带的控制》（*The Control of the Tropics*），到基普林的诗，以至音乐厅里狭隘低级的爱国主义歌曲，都可以为代表。当然，还有基督福音救世主义的传教士不断呼吁教徒前往殖民地去感化异教徒。从18世纪末以来就热心宣传反对奴隶贸易或者宣传保护土人的人道主义者，也仍在继续他们的工作。更新出的冒充科学的社会达尔文主义者，提出新口号，宣称盎格鲁—撒克逊人是最优秀的人种；新的科学人类学也宣称白人比有色人种为优越。到1900年，这种信念就渗入了帝国主义的思想。"[①]

维多利亚女王的伟绩不仅因为她缔造了一个辉煌的时代，而且，在于她通过自身的努力使君主立宪制度牢固地确立下来，其规范、形式也成为一种定式。这也使得君主立宪制在20世纪顽强地保存下来，其中基本的原因，就在于英国国王的统而不治，置身于国内外政治漩涡之外。王权已经逐步转变为现代英国的民族象征，是整个民族认同的目标。长期以来，英国人民对于王权的忠诚与敬仰，一直是一种非常强大的民族主义情感。英国王室也很好地利用了这一点，发挥自己的强大凝聚力，使国家一步一步走向强大。1897年，举国同庆维多利亚女王的60寿辰，帝国的每一个角落都派部队来参加，5万人组成的服装整齐鲜艳的队伍，从滩头街经舰队街直达圣保罗教堂。女王发电报向全帝国庆祝的群众致谢。伦敦的人民夹道欢呼。而这种通过对王权崇拜而形成的民族认同，最终在20世纪也逐步

---

① 戴维·罗伯兹. 英国史：1688年至今 [M]. 广州：中山大学出版社，1990：319-320.

演变成为一种帝国主义的自豪感。1904年,维多利亚女王生日那天被定为"帝国日",英国举国欢庆。

强大的军事力量,尤其是强大的海军,是英国发展成为帝国主义国家的核心动力。与其他大国争夺殖民地、对殖民地的征服与统治,都无不依靠国家的军事力量。英国的殖民地面积大,且文化背景和政治统治方式差异很大。英国主要通过派驻官员和强大的英国军队对殖民地采取专制统治。在与其他国家发生殖民争端,或者与殖民地人民发生冲突的时候,军事力量是维护英国利益的重要保证。大英帝国也正是凭借强大的军事力量才得以形成的。因此,英国人在自诩是世界上最优越的人种同时,也对本国的军事优势产生强烈的自豪感。当时的普通民众对帝国军事时局都是甚为关注的。1899年,英国人因与布尔人争夺南非的统治权而引发战争。英军在马弗京(Mafeking)被困6个多月,民众异常关心他们的命运,最后援军到达解围。1900年7月,消息从南非传来,伦敦市民倾巢而出,到街头举酒痛饮,狂欢庆祝。

总之,帝国主义,这种19世纪末形成的英国民族主义力量潜在于英国各个阶层之中——上至至高无上的皇室,下至街头的流浪汉。一旦英国的帝国荣誉遭到诋毁,英国的殖民地被侵袭,英国的军队在海外开战,在英国的民众中间便会形成一种强大的帝国主义情绪。因此,大英帝国已经成了一个帝国主义的民族。而在帝国主义民族形成的过程中,学校教育在形塑团结一致的民族意识,灌输民族自豪感方面发挥着巨大的整合功能。

(四)"适者生存"的社会达尔文主义促成社会意识变革

1. 从宗教到世俗的社会意识变革

19世纪末20世纪初英国社会思想领域的发展,主要源自于维多利亚时代一篇最为著名的科技著作——查尔斯·达尔文的《物种起源》。该书阐明了世界上万物进化的缘由和过程,这种进化遵循的是自然界了百万年所形成的演变规律,而并不是《圣经·创世纪》中所描述的那样是上帝造物。《物种起源》引起了举世轰动。这部著作使当时的大多数人感到惊骇。因为他们生来就相信,是上帝创造了世界,从小就熟读、听惯了《圣经》中的《创世纪》。长期统治人们精神领域的宗教信仰受到了巨大冲击。长久以来,英国国内不同宗教、不同教派之间的分歧与斗争,也导致了诸多社会问题。"英国的上层阶级,这时也开始不相信基督教故事的真实性。到了1900年的时候,神的不可知论日益抬头,有成为维多利亚知识阶层的新正统主义的趋势。这种怀疑主义，连同经济繁荣所带来的大家对宗教的冷漠不关心，使1886年以后去英国教堂的中上层人士减少了。对宗教的怀疑成为普遍的现象。这反映着知识方面的三种莫大力量：对理智的一致倾向，认真的基督教必具的伦理规则，各方面知识的提高。"① 在处理宗教与科学的关系问题上，再一次体现出了英国人思考与处理问题的最典型特点：冲突与融合。正如英国人在成为现代国家公民的同时依然不愿抛弃自己的臣民身份一样，在宗教信仰与科学理性的冲突与融合中，英国人的精神生活中生成了两个价值观念系统——"当人们判断客观世界、处理实际问题时，用科学和理性的思维方式；当人们蜷缩进纯粹的精神生活时，他完全可以用宗教的观点来理解一切——只要他愿意信奉宗教的话，一个伟大的自然科学家可以相信上帝的存在，而上帝的存在并不妨碍他发现最伟大的科学定律。"② 这两个观念系统看似充满矛盾与混乱，在英国人那里却可以行得通。中世纪的虔信与近代的理性在同一个思维实体中共存下来，而且还能够各司其职，对不同的思想对象发生作用。"理性与宗教这种新的合作是在新的前提下的合作，理性已经非常强大了，它可以让宗教来为自己服务。过去，科学是神学的仆人，现在，宗教则成为理性的仆人。双方各以不同的新角色共同参与人类的生活，其目的是为了满足人的需要，让人以他自认为最好的方式生活。"③

到了19世纪末20世纪初，尽管宗教依然在人们的精神生活中依然占据着重要的地位，但是，宗教对于现代国家的控制力已经在逐步松动，人们开始更加确信自身生活在一个物质的、理性的世界中，世俗力量在崛起。与之前的几个世纪相比，伴随英国社会宗教意识的相对淡薄，宗教对于教育的控制力也在逐渐削弱。几百年以来以宗教教育为主的英国教育开始向世俗教育转变。而此前以宗教教育为主要途径的公民教育也随之开始转向世俗教育。这种转变也有助于公民教育在不同宗教信仰、不同教派的公民之间顺利实施。

---

① 戴维·罗伯兹. 英国史：1688年至今 [M]. 广州：中山大学出版社，1990：267.
② 钱乘旦，陈晓律. 在传统与变革之间：英国文化模式溯源 [M]. 杭州：浙江人民出版社，1991：357.
③ 钱乘旦，陈晓律. 在传统与变革之间：英国文化模式溯源 [M]. 杭州：浙江人民出版社，1991：360.

2. "适者生存"的社会达尔文主义

当时的思想家赫伯特·斯宾塞（1820—1903）努力将社会思想与自然科学中的理性结合起来，力图创造出一种从理性出发、而不是从上帝出发的新的社会哲学。他是第一位运用实证主义观点和方法分析社会问题的英国人。斯宾塞依据达尔文的生物进化论提出了他的社会达尔文主义思想——普遍进化规律。他认为，社会作为一个超有机体，与生物有机体有诸多相似之处。每个社会之间以及社会每个成员之间的生存竞争是社会进化的根本动力。社会达尔文主义后来经赫胥黎等人的发展与修正，逐渐成为影响整个英国社会各个领域的理论。

19世纪末，英国人已习惯于用理性和科学的方法来看待世界了——不仅用这种方法来看待自然界，也同样来看待人类社会。

社会达尔文主义被有效地用以煽动英国人的帝国主义情绪，成为帝国竞争与帝国殖民合理性的辩护工具。在所谓的"适者生存"规律鼓舞下，英国义无反顾地投入到激烈的帝国主义国际竞争中。社会达尔文主义更是被一些学者、政治家利用，他们宣扬盎格鲁—撒克逊人是世界上最优秀的种族，因此理所应当地对其他所谓的劣等民族施以统治与剥削，"劣等民族"则应无条件地驯服于优等民族。

当时的教育领域中也充斥着社会达尔文主义思想。早期的社会达尔文主义认为，儿童的品质、智力被认为是先天遗传而来。因此，青少年必须被预先选拔出来，因为他们决定着未来社会的成败。特别是在面对愈演愈烈的国际竞争的大背景，培养未来社会建设者的民族品格势在必行。19世纪末20世纪初，英国进入了后达尔文主义（post-Darwinian）时期。教育领域中的一些机械理论有了进一步修正——"个人的发展不仅仅是遗传法所决定，而且一些来自教育环境的、可控制影响也将为个人的发展提供修正的方法，或者至少能够对青少年的遗传品质发挥出指导作用"。[①] 这意味着，一个儿童出生时，不仅具有一定它本身所特有的生理本性，还具有一定的智力和道德方面的特性和趋向。而且，儿童又有着惊人的敏感性与可塑性，正是那些来自于儿童生活、家庭与学校中的影响，能够一直修正他们天生的资质。教育学家与心理学家反复强调，尽管考虑到遗传品质的问题，但是教育能够发挥出或是建构或是毁坏的巨大能量。这也就为公民

---

① ROBERTS N. Character in the mind: citizenship, education and psychology in Britain, 1880—1914 [J]. History of Education, 2004, 33, (2): 177-197.

教育的进一步拓展提供了可能性。

三、摒弃"血统原则"的大英帝国公民资格

帝国主义时期的英国并未完全放弃民主化进程，而是表现为英国本土内民主化的惯性发展。公民政治权利的扩充与普及，使公民资格体系内部发生了调整。最具有典型意义的就是公民选举权的逐步普及。尽管这一时期公民选举权仍然是一个有限的经济阶级的特权，但是，它的范围正在伴随着每一次议会改革法的颁布而不断扩展。与现代化初期的公民法律权利相比较而言，公民的政治选举权使得公民资格体系中的公民参与维度逐渐被凸显出来，而且越来越成为衡量公民资格的核心标准。公民资格开始确认公民的参与能力，理智、守法的公民将不会再因为个人地位低下而被禁止参与选举。公民可以自由地赚钱、储蓄、购置财产、租赁房屋，并享有这些经济成就所带来的任何政治权利。如此的公民资格不仅使公民拥有法律所赋予的人身、财产等自由权利，而且还可以通过选举改革不断地巩固着这种资格。[①]

然而，19世纪末20世纪初，英国本土的民主化进程并未成为国家生活中的焦点。激烈的经济竞争与军事竞赛，使大英帝国的野心如同其帝国版图一般日益扩大。这一时期是帝国主义时期的英国移民涌入、向外迁徙数量非常大的时期，有关国籍问题的法律观点开始挑战血统原则（ius sanguinis）。伴随着大英帝国殖民地的日益扩张，公民资格开始发生调整，帝国公民资格逐渐形成。凡是大英帝国本土以及大英帝国殖民地上的居民，无论他是否出生在或者生活在英国这片土地上，都将自然地获得英国国籍，成为大英帝国的公民。而对于这样一个拥有当时世界上四分之一人口数量、拥有占世界四分之一土地的庞大帝国来说，如何增强英国本土公民原有的自豪感与凝聚力，激发他们去征服更多的殖民地；如何统治殖民地的居民，培养其对大英帝国的认同与归属，培养其对宗主国的效忠与服从，成为这一时期英国公民教育的核心目标。

---

① 郭中华，刘训练. 公民身份与社会阶级 [M]. 南京：江苏人民出版社，2007：11-12.

第二节 殖民主义中步入歧途的公民教育

一、国民教育体系初建与公民教育的民主方向

加快建立国民教育体系既是加速现代国家建构过程的推动因素，同时国民教育体系也是国家建构的产物。"正如19世纪的法兰西与普鲁士，这些国家20世纪60年代以来的教育发展与他们国家的实体以及民族认同感的建立紧密地联系在一起，教育发挥着与经济发展同等重要的作用。"[①] 无论是出于民族整合的需要还是民主化的需要，开展公民教育的第一步都是实现大众普及教育。普及教育是通过国家力量开展公民教育的必要基础，而且普及教育也是现代国家在进入现代化以后的普遍做法。而英国在国家干预教育方面始终抱着犹疑的态度。

（一）国民教育体系的缓慢确立

在英国教育发展历程中，由于前文所提及的宗教因素以及阶级因素，国家干预力量始终受到这样或者那样的阻挠。但是，在工人阶级选举权的不断扩大以及越来越多的有识之士的倡导下，英国政府开始过问教育事务。1833年，辉格党政府制定的《教育法》规定，国家每年拨款2万英镑资助初等教育。这是国家第一次对教育领域进行干预，但这距离建立真正的国民义务教育制度还有很大的距离。其拨款力度太小，尽管后来数次追加年度拨款，但到60年代末，仍有近一半的适龄儿童不能上学。1870年，自由党政府颁布了《1870年初等教育法》（通常又被称为《福斯特法案》）。该法案规定：由地方政府建立学校董事会，负责筹建并管理公立学校。公立学校的经费由国家、地方政府和家长分担，各地可根据情况规定5—13岁的儿童必须上学。尽管这项教育法中依然存在着严重的宗教分歧，后又经过相应的修订，但是，该法案力图做到非教派性原则、世俗性原则，更重要的是，它为建立一个统一的国民教育体系打下了重要的基

[①] 安迪·格林. 教育与国家形成：英、法、美教育体系起源之比较 [M]. 北京：教育科学出版社，2004：序言.

础。而该法案中也蕴含着一个国家对于公民教育的期待。这从福斯特在下议院的演讲词中便可以看得很清楚——

> 我坚信，我们的立宪制度的良好和可靠的运行也取决于迅速地提供教育。承蒙议会最近决定，将来英国由民众政府来管理。我是坚持直到人民受到教育后才把政治权力交给他们的人之一。如果我们因此而等待，我们就要为教育等很久的时间；但是，既然我们已经给了他们政治权力，我们就不能再推迟给他们提供教育。现在，存在着一些需要回答和必须解决的问题，而愚昧无知的选民是没有能力来解决这些问题的。我们的国力也取决于迅速地提供教育。全世界的文明社会正在融合起来，其中的每一社会是由其力量来衡量的；如果我们要在人类的群体中，在世界各国中保持我们的地位，我们必须通过提高个人的理智能力来弥补我们人数上的微小。①

1902年的《巴耳福法案》则构筑了一个完整的英国教育体系，它终于让英格兰和威尔士与其他欧洲国家站到了同一条起跑线上，然而，英国的国民教育体系同时还保留了许多独特而且又非常不利的历史特征——法案将小学和中学"隔离"开来，大部分工人阶级的子女在13—14岁时就要离开小学，而中学教育则被中产阶级所垄断。② 可以看出，英国1902年所建立的这一教育体系仍然固守平民教育与精英教育的双轨制。而这一历史遗留问题也是导致公民教育民主化功能未能及时、顺利展开的一个重要原因。

（二）帝国时期的公民教育的民主化惯性力量

19世纪末20世纪初，欧美国家的现代化进程纷纷进入帝国主义阶段。在不断开拓海外市场、殖民地的同时，各欧美国家内部的民主化力量依然保持着工业革命后期的惯性。在英国，伴随英国国民教育体系的逐步确立，以及19世纪末20世纪初的新教育运动，民主教育曾经盛极一时；这一时期国家官方开始注意到公民教育的重要意义，但是仍保留原有的谨慎态度；在学术领域、民间团体中出现的一些公民教育理论与实践活动，对于英国公民教育无疑具有很大的推动作用。

---

① 瞿葆奎. 教育学文集：英国教育改革 [M]. 北京：人民教育出版社，1993：11.
② 安迪·格林. 教育与国家形成：英、法、美教育体系起源之比较 [M]. 北京：教育科学出版社，2004：333.

1. 新教育运动中的民主教育

19世纪末，欧美帝国主义国家内部经济、政治、科技、文化方面的迅速发展，促使整个欧美国家的社会生活发生重大的进步与变革。一些欧美教育学家开始对于教育寄予一种乐观主义态度，希冀通过教育的现代化变革来解决现代国家内部的各种社会矛盾，以民主国家的构建推动现代化的稳步发展，欧洲的"新教育运动"和美国的"进步主义教育运动"都同时表达出了这种期望。二者对于儿童个人自由与个性发展的关注，恰恰都反映出现代国家的民主需求。

虽然新教育运动在整个教育领域中只是一种零星的实践，且规模有限，有时甚至还伴有观点和看法方面的冲突，但是其基本教育目标是较为明确的——培养更富于创造力、个性更为解放，或者说是一个真正的民主主义者（democrat），即一个具有更高服务水准的人。[①] 欧洲新教育肇始于19世纪80年代末的英国，以教育家雷迪（C. Reddie）创办乡村寄宿学校作为新教育运动的开端。随后逐步扩展到德国、法国、瑞士等其他欧洲国家。当时，有许多外国教育家慕名来到英国学习先进经验；英国的新教育也深受其他国家教育理论与实践的影响。美国哲学家、教育家约翰·杜威（John Dewey）的"新个人主义的民主主体论"[②] 对英国新教育运动就发挥了重要影响。致力于激发学生自主精神、塑造学生个性的道尔顿计划（Dalton plan）也由马萨诸塞被引入到英格兰。一些独立于国家教育体系之外的实验学校倡导儿童的自制和责任。爱丽丝·伍兹在1920年《英格兰教育实验》一书中，她描述了将"社区治理"（community government）纳入到史丹福尔丘（Stamford Hill）的一个犹太穷人与犯罪少女的机构之中。……霍莫尔·雷恩（Homer Lane）是美国底特律一个少管所的创办人，他给予少管所的男孩子们很大尺度的自我管理；1913年，他在英格兰

---

① LAWSON J, SILVER H. A Social History of Education in England [M]. London: Methuen & Co Ltd, 1973: 397.

② 美国的个人主义带有英国的传统，而在改革时代，个人主义却陷入了重重危机。杜威将对传统个人主义的批评直接指向传统的自由主义思想，并力图构建一种新个人主义。其创新之处在于它赋予民主制度以责任——对差异性指导的责任。杜威看到了极端个人主义的危害。他认为这种个人主义正在造成一场严重的文化分裂和社会道德危机。进行改良的方法不是抛弃个人主义，而是应该创造一种新型个人——其思想与欲望的模式与他人具有持久的一致性，其社交性表现在所有常规的人类联系中的合作性。杜威的新个人主义又同他的实用主义紧密联系（参见：佟德志. 新旧自由主义——杜威与自由主义的理论转型 [J]. 浙江学刊，2005（5）：116—120.）。

西南部的多塞特（Dorset）创立了一个收容男、女少年犯的"小小联邦"（little commonwealth）。自治又一次成为核心特征，社区给予这些"公民"工作，当然，社区也获得其中的收益。按照雷恩的观点，只有这种履行义务的经历才会治愈儿童反社会的行为，应该让这些男孩和女孩自己制定规则和纪律。……雷恩主张，大英联邦的所有公民都有权出席法庭，其最高的司法权力是公民投票。公民仲裁者与罪犯之间的争议观点是通过公众意见代议制的方式来决定的。一位拉格比公学的校长将上述经验移植到自己学校有关男生纪律的班级实验之中去。1923年，许多中学教师都在寻求一些组织方式，他们在保证儿童发展所必需的纪律意识基础上，培养儿童的社会能力。①

因此，尽管若干教育学家的理论与实践最终被淹没于世界大战的炮火喧嚣之中，但是，他们所倡导的新教育、进步主义教育的社会历史意义是不能抹杀的。很明显，新教育运动中所体现出的民主主义倾向，已经开始规避放任的自由主义的弊端，并体现出杜威所谓的"新自由主义"特征。如前所述，这种以个人自由为目的，兼顾国家、社会利益的新自由主义早在密尔的思想中就已初见端倪。因此，新教育运动、进步主义教育运动不仅是现代化初期自由主义思想在教育领域中的进一步延伸与拓展，而且是帝国主义时期现代民主力量保持薪火相传的一个重要表征。从这个意义上来说，新教育运动与进步主义教育运动无疑为现代民主公民教育的发展与成熟奠定了基础。

2. 英国政府对公民教育的谨慎态度

与工业革命时期英国政府对公民教育的保守态度相比，20世纪初英国政府对于公民教育的看法已经有所松动。公民教育在培育帝国公民方面的功能受到了官方的关注。但是，与法国、美国的果断做法不同，英国对于国家是否开展公民教育、如何开展公民教育的问题表现出尤为谨慎的态度。在如何提高公民教育的教学方面，尚未达成一致。"在英国，对当时情况有一个更为详细的调查，并且揭示出更多得多的犹豫和困顿。首先，尽管英国自从17世纪以来非常尊重宪政政府和政治自由，但在19世纪的有效公民教育仍然遇到相当大的各种阻力。其一，确切来说一直到1870年《福斯特法》的作用，教育供给的普遍性质决定性已经不太大了；其二，

---

① LAWSON J, SILVER H. A Social History of Education in England [M]. London: Methuen & Co Ltd, 1973: 399-400.

如果我们以福斯特那个担任学校督查的妹夫阿诺德（Matthew Arnold）在19世纪60年度后期撰写的《文化与无政府状态》为例，部分流氓大众对公民责任教育的渴望可能遭到严肃的质问；其三，无论如何，阿诺德的父亲托马斯强化了分化的学校体制，抵制公民教育演化成为任何一种平等主义的形式。但是，最严重的是，政府和工业机构有意义的部分还是相信，保持普通大众在政治上的无知和消极有着首当其冲的必要性。①

尽管如此，英国官方态度的转变提升了整个英国社会思考适合的公民教育课程内容的兴趣。19世纪50年代，英国社会学家赫伯特·斯宾塞曾批判，教育课程中包含的知识，在指导一个人的行为使之成为公民这方面，所发挥的作用是微乎其微的。而19世纪70年代出版的两部教科书就致力于弥补这种缺憾。这两部教科书在公民教育方面取得了较大的成功。其中一部是《英国宪法与政府》（*British Constitution and Government*），被伦敦学校委员会（London School Board）所采用；而另一部《公民读本》（*Citizen Reader*）则在1885年与1916年之间销量为25000册。

20世纪初，英国教育委员会发布了一些针对教师的临时指导方针。其中一部指导方针公布于1904年，其内容指出，小学教育的目的就是帮助学生"为了生活不仅在知识方面而且在实践方面做好准备"。另一部，于1910年印发，其中包含两点：第一个建议就是公民习惯应该是从学校氛围中日积月累而来的，这也就是所谓的"隐性课程"。第二，教师的作用就是使儿童做好一个好公民的生活准备，创造、培养并发展他们的工作适应性方面的品格特征……上述品格极易受到学校生活所影响，例如，对同事的忠诚、对制度的忠诚、慷慨、井然有序的、守纪律的思想习惯。②

1918年的第四次改革法案进一步扩大了选举权，赋予超过21%的男性公民以及超过30%的女性公民投票选举权。然而，这个举措却几乎没有改变官方对于公民教育的态度——社会的一致性与政治上的忠诚，能够保证当时社会的秩序，甚至是20世纪二四十年代的官方出版物也揭示出这种犹豫不决，其中内容并未显示出英国要建立一种全新的、充分的、直接的学校公民教育的决心。在此选取其中几个文件来说明英国政府对于公民教育

---

① 德里克·希特. 公民身份：世界史、政治学与教育学中的公民理想 [M]. 长春：吉林出版集团有限责任公司，2010：131.

② HEATER D. A History of Education for Citizenship [M]. London and New York: Routledge Falmer, 2004: 91.

在1938年有关中等教育的《斯宾斯报告》中,通过利用新近的历史教学来实现对学生(特别是对16岁以下的学生)的公民教育目的,从而小心地与直接公民教育拉开了距离——"通过教学使学生达到一种平衡的态度,用以识别不同的态度,洞察利弊……正是通过这种方法,通过教诲或者是自己宽厚的同情心,教师才能够更好地教育学生成为现代民主社会的公民"。①

1943年的《诺伍德报告》则更加尖锐地表明了这种立场——"以我们的观点来看,企图使学生过早地对包含有成年人经验的事情产生兴趣,只会产生伤害的后果。这种直接的伤害就来自于强迫性的兴趣,从学生的不良反应来看,这将在长远意义上损害所追求的目的"。"我们认为,教育应该为男孩和女孩的公民生活做准备……但是,致力于公共事务方面的课程比较适合于年纪较大的男孩和女孩(15或者16岁以上的学生)。"②

1944年,有关教师培训的《麦克奈尔报告》(the McNair Report)也在公民教育方面表现出谨慎与摇摆不定的态度。一方面,报告认为,一些学院与学校有些教师已经对社会服务以及政府机构开始了专门研究;但是,另一方面,该报告又严格地压缩公民资格的本质,宣布公民资格除了道德反思习惯以及高度责任感以外没有任何根基。③

3. 非官方的公民教育协会成立

与英国官方对于公民教育的谨慎态度相对比而言,帝国主义时期所出现的非官方公民教育组织却展现出一种激进的特点。其中最具有代表性的就是20世纪30年代至50年代曾经极为活跃的公民教育协会。1934年,欧内斯特·西蒙爵士(Sir Ernest Simon)和伊娃·赫波克夫人(Mrs Eva Hubback)创立了公民教育协会(Association for Education in Citizenship,简称AEC)。该协会的目的就是为了推动对公民的研究与培养。该组织具有两个重要使命——推进公民教育的直接的、普遍的教学;作为压力集团

---

① HEATER D. A History of Education for Citizenship [M]. London and New York: RoutledgeFalmer, 2004: 94.

② HEATER D. A History of Education for Citizenship [M]. London and New York: RoutledgeFalmer, 2004: 95.

③ HEATER D. A History of Education for Citizenship [M]. London and New York: RoutledgeFalmer, 2004: 95.

说服决策者。公民教育协会通过两个途径[①]来实现上述使命——

第一，通过出版物向人们展示公民资格方面的教学如何才能做到令人乐于接受，且直接而又有效。显然，公民教育协会期望的是一种直接的公民资格教学。他们希望公民教育成为课程中的重点学科之一，并能够通过先进的教育学方法进行教学。他们刻意将这种直接的公民教育与那种通过传统学科课程以及学校风气来实现的间接公民教育模式进行了鲜明对比。

第二，作为压力集团的公民教育协会，其目标是说服那些政治家和其他能够对直接公民教育发挥影响的那些人。这第二条路径主要基于三个相关原因：（1）共产主义、法西斯主义以及纳粹主义的上升态势，威胁到了自由民主，以及他们极为有效的灌输式的公民教育，警示到许多英国人，使他们意识到改革公民教育的紧迫性，因为公民教育能够在政治价值关、文化以及传统方面为一个国家构筑起坚固的壁垒。（2）公民教育协会成功地把一群卓越非凡的公众人物以及教育家吸纳为该协会的副主席或该协会的成员。（3）该协会的创立者欧内斯特·西蒙本人在向政府权力施压方面就极富经验与极为擅长。

虽然如此，公民教育协会却无法克服官方的疑心和惰性。他们的激进主张遭到了来自英国官方的反对。当时的教育部常务秘书长毛利斯·霍姆斯爵士（Sir Maurice Holmes），也是斯宾斯报告委员会的秘书长（secretary），坚决反对在学校中进行政治教育。他认为，社会中的偏见以及教师的个人观点，很有可能会使学校成为某个政治党派的代言人。霍姆斯同样也不希望教育部的官员受到各种各样有关教育内容的公众争论的影响。斯宾斯报告委员会主席斯宾斯坚持霍姆斯的观点，认为公民教育协会所期望的直接（公民）教育是灾难性的。因此，《斯宾斯报告》报告刻意而谨慎地避开了直接公民教育的问题。而且，在公民教育协会内部观点也不甚一致。该组织后来吸收了许多政府官员作为成员或领导人，这其中就包括许多保守派人物，例如：诺伍德（见前面观点）以及曾任英国首相的斯坦利·鲍德温（Stanley Baldwin）。因此，该协会最终已经彻底渗透了当时政府的意志。公民教育协会在帝国主义时期力图克服保守主义的期望也

---

① HEATER D. A History of Education for Citizenship [M]. London and New York: Routledge Falmer, 2004: 95-96.

最终破灭。①

从学校教育实践层面来看，由于人们对于公民教育协会所倡导的公民教育学科本质的认识仍很模糊，而且对直接的公民教学也存在着激烈的争论，这诸多的问题使得学校中的教师在犹豫是否能够承担起这种艰难的教学任务。因此，英国政府放弃了公民教育的机会，帝国主义时期的英国公民教育逐渐落后于其他欧美国家。实质上，这种迟滞表达了当时英国在处理现代国家与民主化之间关系的矛盾心态。在大英帝国的不断殖民扩张的大背景下，这一时期公民教育的民主化力量只能延续工业革命时期的惯性发展。而公民教育的整合功能却恰恰迎合了帝国主义时期培养帝国公民的需要，而且公民认同感与民族自豪感的培育与教育体系中的"双轨制"之间也并无直接的冲突。因为无论是在英国本土还是在英国殖民地，无论是工人阶级、中产阶级还是世袭贵族，作为大英帝国的成员，都要接受来自于现代国家的整合力量。在帝国主义时期的英国，英国公民（臣民）既要忠诚于国家，又要效忠于国王；与此同时还要对大英帝国的伟业充满自豪感。总而言之，正是19世纪末20世纪初国内外的大背景催生了英国这一时期以帝国主义、军事主义为鲜明特征的公民教育。

二、从爱国主义到帝国主义的公民教育极端整合

在帝国主义殖民地扩张以及世界战争形势的熏染下，英国的公民教育很快就走上了帝国主义极端整合的道路。帝国主义时期的英国公民教育依然延续了前一个时期的做法——主要由历史、地理教学实现整合功能。宗教教育中虽仍具有一定的公民教育功能，但伴随着现代科技理性的弘扬，宗教势力趋于相对弱化，世俗教育已经崛起，因此，原来宗教教育所能发挥出的公民教育功能现在已经变得极为有限。工人阶级逐步获得选举权，促成初等教育的普及。帝国政府不仅致力于提高下层劳动人民的文化素养、民主意识，而且在整个国民教育体系中通过历史、地理教学强化帝国整合的力度，通过开展品格教育培养帝国公共精神。此外，这一时期还诞

---

① HEATER D. A History of Education for Citizenship [M]. London and New York: Routledge Falmer, 2004: 96-97.

生了一种新的公民教育形式——童子军运动。

(一) 强化帝国整合的历史、地理教学

历史、地理教学一直都是灌输公民自豪感与爱国主义情感的重要途径，也是现代国家进行公民教育的关键科目。通过这两个科目的教学可以强调国家与领土的完整，突出文化认同与历史渊源，培养公民的民族情感、爱国主义情感，对祖国的忠诚与热爱，有利于培养学生了解自己的国家，启发学生对国家的认同感、归属感。

19世纪中期以后，伴随英国开始着手通过国家力量干预教育的过程，历史、地理科目也开始受到重视。这主要表现在19世纪中后期的英国一系列政府报告之中。而这些报告都无不渗透着大英帝国日益浓厚的帝国主义情绪。

在1870年《初等教育法案》之前，英国政府已经开始通过拨款的方式来强化学生对于历史、地理科目的兴趣，并通过学生的学习成绩来决定对学校的拨款额度，从而有意识地督促学生提高历史与地理的学习效果。1867年，枢密院教育委员会在读、写、算三门强制性课程之外，增加"特别科目"，包括文法、历史和地理，并根据成绩为学生修习其中1—2门提供政府拨款。①

1870年《初等教育法》颁布之后，随着大众教育的起步发展，为了适应新的形势，英国政府对初等教育的课程和拨款制度进行了改革。改革内容之中历史、地理的学科教学再次成为拨款资助的重点。地理与历史教科书很快被编纂出来，恰好与当时日益膨胀的帝国主义热情相得益彰，并且在此后两三代人中间发挥了很大的影响。一些教材在第一版之后甚至重印过几十次，也有些是以近似的风格重新编写的。1871年，英国颁发了《初等教育法》，这是第一个新的初等教育法规。新法规拨出每人3先令的标准，奖励那些通过除读、写、算之外的两门"特别科目"考试的学生。1875年，英国政府又设立了"班级科目"，包括文法、地理、历史和缝纫，每个学生最多只许选修其中的2门，政府对这类科目的拨款不像以前一样依据每个学生的成绩，而是依据整个班级的总体成绩，其主要目的就是促进整个班级教学质量的提高。②

1888年，英国政府发表了皇家委员会对1870年《初等教育法》实施

---

① 顾明远，梁忠义. 世界教育大系·英国教育 [M]. 长春：吉林教育出版社，2000：142.
② 顾明远，梁忠义. 世界教育大系·英国教育 [M]. 长春：吉林教育出版社，2000：143.

情况的调查报告——《克罗斯报告》，其中一项内容就是道德和宗教的教学制度。报告认为，在公立学校中进行的非教派性质的宗教教学是很有价值的，但是所有的学校都应更加重视道德训练。①

19世纪末20世纪初，伴随英国人的爱国主义情感逐渐演变为一种帝国主义情绪，公民教育中的爱国主义教育也逐步转变为帝国主义自豪感的灌输。学校中历史学科以及教科书继而发生变化。人们开始主张，历史教学的目的应该是解释现实。这其中最明显的变化就是通过新的历史教学方法来灌输帝国主义自豪感、传授好公民的观念以及进行道德培养，从而实现历史学科的目标。历史课程中的英雄人物可以成为学生用来学习和效仿的对象，从而使学生建构自身未来的理想形象。以英雄主义为核心的历史教学在20世纪初的英国教育中开始成为主流。地理教学也成为助长帝国主义自豪感的重要途径。因为地理知识是欣赏大英帝国辽阔版图所必需的，也是英国在今后的殖民扩张中所必需的。历史被认为是最合适的公民教育媒介。许多教育家、教育决策者都开始倡导历史教学应该在观念上带有公民教育的目标。

公学通过历史教学、地理教学来宣扬帝国荣耀，促使青少年生发帝国意识与帝国自豪感。正如前面所述，这种帝国自豪感实际上是建立在社会达尔文主义基础之上的，通过历史教学大力鼓吹个人优越感与种族优越感，宣扬社会下层阶级的卑微性以及"卑劣"种族的完全可侵犯性。这就意味着英国人可以凭借其种族、宗教以及技术方面的优越性而优于英国殖民地的臣民，英国人对于殖民地的剥削与统治也是合情合理的。总之，英国公学的历史教学主要传达出如下帝国主义意识——无私地为国家服务；种族优越感；帝国沙文主义；对团队价值不加批判的遵守。

尽管19世纪中期以后英国政府拨出专款资助初等学校中的历史、地理教学，但是，实际情况并不乐观。以历史教学为例，直到1900年英国只有大约四分之一的初等学校讲授历史课程，而在新发展起来的中等学校，历史作为必修课程，只教授给少数学生。而且，这一时期人们对于历史教学质量的谴责之声也不绝于耳。②

---

① 顾明远，梁忠义. 世界教育大系·英国教育 [M]. 长春：吉林教育出版社，2000：145.
② HEATER D. A History of Education for Citizenship [M]. London and New York: Routledge Falmer，2004：92.

(二) 培养公共精神的品格教育

1904年,鉴于初等教育法的修正案主张公立初等教育的目的应该是"形成和巩固品格,并发展儿童智力以使之品格养成得到保证(entrust)",教育部(the Board of Education)已经使品格培养计划获得了政府的批准与认可。品格的形成,学校能够使儿童成为社会中正直而有用的成员,成为国家中有价值的公民。[①] 后达尔文主义强调了学校以及环境对于公民品格形成的重大影响,所有的儿童在品格方面都有着极强的可塑性,而这也直接被反映在品格教育之中。公民的事务以及社会的健康,不再只与少数富有的人相关,而是所有英国公民的责任。因此,从公立初等学校一直到各种私立的教育机构,品格培养都已成为学校教育的适切目标而被广泛地诠释。

此后,道德教育联合会(Moral Instruction League)发起了直接的道德课程。1907年,该联合会出版了自己的课程大纲、一些教科书,还推出了一些示范课程。一位小学女校长佛罗伦斯·埃利斯将该课程纳入其学校的课程中。她深信,所有的教育,若不能培养学生品格,那么这些教育就没有任何价值。她所在学校中的道德教育,每周设立一个思想主题,文学、历史、《圣经》中的课程内容都与这一主题相关。通过日常的谈话、座右铭、《圣经》、故事、图片和游戏,教育低年级儿童要像圣·乔治[②](Saint George)那样勇敢和慷慨,每个班级都悬挂圣·乔治的画像。对于年纪稍大一点的学生,则开展诗歌学习以及世俗性的品格学习,并伴以《圣经》中摘录的短文来阐明具体的美德。下表是该学校1907年的品格教育计划:

---

① ROBERTS N. Character in the mind: citizenship, education and psychology in Britain, 1880—1914 [J]. History of Education, 2004, 33 (2): March 2004. pp. 177-197.

② 圣·乔治(Saint George),约公元260年出生于巴勒斯坦,为罗马骑兵军官,骁勇善战。他因试图阻止罗马帝国对基督徒的迫害,于公元303年被杀。公元494年被教皇格拉修一世封为圣徒。圣·乔治在西方有种种传说,其中圣·乔治屠龙的故事是一个基督教的传说。圣·乔治在圣利比亚遇到了一只肆虐异教城镇的恶龙,并在当地人把公主献给恶龙之前杀死了恶龙,拯救了公主,拯救了全城,并将该城变成了基督城。恶龙被屠杀后,血流淌在大地上,留下了一个十字形状。这是圣·乔治十字旗的起源,也是第三次十字军东征后,英格兰人将圣乔治视为守护神的原因。强烈的英雄主义情结和圣·乔治十字旗一道,始终伴随着这个民族。

表 2　品格教育计划表①

思想	《圣经》	诗　歌	人物研究
自控	我是攻克己身、叫身服我。——圣·保罗	直到奴性、无知、谣言与敌意的罪过，毁谤全部消失，才能达到自控。——公主	艾萨克·牛顿先生或者多哥上将
自信	因各人必担当自己的担子。——圣·保罗	一个从不后退且总是昂首阔步的人——从不怀疑天会塌下来，从不梦想非正义会取胜，尽管正义的状况很糟糕。——勃朗宁	哥伦布
毅力	在此儆醒不倦——《新约》vi. 18.	伟人所能触及并保持的高度，并非是其奋起一跃所达到的；而是，当他们的同伴在熟睡之时，他们却仍然夜以继日地拼搏。——朗费罗	托马斯·爱迪生，亨利·欧文或者海伦·凯勒

除了上述课程教学，学校风气也开始受到重视，因为学校的氛围对于培养公民的公共精神也具有很大的影响。学校本身就是一个微型的社会，因此，学校的秩序非常重要。在这个社区中自控感与责任感都非常重要。简言之，在一个秩序井然的学校社区中，学生可以学到秩序、纪律、礼节与操行。

帝国主义的诸多因素同样强烈地冲击着以培养国家精英而著称的英国公学。"世纪之交正是公学经历自恋和自我献媚的时期。在公学里，体格、领导才能、顺从态度和爱国精神均为公学所推崇。与在其他学校一样，在这些学校，课程不仅将爱国主义美德、领导能力和军力进行了编码，而且还成了殖民种族主义的形象和神话的总汇。"②

尽管 19 世纪末 20 世纪初的公学显然还具有培养绅士风度的目的性，但是，这一时期有关公民道德的理念已经与维多利亚时代的道德规范有明显不同。基于对国际竞争、社会效率的忧虑，以及这一时期人们对于国家与个人关系的重新认识，一种致力于培养公民公共精神的世俗性公民品格

---

① ROBERTS N. Character in the mind: citizenship, education and psychology in Britain, 1880—1914 [J]. History of Education, 2004, 33 (2): 177-197.

② 安迪·格林. 教育、全球化与民族国家 [M]. 北京：教育科学出版社, 2004: 152.

教学在 20 世纪初悄然兴起。虽然这种教学在 20 世纪初受到宗教势力的阻挠，但是，其公民教育的效果是极为明显的。这种公民品格教学明显地与以往个人价值取向不同，它强调公民应该具有奉献于社区、城市、与国家的精神。正是基于这些公共精神，才能使英国这样一个自由的社会保持健康与活力的状态。

很显然，20 世纪初英国的公民品格教育强调公民的责任、自控力，强调公民对于国家、社会秩序的遵守，这些都明显地体现出了共和主义的公民教育理念。这种以国家和社区为价值取向的公民教育的出现，说明伴随自由主义放任经济所带来的弊端，人们在社会思想领域中也开始重新认识国家与社会对于个人的重要意义。

（三）渗透军事主义的童子军

除了通过直接的公民道德教学和学校秩序的影响培养学生的勇气、能力、耐力、良好的性情、自控能力、纪律、合作、团队精神，这一时期英国还出现了许多军事的、教会的、世俗的运动，这些运动都强调军事、帝国、爱国主义、道德、公民方面的目的。殖民地的扩张为英国带来了巨大利益，而这些都依赖于英国强大的军事优势。西方帝国之间的殖民地竞争以及殖民地人民的自治运动，以及日益紧张的世界战争局势，使英国越来越感到增强军事实力的迫切性。而且，帝国主义情绪的膨胀也使英国的普通民众越来越关注军事局势。从 19 世纪 80 年代到 20 世纪 60 年代，鼓励年轻人穿上军装进行军事训练，是一种极为普遍的流行现象。据估算，从 1900 年至 1980 年，约有 60% 的青年人都曾参与过军装运动（a uniformed movement），而这其中大约有 13,000,000 人参与了童子军运动。在当时所有的青年组织和青年运动中，童子军运动是最为普遍和流行的。而且，这种由英国所发起的童子军运动在此后逐步地发展成为了一种国际性的青少年运动，一直流行至今。在西欧、美国以及英属殖民地国家都非常流行。[①]创立初期，童子军运动明显具有军事主义色彩。这种带有时代印记的运动，是公民教育民族整合功能的一种极端性体现。

童子军是由英国的罗伯特·巴登—鲍威尔（Robert Baden-Powell）所创建的。巴登—鲍威尔曾经是大英帝国多个属地的高级军官。童子军运动就源自他作为军官的经验。1907 年 7 月 29 日，巴登—鲍威尔招募到 12

---

① HEATER D. A History of Education for Citizenship [M]. London and New York: Routledge Falmer, 2004: 93.

名上层社会和29名下层社会的少年,在普尔港褐海岛的森林里他们逗留了两个星期。这位将军组织这次旅行是为他的短文《童子军:一个建议》作现场实验。他的计划,是要在孩子们身上培养集体观念,培养骑士精神,帮助造就下一代,培养其强健的体魄。无论是属于什么阶级什么教派,无论在国内还是在殖民地都能使之成为好公民。在巴登—鲍威尔的指导下,孩子们将在野营中受到教育,学习射击、侦察、追踪、救生、急救和林中识路的技能。四支童子军小队还将在游戏中比赛,考查他们已获得的技能知识。

童子军运动在当时产生了巨大的影响,青少年开始纷纷效仿并自发组织起来进行类似的活动。不仅如此,童子军运动在此后经过发展逐渐形成了目前世界上影响最广泛的非营利性、非政府青少年组织之一。作为一个国际性的运动,童子军组织按活动的范围可分为国际性、地区性、国家性与地方性等各个不同级别的活动。世界童子军会议是童子军的最高立法机构,同时也是其世界组织的管理部门,其成员是由获得童子军世界组织承认的各国童子军组织构成,每个国家只能作为一个成员加入。目前已有150多个国家和地区的童子军组织得到了世界童子军组织的承认。童子军运动的目标就是,帮助青少年增长知识,掌握技能,完善自我、家庭以及所在的社区,使青少年成为有责任感、能自立的公民与未来的领导人。[1]

童子军运动具有很明显的公民教育功能,尤其是在产生之初,童子军运动带有强烈的帝国主义色彩,培养帝国公民是其最为明确的目标。这从童子军运动的发起人巴登—鲍威尔的著述中便可以得到证实。依据他的观点,公民的一个重要任务,就是监督他们所选举出来的议员代表所制定的政策。然而,如果公民没有受到正确的教育与引导,他们反而有可能做出危害国家的决定。巴登—鲍威尔将下议院议员分成两类人:一种是应该受到谴责的政客(politicians),另一种是应该受到欢迎的政治家(statesmen)。第一种人包括那些为了省钱而试图削减陆军与海军的人,他们因此受到选民优待,但是,结果会削弱国家实力,并使殖民地陷入岌岌可危的境地。第二种人则首先并不考虑是否受大众欢迎,而是优先考虑到保证国家的安全。[2] 巴登—鲍威尔创建童子军运动的目的就是通过对青少

---

[1] 黄柯方. 什么是童子军?[N]. 环球时报,2005-08-05(9).
[2] HEATER D. A History of Education for Citizenship [M]. London and New York: Routledge Falmer,2004:93.

年开展军事训练，向他们灌输帝国主义思想、军事主义思想，将英国未来所有的主人都拉上帝国主义战车，使他们为维护大英帝国的世界霸主地位做出贡献。他的著作《男童子军活动》被认为是帝国和军事大背景中的一份充满强烈的帝国主义、爱国主义与社会达尔文主义的公民教育文件，这从该著作的副标题《好公民指导手册》（*A Handbook for Instruction in Good Citizenship*）中就可以看出来。女童与男童一样受到了巴登—鲍威尔所创造的这种方法的影响。他的妹妹艾格尼丝（Agnes）在 1910 年创立了女童子军（Girl Guides）。①

以童子军运动为代表的各种青少年组织和青少年运动，其本质上就是培养青少年如何在帝国主义国家中健康生活，并能够以国家为荣。在培养公民对国家的忠诚、奉献精神，培养公民的团队精神与合作能力方面发挥出一种强制性的影响作用。在世界战争一触即发的国际局势中，学校中的课程教学与校内外的各种组织、运动，不仅有效地推动了英国的帝国主义情绪，而且这种帝国主义、军事主义思想的灌输也在两次世界大战中发挥出了一定积极的效用。战争中，英国可谓"全民皆兵"。全国上自王室公爵，下至黎民百姓，有钱者出钱，有力者出力。壮年男子出去参战，妇女老人守卫家园。二战中，当德军入侵的危急时刻，平民自动组成国土保卫队，日夜巡逻；英国国王和他的全家都以各种方式参与战争，包括年仅 14 岁的国王长女（后来的英国女王）伊丽莎白公主和她的妹妹，都参加妇女辅助队，为战争的胜利做出贡献。

第一次世界大战后，英国虽然在非洲和太平洋岛屿地区又获得了大片殖民地，表面看起来英帝国的版图进一步扩大了；但实际上，第一次世界大战令英国损失惨重，尽管此后出现了短暂的繁荣，但英国整体经济状况已无法再续维多利亚时期的辉煌。在这样一种"适者生存"的达尔文主义国际斗争中，英国正逐渐失去其世界霸主的地位。而第二次世界大战结束后，尤其是到了 20 世纪六七十年代，这些宣扬帝国荣耀以及种族自豪感的公民教育显然已经与战后英国的新地位以及国际新形势格格不入。一方面，从国家民主建构角度来看，民主参与更需要积极的社会理解与政治理解，而这些却无法通过传授"健康生活"来实现。另一方面，伴随着英联邦殖民地人民的崛起与民主运动，联邦移民大量涌入英国本土，那种隐藏

---

① HEATER D. A History of Education for Citizenship [M]. London and New York: Routledge Falmer, 2004: 93.

于"帝国骄傲"之下的民族自负,开始与公民资格的客观发展格格不入。从所有的公正和道义上来讲,任何人都不能再被作为从属的人民来对待。那么,英国人将寻求怎样的主流态度来看待公民教育及其实践呢?

  这一时期英国公民的认同感很明显是在一种帝国的模式中铸就的。尽管帝国主义时期的英国公民教育表现形式极端,但也并非毫无值得肯定之处。在这种宣扬帝国权威与荣耀的过程中,公民教育的功能被日益凸显出来,也越来越受到英国政府的关注。20世纪初,公民教育已经充分体现在一些民间教育团体的报告中。也正是在此基础上,第二次世界大战结束后,公民教育才正式被英国政府提上议事日程,并通过一代代人的卓绝努力,而最终形成国家的法定课程。

第四章 重构：战后初期的国家调整与公民教育（1945年—20世纪末）

第二次世界大战后，英国所面对的是一个急剧变化的全新世界。维多利亚时期的辉煌以及帝国时期的甚嚣尘上都已成为历史。刚刚从战争硝烟中走出来的英国，立即投入到世界大国之间新一轮的经济、科技竞争之中。与此同时，急剧变化的世界局势以及英国自身国力的相对削弱也迫使英国不得不在现代化进程中重新调整国家建构思路。国内形势的骤然转变以及国际身份的重新定位，对于这个曾经的"日不落帝国"来说，既窘迫又棘手。英国的公民教育也因此在很长时间内仍然处于迷茫与探寻的状态之中。当时间即将进入20世纪的最后一个十年之时，国家经过重新调整与定位后日趋稳定，公民教育的功能也逐渐开始被国家所认可和接受。

第一节 战后国家建构的重新定位

一、福利制国家中的民权拓展

帝国主义时期高涨的民族主义热情在世界大战结束后，逐渐冷却下来。恢复国内的经济建设、继续战前的民主化进程成为战后英国国家建构的一个主要任务。在第二次世界大战后，福利制国家的建构思路也使公民的民主权利范围进一步扩展与充实。

第一次世界大战与第二次世界大战期间，英国政坛发生了巨大变化，一向与保守党轮流执政的自由党因内部分裂而逐渐衰落，工党的力量逐渐壮大取而代之，成为保守党的竞争对手。第二次世界大战中，人们再一次意识到国家干预在经济生活中的必要性，同时饱受两次世界大战之苦的英国人民也越来越期盼战后能够建立一个和平、平等的新型国家。1945年，英国工党上台，开始实施国有化改革，并继续完善和建立福利国家。此后与工党轮流执政的保守党也向工党的政策靠拢，形成了"两党共识"。两党都以凯恩斯主义的经济学说作为治国方案的共同基础，使国家通过立法和下达指标来干预经济生活，用"计划"来引导经济发展的方向；同时又用税收的手段调节财富的分配，用福利制度来保障最低的生活标准。这样一套社会经济政策在战后大约20年时间内卓有成效。这一时期，英国社会经济稳定，失业率很低，人民的生活水平明显提高，英国似乎已走进了一个"富裕社会"，战争的代价确实没有白付，英国人民为自己创造了前所未有的繁荣。[①] 国家福利制度的建立，为人民的生活提供了稳固的保障。可见，英国政府运用国家政府调控的手段，通过扩大公民社会权利的办法，在战后的短时间内安抚了世界大战重创下的英国人民，也缓解了过去单纯的市场经济所带来的长期的贫富差距与社会矛盾。

在公民的生存、发展权利得到更多法律保障的同时，公民的政治权利也得到了全面的扩大与普及。1949年通过的《议会法》将上议院的立法权剥夺殆尽，权力重心开始向代表大众民意的下议院下移。二战前，英国已实行全民普选。1948年制定的《选举权法》实行了彻底的一人一票制，过去残存的一人多票现象完全消除。1969年，将选民的最低年龄限制从21岁降为18岁。自此，凡年满18岁的英国公民，不分男女，都有权参加下院选举。

政治选举权是推动学校中公民教育的一个重要因素。如前所述，以往英国政府对于学校中讲授政治知识这件事一直持谨慎态度，因此，一直鼓励间接形式的公民教育，通过历史、地理等学科强调公民教育的民族整合功能，而长期漠视公民教育的民主化功能。伴随选举权的进一步扩大，尤其是1969年的立法将选民年龄降至18岁以后，中等教育的离校时间又被确定为16岁，这就使民主公民教育显得越来越紧迫。这是由间接公民教育转变为直接的公民教育的一个重要契机。学校教育距离直接的公民教学又近了一步。

自英国开启现代化进程以来，公民资格一直是一个"似无还有"的模

[①] 钱乘旦，许洁明. 英国通史 [M]. 上海：上海社会科学院出版社，2002：342.

糊概念。1949年，T. H. 马歇尔提出了公民资格理论，它被多数人称为有关公民权利与义务的第一个社会学理论。马歇尔这个公民资格理论框架主要是侧重于对公民权利的阐述。在论述英国情况时，他按照发展的先后顺序，将公民权利分作三类——法律权利、政治权利、社会权利，并且将这些权利与公民义务相平衡，这些义务包括纳税、服兵役以及对国家的其他服务。马歇尔不仅阐述了英国公民权利发展顺序，而且还将这一发展联系到中产阶级及工人阶级的社会力量。马歇尔通过这一公民资格理论为二战后英国的国家福利制度提供了一种理论支撑；同时也对20世纪五六十年代的其他欧美国家福利制度的建立产生了很大影响。马歇尔的公民资格理论无疑是首次在理论上对英国的公民资格加以澄清。不过，实践中确立一种与国家建构相适应的公民资格观念却并非是很容易的事情。基于英国现代化进程的诸多复杂特点，英国人对公民资格的理解与接受尚要历经更长的历史时期。

二、"帝国"复归欧洲的艰难历程

战后的20多年中，经济竞争已经成了所有西方国家提高教育水平的主要动因。相比之下，在诸多西方发达国家之中，学校教育在增强民族认同感和公民意识方面所发挥的整合功能已经被相对弱化了。英国当然也在其列。然而，自20世纪七八十年代以来，在重新调整的国际新格局中，在"英国病"的重创之下，英国政府开始重新意识到民族整合的重要性，相应地，英国政府的教育政策、报告之中也体现出对公民教育整合功能的需求。

（一）世界霸主回归欧洲

第二次世界大战后，英国已经从世界一流强国的地位上迅速滑落，世界上出现了两个超级大国——美国和苏联，英国逐渐向欧洲二流国家萎缩。尽管战争结束了，但是英国依然无法断然舍弃曾经热情高涨的"帝国情结"。战后，英国很快投入到恢复经济建设之中，并再次展开了与西方其他大国的经济竞争。在诸多国际事务中，英国仍以帝国的身份自居。

20世纪五六十年代，英国殖民地的民族主义运动蓬勃兴起，殖民地国家纷纷独立。但由于长期处于被殖民统治的状态中，新独立的国家在各种事务上都与英国有着千丝万缕的联系。因此，其中许多国家认为，与英国保持某种比较正式的关系是有益的。英联邦正是在这种新国际关系中形成的。多数独立后的国家都成了英联邦成员，但是英联邦只是帝国留下的一个幻影。"后殖民的""新联合王国的"维度在《1948年英国国籍法案》(the British Nationality Act of 1948)中被保留下来。该法案创造了两种新的公民类型："联邦公民""联合王国与殖民地公民"，这两种公民类型被认为是自动赋予的资格，充分地与英国臣民的旧时地位相一致。尽管一些新条款被认为是应该从文化上对那些不喜欢英王权的人的接受，其目的仅仅是为了保持以往英帝国的文化、策略以及商业。[1] 但是，随着英联邦成员越来越关注于各自地区的事务，这种超地域性的联邦关系已经越来越松散。上述法案也并没有在之前的大英帝国范围内建立起普遍的公民身份，大部分联邦国家都沿用着当地的法律，"联邦公民""联合王国与殖民地公民"也都随之成为泡影。

"英国人一直有一种很奇怪的想法，即认为英国不属于欧洲，英国与'欧洲'之间没有关系。这固然是一种岛国心态的反映，但更重要的是英国有一个帝国，它始终站在帝国的立场上考虑问题，而帝国利益与欧洲的利益又往往是冲突的。"因此，英国始终对欧洲一体化持消极、冷漠的态度。然而，当20世纪60年代以后，"英国病"愈演愈烈，帝国终成为一种挥之不去的幻影。欧共体六国欣欣向荣的发展趋势，使英国的劣势更加明显。欧共体对外实行统一关税，对内则经济互助，英国已经被排除在欧洲经济一体化之外。而战后的世界格局又使英国不得不重视与西欧国家的关系，关注更多欧洲事务。但由于英国内部对于是否加入欧共体始终意见不一，而且一些欧洲国家也不愿英国加入，因此，英国经过多次努力才终于在1973年成为了欧共体成员。但是，英国国内对于加入欧共体的争论始终未平息。威尔逊政府曾为是否退出欧共体举行全民公决。撒切尔夫人当政时也始终反对与欧洲加强联系，在欧共体的许多问题上搞独立。这些都深刻地反映出英国的帝国情结及其回归欧洲过程的艰难。

无论如何，战后的英国已经开始重新对自己的国际地位进行定位。这个地处边缘的岛国曾凭借它的工业文明撼动整个世界，作为世界上第一个现代化国家，英国曾称霸世界达一个世纪之久。而今的陷落，当然只是相

---

[1] BELLAMY R. Lineages of European Citizenship: rights, belonging and participation in eleven nationstates [M]. New York: Palgrave Macmillan, 2004.

对性的，英国依然是西方发达国家之一。它没有落后，只是回归到与之人口、资源相称的位置上。英国依然紧跟着时代潮流，只是它已无力再领导世界潮流。[①] 世界现代化奔流不息的浪潮使大英帝国卸去了庞大的盔甲，还之以本色——欧洲大陆边缘的一个小小岛国。从大英帝国到英国联邦，从世界霸主回归为欧洲国家，这种民族国家的地位变化，似乎有些令英国人痛心疾首、难以接受。然而，英国又是一个极富于变革精神的民族国家。它之所以曾经具有那么辉煌的历史也正是因为这一点。面对急剧变化的世界格局，英国人依然相时而动，顺应潮流，依然迈着迟缓而沉稳的步伐。曾经的帝国辉煌以及激烈的帝国情结也将随着时间的推移而逐渐变得烟消云散。

（二）国内多元文化社会亟待整合

强调文化传承与民族认同，在现代国家的建构过程中始终都是极为必要的。但是，现代国家又很少是由单一民族国家构成。这就必然涉及多元文化的融合与共生问题。现代化国家早期的国家建构中，往往比较重视文化的同一性。而单纯地强调单一民族认同，却忽略了民族国家内部文化的多样性。强制性的单一民族认同，或许可以在现代化早期以及战争时期，达成迅速而有效的国内团结和统一，但是，当现代国家进入了和平发展时期，那些曾经暂时被掩盖的文化冲突与民族矛盾就将再度成为国家建构过程中的主要矛盾。英国就是这样一个极为典型的国家。正如英国学者安迪·格林所阐述的那样，"当西方国家开始不太情愿地承认他们的民众对多样性和文化多元主义的需求不断增长时，他们发现自己已经不能确定他们的民族性是什么、他们的学校应该培养什么样的公民。英格兰的教育政策在发展多元论和文化多元论之间做周期性的摇摆，接着是右翼'小英格兰'反应和文化复兴"。[②]

当国际格局日趋稳定，世界局势走向和平，英国国内多元文化间的冲突与融合的问题日益成为英国国家建构的一项重要任务。由于历史上的原因，英国几个世纪以来，始终饱受多元文化冲突的困扰。英国的多元文化冲突的性质极为复杂，主要表现在不同宗教之间、同一宗教的不同教派之间、不同的民族之间、移民与本土居民之间。而这些冲突之间又相互交错。这种情况使得英国的民族国家整合的任务长久而又艰巨。

[①] 钱乘旦，许洁明. 英国通史 [M]. 上海：上海社会科学院出版社，2002：360.
[②] 安迪·格林. 教育、全球化与民族国家 [M]. 北京：教育科学出版社，2004：155.

民族问题一直都是英国国家建构中的敏感问题。第二次世界大战结束后，苏格兰和威尔士两地都出现了民族主义倾向，但它们都更强调自身的文化特色，是一种"文化民族主义"。在政治上这两个地区提出了建立分权性地区议会的要求。而北爱尔兰的情况则更为复杂和严峻，20 世纪 60 年代末以来，北爱尔兰不断发生战乱、暴力冲突。撒切尔上台后对爱尔兰共和军采取强硬态度，这使得爱尔兰共和军更加剧了暴力活动。北爱尔兰问题的和平解决，至今仍有待时日。

尽管民族问题并不完全是文化层面的，但不容否认的是，文化上的差异是导致民族问题的重要根源，因此，若要从根本上解决民族冲突问题，实现社会的整合，那么就不仅仅需要政府在政治层面上做出努力，而更应该从文化方面入手，来协调冲突。作为文化传承与传播的重要媒介，教育势必在这一问题上有所作为。

与此同时，文化与观念上的冲突也不仅仅存在于民族之间，同时也存在于各种不同的利益集团和不同社会阶层之间，这些错综复杂的矛盾冲突，增加了英国多元社会整合的难度。英格兰 20 世纪 80 年代发生的城市暴乱，特别是 1981 年发生在伦敦南部布里克顿（Brixton）的暴乱，暴露出了英国仍然没有形成一种与后帝国遗产（post-imperial inheritance）相适应的公民凝聚力意识。这个问题关涉到了教育，使公民教育的问题浮出水面。英国政府任命了一个以罗德·斯万为主席的委员会，来思考这一问题，并最终形成了报告《全民教育》（Education for All）。该报告非常坚定地认为，所有学校、所有教师都应具有一种专业责任——使学生能够在一个多元社会中生活。但是，实施报告中的建议并非易事。一些少数族裔的评论家呼吁通过积极的反种族主义教学来抵制偏见。到世纪之交的时候，英国开始展开一场有关学校人口优先政策（preferred policy）的争论。单一宗教信仰的学校数目逐渐增加，加深了诸如英国国教、罗马天主教、犹太教与穆斯林儿童之间的文化差异。也就是说，这是对多元主义政策的一种强化。然而，对这些学校可能加剧种族间紧张关系的担忧，正如北爱尔兰的不幸历史所展现的那样，导致人们对多元信仰的学校的强烈支持。①

---

① HEATER D. A History of Education for Citizenship [M]. London and New York: Routledge Falmer, 2004: 98-99.

三、新保守主义的积极公民资格观

20世纪80年代后期，英国新保守主义政府开始关注年轻人的政治冷漠问题。由于英国政治上的右派比左派还难以相信学校有能力开展公民教育，因此，保守党在1988年突然采用了"积极公民资格"的概念，以此来重新打造保守党的品牌，这是一个重要的里程碑。尽管这最初与教育并没有什么关系，但是难以否认的是，积极公民必然要以政治文化素养、公民意识与一定的道德责任作为基础，而这些基础无疑最好是通过年轻人18岁以前的教育来获得。

1988年，英国新保守主义政府联合所有党派共同成立了一个委员会——发言人委员（the Speaker's Commission），共同考虑这些问题——"公民资格究竟意味着什么？如何使公民资格被运用到公共机构、志愿者组织以及个人？"尽管这一时期公民教育仍在新的国家课程中没有占据特殊的一席之地，但是，该委员会的确为公民教育国家课程的诞生做出了重要贡献。[1] 而实质上，这种贡献正是基于新保守主义政府所提倡的"积极公民资格"。新保守主义是20世纪70年代保守党内部出现的一股占统治地位的"新右派"势力的意识形态。新保守主义的积极公民资格观，决定了这一时期英国公民教育特点。欲探究战后英国公民教育的新发展，就必然首先要分析新保守主义政府的施政思想，从而才能触及新保守主义积极公民资格观以及这一时期公民教育思想的本质。

战后英国的经济发展，在经历了50年代的短暂黄金发展期后，从60年代末到整个70年代，便进入了多事之秋，经济增长的速度缓慢，不仅低于欧共体中的发达国家，甚至一度低于欧共体的平均水平，因而被冠以"欧洲病夫"。通货膨胀不断恶化，最高时达年率25%以上，创战后最高纪录。失业同样维持在高水平上。国家债台高筑。这一切充分表明，战后两党共同信奉的凯恩斯主义的经济理论已失效，"巴茨克尔主义"也走进了死胡同。[2] 经济萧条，而物价却飞涨，经济发展缺乏动力，失业人口增加，

---

[1] BEST R. New Bottles for Old Wine? Affective Education and the 'Citizenship Revolution' in English Schools [J]. Pastoral Care, 2003: 14-21.

[2] 王振华. 撒切尔主义：80年代英国国内外政策 [M]. 北京：中国社会科学出版社，1992：21.

这种滞胀现象，被称为"英国病"。70年代，滞胀现象达到高潮，英国的年经济增长率在2%以下，有时还出现负增长。1978年，失业人数达到160万，工会连续发动大规模罢工运动。英国陷入深刻的社会危机之中。撒切尔夫人就是在这样的历史背景下登上了英国的政治舞台。作为英国新保守主义的代表人物，她极力反对凯恩斯主义经济政策。撒切尔夫人将"英国病"的根源归咎于工党的民主社会主义方针政策，认为正是由于工党主张的公有制和福利国家政策才造成了人们的依赖性和社会责任感的缺乏。因此，她上台后进行了大刀阔斧的改革，这主要包括四项措施：一是私有化；二是控制货币；三是削减福利开支；四是打击工会力量。

新保守主义在80年代末提出的"积极公民资格"完全是建立在新保守主义的经济、政治与精神文化基础之上的。以下将从经济、政治与精神文化三方面来解析新保守主义的积极公民观。

（一）经济方面——追求机会平等

新保守主义在经济上反对新自由主义的适度国家干预政策，提倡私有化。正如前一章所论及的，新自由主义主张通过福利国家制度，增加政府税收，以缓解贫富差距矛盾，达到社会公正。而新保守主义认为，新自由主义的做法是一种结果平等，这实际上就是一种平均主义。这种做法的消极后果，正是英国病所表现出的国家危机症状。结果平等助长了福利国家公民的懒惰之风，也大大削弱了人们创造财富的积极性、主动性。新保守主义针对此提倡公民享有的平等权利应该是机会平等。"按照新保守主义的解释，平等应是机会平等、自由平等和法律平等。真正合理的平等是在法律许可的范围内，各人发挥其才能去创造财富的自由平等，即各尽其能去创造财富来改善自己的生活条件。社会给个人提供的是创造财富过程中机会、自由、法律的平等，而不是结果的平均化。"[①] 撒切尔夫人执政后，将40%的国有企业出售给私人，并大幅削减了各种国家福利补贴，这其中也包括国家对教育的补贴。这种政策在短期内扭转了英国病的危机。但是，新保守主义所谓的平等，实际上是消除原有的国家经济干预，刺激私有经济的自由发展，使处于社会中上层的人有更多创造利润、追求财富的机会。从一个国家长远发展来看，这种政策是以牺牲更多下层人民的利益与福祉的代价来实现的，贫富差距的加大，使社会矛盾尖锐，不利于社会

---

① 马忠虎. 新保守主义政治思潮对英国教育改革的影响[J]. 比较教育研究，1998（4）：27-31.

的稳定与和谐。因此，新保守主义所提倡的公民机会的平等实际上只是维护了少数人的利益。基于这种平等观的民主教育在学校中当然是不受欢迎的。

（二）政治方面——谋求国家权威主义

撒切尔执政 11 年间，在经济上放权，鼓励私有经济的自由发展；在政治上却表现出一种"权威主义"。新保守主义政府"在谋求稳定的借口下加强国家的权威专制，维护资本主义统治的权威、秩序和法律，采取'硬政府'的姿态"。[①] 新保守主义力求建立起一个强大的国家，通过这种强硬的措施达成国家的政治稳定，从而保障经济发展的安定环境。

在这方面，最显而易见的就是英国政府这一时期对于教育所表现出的集权主义倾向。一方面，英国政府逐步地放松对国家经济的控制；另一方面，在教育问题上，却努力推行全国性的统一政策。这种"硬政府"的姿态同时也表现在这一时期英国内政与外交的方方面面。作为一个多民族构成的国家，多元文化的整合，是战后英国民族国家建构的重要任务。新保守主义的建立强大政府的主张对于社会秩序的整饬不无裨益。但是，政府的强硬政策也更容易激化社会中的不安因素。例如，1981 年撒切尔夫人对爱尔兰共和军采取了强硬态度，反而加剧了共和军的暴力活动。新保守主义对于政府权威、社会秩序与国家法律的极力维护，必然诉之于要求公民对国家履行应尽的义务和责任。因此，新保守主义所谓的"积极公民资格"不仅要在经济领域具有积极进取心，而且要在政治领域对国家政府权威的绝对服从，以及对社会秩序的遵守。

（三）精神文化方面——社会价值观重构

20 世纪 60 年代的自由主义往往伴随着社会离散（fragmentation）与道德滑坡现象、家庭的解体、传统价值的崩溃，以及引起公众高度关注的青少年犯罪问题。这一时期的历届首相积极推进一种"回归要素"（back to basics）的哲学，表现出一种怀旧情结，即"维多利亚价值观"的回归，倡导人们对法律与秩序的顺从、服从与尊重。[②]

在精神文化方面，作为一位新保守主义者，撒切尔夫人非常注重社会秩序以及传统文化、价值的社会改造作用。撒切尔夫人在不同场合发表过

[①] 马忠虎. 撒切尔主义对当代英国教育改革的影响 [J]. 比较教育研究，2001（10）：1-6.

[②] BEST R. New Bottles for Old Wine? Affective Education and the 'Citizenship Revolution' in English Schools [J]. Pastoral Care，2003：14-21.

很多关于维多利亚价值观的言论，但最能代表她对这种价值观的估价的是她在 1983 年说过的那句话："维多利亚价值是我国强盛时期的价值。"[①] 她认为，英国的衰落不仅是物质方面的衰落，而且也是精神上的衰落。英国人已经丧失了维多利亚时代勤俭、自立、勤奋的价值观。英国的衰落，正是由于社会丧失了这种价值的结果。人们丧失了个人对社会的责任感，抛弃了进取心、节俭、自立以及遵守纪律和讲求效率这些美德，变得"放纵"毫不负责，才导致了整个国家的衰落。

撒切尔夫人还将维多利亚价值观跟她的货币主义联系起来。她认为，如果允许货币贬值的话，那么其他价值也会贬值。通货膨胀从思想上削弱和破坏了所有的维多利亚价值，而最终则破坏了自由。因此，她指出："在一个基督教社会里，国家的作用在于鼓励美德，而不是败坏美德。"[②]维多利亚时期的价值观既然能够支撑大英帝国的繁荣，同样也能够成为使英国重新振兴的精神力量。维多利亚价值观因而成为新保守主义思想基础的重要方面。撒切尔上台后，一种以维多利亚价值观为基础的积极公民观也在积极酝酿之中。

1. 私人化的道德教育

新保守主义认为，正是由于新自由主义的平均主义压制了人的主动性和企业精神，造成传统道德的滑坡，引发文化危机，并导致经济的衰退。他们对现代学校的道德教育持否定的态度，认为学校无法成功地传输传统的价值观念。新保守主义主张通过传统的价值观念整肃社会，倡导的道德教育应该如维多利亚时期那样由家庭和教会来完成。他们力图恢复宗教、家庭等传统价值在社会生活领域的权威。通过家庭教育与宗教教育，唤起人们对家庭生活、性和两性关系的传统价值观念的尊重，培植对个人奋斗、物质理想、竞争和企业文化的责任感。

2. 精英文化

新保守主义一方面采取措施增强教育中的市场经济成分，如学校自治、多样化与选择、教育的私有化等。另一方面在教育中却推行文化右翼纲领，强调教育中的标准、传统、秩序、权威和等级制度。对维多利亚价

---

① 王振华. 撒切尔主义：80 年代英国国内外政策 [M]. 北京：中国社会科学出版社，1992：12.

② 王振华. 撒切尔主义：80 年代英国国内外政策 [M]. 北京：中国社会科学出版社，1992：14.

值观的崇拜，使得新保守主义在文化方面也极力推崇传统与复古。曾经的贵族文化、精英文化得到了他们的认同。

"新保守主义者反对20世纪60年代文化革命带来的文化现代性。他们接受社会现代化，却试图寻求在此过程中抗拒文化现代性的方式，并以此重塑常识（Common Sense）。"[1] 精英文化是英国贵族教育的遗风，体现着英国传统的道德和智力的标准，是上层社会人士身份和等级的象征。精英主义是其本质。它往往通过传统学术课程的学习来进行传递，是英国贵族教育的主要内容。

显然，新保守主义政府是力图以维多利亚时期的价值观来理解百年后的政治制度、法律、权利，并期望凭借这种全新的诠释与强调来解决当代的问题。然而，重新诠释旧时的、简单的美德——谦逊、服务、克制以及对人格的尊重，并把这种价值观作为振兴英国的精神力量，却是一种时代错位的做法。这种精英公民观已经属于过去的时代。它对整个社会的感召力是有限的，因为不同阶级和不同思想色彩的人，会对这种价值观有不同的理解和感受。它在20世纪末英国这样一个历经两次世界大战洗礼，民主意识深入人心的国度中已经不合时宜。不过，20世纪末，新保守主义政府对公民资格的关注却在一定程度上引发了公民话语在英国的复兴，越来越多的政府官员、政治学家、教育学家开始热衷于探讨公民资格理论、公民教育的问题。正因为如此，在英国国家课程颁布不久，公民教育自然而然也就很快被提上英国政府的议事日程。所以，新保守主义政府提出"积极公民资格"，这的确也是英国公民教育历史上的一个重大进展。

第二节　战后初期公民教育的探索

第二次世界大战后，英国政治民主的发展，公民权利在理论与实践方面的扩大，英国国际地位与角色的变化，国内多元社会的建设——这些都表现出与战前以帝国主义、军事主义为核心的国家建构完全不同的现代化需求。而这种需求也带来了公民教育的调整。一方面，无论是从英国政府

---

[1] 马忠虎. 撒切尔主义对当代英国教育改革的影响[J]. 比较教育研究，2001（10）：1-6.

层面，还是从学术团体层面，推进学校中的民主教育、政治教育的直接教学成为一种长久趋势；另一方面，由战时单一的民族认同转变为以培养民族认同为基础的多元社会整合。

基于战后英国国家建构的特点，从公民教育的民主化功能与民族整合功能两方面来看，英国公民教育面临如下两个方面的调整与改革——第一，将民主教育、政治教育纳入学校课程之中；第二，依据英国的国际地位与国际形势，调整学校课程中原有的地理、历史等具有民族整合功能的学科内容。消除原有的帝国主义、军事主义内容，增加和平教育以及世界知识、国际关系知识方面的内容。第三，增加有关多元文化整合方面的知识，增进不同文化间的理解与宽容，促进社会的稳定，增强国家的凝聚力。

一、学校中的民主政治教学

作为公民的一种社会权利——人人接受教育，而且是平等的教育，是战后民主国家建设的重要方面，同时，这也是战后英国政府在教育方面的主要努力方向。机会平等的受教育权、选举权年龄的降低、义务教育年限的延长、学生离校年龄的提高都为学校中开展直接的公民教育逐渐展开铺平了道路。民主制度的完善也逐步改变了以往英国政府对于学校中开展民主教育、政治教育的疑虑、犹豫态度。他们对于民主教育、政治教育已经不再那么明显地抵触。

（一）公民教育被提上政府议事日程

二战后，英国出台的一系列官方报告、文件等都显示出英国政府在态度上的松动。1945年，英国课程改革委员会提出了将包含有政治、经济内容的社会科列为必修课程的主张。① 英国政府于1947年出版了《学校与生活》（*School and Life*）、《新的中等教育》（*The New Secondary Education*），1949年出版了《公民在成长》（*Citizens Growing Up*）。

其中，《新的中等教育》倡导公民资格（citizenship）或者公民（civics）方面的教学，内容包括地方政府和国家政府、税收、司法体系、

---

① 日本公民教育协会. 中学校·高等学校公民教育[M]. 东京：第一学习社，2004：244.

英国联邦以及联合国。这些内容足可以表明，英国政府已经抛弃了原来那种紧张不安的谨慎态度，并开始倾向于直接形式的公民教育。

1949年的《公民在成长》不仅在内容上吸收了之前《斯宾斯报告》和《麦克奈尔报告》等一些官方法案、文件中有关公民教育的积极思想，并谴责学校在公民教育方面发挥的作用太小、太无效，而且更明确地提出建议——为了培养好公民，学校每周开设至少一节公民方面的课程。这是英国从国家层面上首次对公民教育重要性予以一种前所未有的确认；同时这也是在1990年以前，英国政府对于公民教育绝无仅有的一次重视。事实上，《公民在成长》中的积极观念并未完全在整个教育体系中得以实践，而是只在现代中学中得到落实。[①]

1963年颁布的《纽塞姆报告》（the Newsom Report）以《我们未来的一半》为题，针对平均13至16岁以及不到这个平均年龄能力的学生的教育问题。尽管该报告建议学校应该教给学生一些国际事件，从而使个人成为真正的"自由人"，但是该报告依然保持着对公民教育薄弱的犹豫传统。

《克劳瑟报告》（the Crowther Report，1959）、《纽塞姆报告》等20世纪60年代的英国政府教育报告，都计划将全日制义务中等教育延长到16岁。这种计划在1972年至1973年开始正式实施，而在此之前，选民的年龄限制也从21岁降为18岁。学生离开学校后不久，就将行使他们的选举权。而学校在民主教育、政治教育方面的空白，却使得政府对于这些刚刚走出校门的年轻人是否能够理性地行使个人选举权利表示出忧虑。

上述若干政府报告、文件都表明，60年代的决策者已经放弃了青少年无法应对政治抽象概念的观念。他们逐渐开始认识到，一个文明社会中的成员必须具备一定的民主、政治观念，而这些观念必须通过教育来教给他们。然而，这方面的教育并不是英国政府考虑教育问题的核心，"在这个时期，政府主要关心的是经济以及年轻人就业的问题，而不是作为公民的政治文化问题。当时的中央政府，注重三门主要的学科（英语、数学、科学）的水准的提高，政府提供资金扶植的是职业技术教育创新"。[②] 而对于通过什么样的途径，怎样的方式来开展公民教育，英国政府的态度依然非常模糊。在这一方面，英国的一些研究机构、学术团体却比政府考虑得更

---

① HEATER D. A History of Education for Citizenship [M]. London and New York: Routledge Falmer, 2004: 95.
② 平田利文. 市民性教育の研究 [M]. 东京: 东信堂, 2007: 34.

为长远和清楚。

（二）非官方公民教育团体的积极推动

在前一时期，我们曾经提到的公民教育协会于1947年出版了报告《学校生活中的民主》（*Democracy in School Life*），强调民主在教育上的重要性，主张以培养社会中的健全人格为公民教育的目标。该报告系采用调查法调查英国中小学校公民教育的实施概况，作为研讨改进公民教育的依据，并提出了有关的建议[①]：

（1）民主教育的基本目的在于发展人格、陶冶性情、养成健全公民。

（2）学校民主教育的基础在于对学校任务充分自觉，对教育目标的明确了解，以及校长与教职员、教职员与学生之间良好人际关系的建立。如果缺乏这种基础，真正的共同社会的精神将无法存在。

（3）学校必须设置民主沟通的管道，以发挥共同精神，达成民主教育的目的。

（4）学校内社团的联系及其功能的发挥，可以增进学生团体生活的经验与能力。

（5）以班级组织为基础，促成校内社团的健全发展。

（6）举办各种讨论会或模拟议会，以培养学生独到的见解与发表的能力。

（7）尊重学生课业选择的自由，训练其自行负责决定的能力。

（8）鼓励家长参与学校活动。

（9）鼓励政府首长、教育先进与校友参与学校活动。

（10）家长向校方请示，得随时会见其子女。

（11）为建立良好校风，学校当局应有民主的组织与民主的措施。

（12）各地教育专业团体提供意见以协助学校教育。

（13）校内民主活动可以配合社区民主政治活动来推行。

（14）藉访问、演讲、调查等活动，加强学校与社区的关系。

（15）应届毕业生应参加各种集会，以训练其熟悉民主生活的方式。

（16）学校生活应随时检讨，以供学生作为参考未来民主社会生活的参考。

（17）对于认真负责，为学校奉献心力的人员，应该适当地表扬。

---

① 陈光辉，詹栋梁. 各国公民教育[M]. 台北：水牛出版社，1998：143-145.

(18) 学校中的共同生活应在自我发展与社会责任的基础之上建立训练体系。适度地规范个人行为，使团体生活顺利进行，其本质并非妨碍个人自由，而是在创造自由。

(19) 每位学生都有向学校陈述意见的权利，但需透过公认的正当途径表达，并需让有关人员有参与讨论的机会。

(20) 小学教育阶段宜实施各种民主教育的预备训练。

(21) 从幼稚园、小学至中学的民主教育应力求其一贯性。

(22) 对班级自治活动，不必在课程表上规定一定的实施时间。

除了公民教育协会以外，20世纪七八十年代在公民教育方面最为活跃的是伦敦大学的政治学协会。政治学协会是由伦敦大学的伯纳德·克里克（Bernard Crick）教授在1969年发起并创立的。该协会的目的就是提高学校中非学术水平政治教学的地位与有效性，促进公民政治素养的养成。政治学协会设立了"政治教育计划"。这个计划强调培养政治上的技巧比教授关于政治的知识更重要。同时，政治论争问题作为学习内容而被采纳，并运用了讨论、竞赛等教学方法进行教授。[①] 政治学协会不仅在普及学校政治教育必要性方面做出了巨大贡献，而且对16—18岁学生政治教学提供了理论支持。根据克里克所组织的研究项目，该协会后来还出版了《政治教育与政治素养》（Political Education and Political Literacy）。

二、教育中的民族整合力量

英国战后由帝国向联邦的转变，以及英国内部多元社会的构成特点，使得之前带有浓厚帝国主义与军事主义特色的公民教育发生了实质性转变。而英国政府对公民教育整合功能的重视，是从70年代末80年代初开始的，确切地说，是从撒切尔夫人出任英国首相之后开始的。以撒切尔夫人为代表的新保守主义认为，正是福利国家制度致使英国人缺乏责任心，他们享受了国家给予的权利却没有履行相应的义务。新保守主义通过以维多利亚价值观为基础，主张公民应该成为积极的、负责任的社会成员。新保守主义所谓的"积极公民"，最初并未明确体现在英国的教育政策上。

---

① 日本公民教育协会. 中学校·高等学校公民教育[M]. 东京：第一学习社，2004：244.

积极公民的培育以及公民教育在国家课程中的地位，都是伴随国家统一课程建立的过程，逐步得以明确和重视的。

　　1979年，撒切尔夫人上台后，政府逐步放松对国家经济的控制，但在教育问题上，则在努力推行全国性的统一政策。战后，英国中、小学教育一直受1944年的教育法支配，中小学的行政管理由地方教育当局负责，各中、小学有权自行决定教学计划和课程设置。尽管初等教育实现了统一，但是中等教育长期存在着"三轨制"——即严格分离的文法中学、现代中学和技术中学。每一类学校课程各不相同，没有统一教学大纲，而且每所学校的课程设置、教学内容也不相同，进度缺乏统一尺度。不同学校中的同年龄孩子在学习知识方面差别很大，英国社会对此一直存在争论。撒切尔政府针对这种情况，组织教育专家对全国教育状况进行全面总结，并着手开始进行全国普通教育统一课程的改革。

　　1981年，英国教育和科学部以及威尔士事务部共同起草了一份名为《学校课程》的文件。该文件对全国课程提出了指导方针，其中内容虽未涉及如何具体培养积极公民，但是可以看出，战后英国国家建构重新定位后，英国对于公民的新期待——

　　学校教育是为儿童今后的成人生活作准备的，因此，学校帮助儿童发展潜在能力的方式，必须与他们今后作为我们社会积极成员的需要和责任相符合。①

　　在《学校课程结构》（A Framework for the School Curriculum）一文中，国务大臣们提出了六个主要教育目的，供各地方教育当局和学校在制定他们的教育目的时参考。从其中的第四至第六条内容，我们也可以明显体会到英国政府培养公民的主张与帝国主义时期的明显不同——

　　……

　　（4）逐步培养学生对宗教和道德价值观念的尊重和对其他种族、宗教及生活方式的容忍。

　　（5）帮助学生认识他们所生活的世界、认识国家、群体、个人之间的相互依赖关系。

---

① 瞿葆奎. 英国教育改革 [M]. 北京：人民教育出版社，1993：437.

第四章 重构：战后初期的国家调整与公民教育（1945年—20世纪末）

(6) 帮助学生理解人类的成就和抱负。①

根据该文件的主张，学校的课程应该考虑到不列颠是欧洲共同体中的一员，考虑到不列颠在欧洲共同体中的地位。作为欧洲共同体的成员，学校中的学生应该加强法语以外的其他国家语言的学习。同时，保守党政府也已经开始注意到教育在解决多元文化社会整合方面的功用。文件中多次指出英国社会是一个多元的社会，并提醒各个地方教育当局在制定课程的过程中必须考虑到"学校教育的内容和方式必须适当地反映社会的基本价值观念。……我们的社会已经成为一个多元化的社会；学生和家长的个人价值观念更趋多样化"。② 因此，学校教育应该是学生对其他种族、宗教及生活方式尊重和宽容。在现代语言教学方面，要为那些第一语言不是英语或威尔士语的学生提供母语教育，因为这些语言对于他们和国家都是一种宝贵的资源。为这些学生提供母语教育，既能够保护这些宝贵的文化资源，而且能够使这些学生与他们自己的群体保持联系。

国际上的重新定位以及国内的多元社会整合，这些国家建构方面的需求，被综合地反映在1981年的《学校课程》之中。该文件指出了学校课程应该包含的一些关键内容：

不列颠今天具有多元文化，她是欧洲共同体的成员。从这一实际出发，我们应鼓励学生培养自己对世界、对自己在世界上的位置和人们是怎样生活和工作的认识。这涉及给能力较强的学生和以较为简单的方式给其他学生介绍历史概念，例如年代学和因果关系以及如何权衡不同来源的信息，为他们提供机会来熟悉不同种类的文字资料和学会区分什么是事实描述，什么是虚构；使他们对本地区和更远的地方的地理有一定的了解；使他们对宗教信仰和活动有一定的理解。……③

这一时期的英国政府已经不能再继续忽视这一问题，应改革学校教育以适应不断发展的国家多元文化特征。"在这种情况下，作为英国政府的习惯做法，他们首先建立了质询委员会。1985年，由罗德·斯万（Lord Swann）主席签名的报告发表出来。除了要求用主流语言来提高少数民族

---

① 瞿葆奎. 英国教育改革 [M]. 北京：人民教育出版社，1993：437.
② 瞿葆奎. 英国教育改革 [M]. 北京：人民教育出版社，1993：444.
③ 瞿葆奎. 英国教育改革 [M]. 北京：人民教育出版社，1993：449.

群体的基本语言技能之外,报告还强调了公民意识以及学习能力的极其重要性。"①

现代国家建构的过程中,强调文化传承和民族认同仍然是公民教育的重要功能。然而,在强调民族认同、强调国家的统一与凝聚力的同时,也不能以忽略少数群体文化、牺牲少数群体利益作为代价,过度地在公民教育中强调单一民族认同,容易导致民族国家内不同文化背景公民之间的矛盾,这样的公民教育整合,是得不偿失的。近年来,多元文化社会的问题日益突出,也恰恰说明了这一点。"在多元的、多民族的、多文化的国家里则不是建立一个单一的民族文化和民族认同的问题。但对教育而言,促进社会团结和稳定仍是非常重要的;事实上在当今经济全球化所带来的社会分化作用下,这一点尤为重要。但是,教育必须包容复合的文化和民族。国家形成过程不应再过多强调重建单一的民族认同感,更多地应强调在民主社会中塑造出一代积极自觉的公民。"②

三、公民教育走向国家课程

1988年,保守党提出"积极公民资格"概念后,英国政府发起了"积极公民资格"计划。撒切尔夫人、历史学家托马斯爵士(Sir Thomas)等人开始强调历史教育对加强认同感和自豪感的重要性。时任教育大臣约瑟夫(Joseph)和贝克(Baker),也都指出年轻人有必要具备理解英国政治制度与公民权利发展史的能力和知识。英国下议院成立了公民委员会,开始思考如何培养积极公民的问题。该委员会的报告中提出在学校中开展公民教育的建议。这些建议最终被英国国家课程委员会(the National Curriculum Council,简称NCC)所采纳。然而,在《1988年教育改革法》中所规定的由3门核心学科、7门基础学科共同构成的10门必修学科③中并没有明确地包含有公民教育课程。实际上,公民教育这一时期还只是出

---

① 德里克·希特. 公民身份: 世界史、政治学与教育学中的公民理想 [M]. 长春: 吉林出版集团有限责任公司, 2010. 167.

② 安迪·格林. 教育与国家形成: 英、法、美教育体系起源之比较 [M]. 北京: 教育科学出版社, 2004. 中文版序言.

③ 3门核心学科为数学、英语、科学; 7门基础学科为历史、地理、技术、音乐、艺术、体育和中学阶段的外语。

现在《1988年教育改革法》颁布后国家课程委员会所拟定的一系列课程指导文件之中。

《1988年教育改革法》(the Education Reform Act of 1988) 的颁布，标志着英国国家课程的统一，它为公立学校提供了一种平衡的、基础广泛的课程体系。这次国家课程的统一，也从法律的层面避免了中等教育在教学内容方面存在的巨大差异，从学习内容上实现了人人接受平等的教育。《1988年教育改革法》中提出，国家课程实施的目标为，（1）促进在校学生和社会在精神、道德、文化、心理和身体方面的发展；以及（2）为这些学生在成人生活的机会、责任感和经验方面作准备。[①]

这种课程目标的表述方式因其明显地缺乏核心价值而招致诸多教育学者的批判。以伦敦大学琼·怀特（John White）教授为代表的教育学者明确表示，"作为全国统一的课程体系，国家课程的诸目标中最为基本的是，传递国家政治形态的核心价值（core value），而居于中心地位的是自我确定的价值（the value of selfdetermination）。……在当今英国，国家课程应具有帮助学生逐步成长为自由民主的国家公民的目标。具体地说，就是使受教育者摆脱贫穷、毒品、恐惧、被忽视、受支配等诸种束缚的能力，而自由地选择一种有价值的生活"。[②]许多学者都认为，国家课程若想要有所进展，而且又要契合学生的人格性的、社会性的和公民性的需求，那么就必须从国家层面澄清课程最终是服务于何种目的。此外，许多教育学者也对第一个目标中的精神发展、道德发展中提出质疑。精神、道德方面的价值如何贯彻到课程之中？难道精神、道德方面的发展就仅仅意味着宗教信仰和道德方面的学习吗？

在课程设置与价值目标之间一致性的争论中，公民教育的必要性被突出出来。"因为学生都要走向社会，他们会涉及在一个多元社会中公民权与责任感、家庭、政治法律系统、工作与闲暇、公共服务等诸问题的困扰，而所有这些问题都与如何理解其所在社会有关。为了有助于这种理解，一门跨学科的社会研究[③]课程应是必要的。"[④] 以往那种单纯通过历史、地理课程实现公民教育的做法已经无法实现上述目标。于是，《1988年教

[①] 瞿葆奎. 英国教育改革 [M]. 北京：人民教育出版社，1993. 730.
[②] 赵健. 英国国家课程：关于目标和价值的观点与启示 [J]. 外国教育资料，2000（1）：46-47.
[③] 根据上下文，原文应为"social study"，不宜译为"社会研究"，而应译为"社会科"。
[④] 赵健. 英国国家课程：关于目标和价值的观点与启示 [J]. 外国教育资料，2000（1）：46-47.

育改革法》颁布后，在国家课程委员会所拟定的课程指导文件中，开始出现"公民教育"。

1990年，国家课程委员会拟定的《课程指南3》(Curriculum Guidance 3)中明确指出，英国国家课程应围绕两个维度、六种技能、五个主题来开展。其中，两个维度，即为儿童提供平等的机会，为他们在多元文化社会中的生活做准备；六种技能，即学生的交流能力、数理能力、学习能力、解决问题能力、处理个人与社会关系的能力、掌握信息技术的能力；五个跨学科主题，即理解经济与工业、职业教育与指导、健康教育、环境教育、公民教育。①《课程指导3》中的"公民教育"以跨学科主题的形式出现。所谓"跨学科主题"就是通过跨课程教学所要实现的课程教学主题目标。这种跨学科主题的具体展开，并不是由国家层面来进行统一的规划，而是由学校自行决定的。公民教育并不属于国家法定课程中的一部分。

此后，国家课程委员会又制定了五项课程指导，即分别针对上述五个跨学科主题提出的课程指导方针。其中《课程指导8》(Curriculum Guidance 8)在目标、内容和实践活动等方面为公民教育提出了比较详细的要求。公民教育的目标：(1)知识(包括社团的本质，民主社会中的各种角色与关系，责任、权利与义务的本质和基础)；(2)跨学科的技能(特别是《课程指导3》种所提及的六种技能)；(3)态度；(4)道德与价值观。公民教育的八个内容以及与之相关的学习领域、实践活动：(1)社团的性质；(2)多元文化社会中的各种角色与关系；(3)作为公民的责任、权利与义务；(4)家庭；(5)实践中的民主；(6)公民与法律；(7)工作、雇用与闲暇；(8)公共服务。②

《课程指导3》与《课程指导8》是继1947年英国政府发表小册子《公民成长》以来，公民教育再一次被提升到英国国家的议事日程之上。可以看出，经过长久的犹豫与长期的酝酿，英国的公民教育已经具备了一个比较清晰的、比较完整的框架。但是，这其中一个明显的不足就是，其中只关注到公民教育的民主化功能以及国内社会的多元文化问题，却忽略了

---

① KENNEDY K J. Citizenship Education and the Modern State [M]. London, Washington, D. C: The Falmer Press, 1997: 87.

② KENNEDY K J. Citizenship Education and the Modern State [M]. London, Washington, D. C: The Falmer Press, 1997: 87.

第四章　重构：战后初期的国家调整与公民教育（1945年—20世纪末）　141

1981年《学校课程》中曾经考虑过的"不列颠在世界上以及在欧共体中的地位"，因此，仍缺乏公民教育的国际视野。此外，由于公民教育只是作为跨学科主题，只是国家法定课程的一种辅助形式，而并非真正的国家法定课程，《课程指导8》中尚没有对公民教育提出明确的定义，而且这种内容、目标、实践体系本身仍有诸多更待完善的地方。

　　就在国家课程委员会拟定一系列课程指导的同时，下议院的公民委员会于1990年发表了一份名为《鼓励公民》（*Encouraging Citizenship*）的报告。该报告较好地吸收了当时很新的，而且被视为公民资格理论起点的马歇尔公民资格理论，从法律、政治、社会三个方面界定了"公民资格"。在探讨法律层面的公民资格时，公民委员会恰当地强调了权利与义务之间的交互关系（reciprocity），并超越了马歇尔的理论，阐述了福利事业不仅仅是由国家来提供的，而且也是通过地方或国家志愿团体、组织中的人们为他人服务来实现的。这些被视为一种义务的（内容），就是所谓的"积极公民"。报告对公民资格的政治方面几乎没有论述，也许公民委员会认为政治方面的公民资格是顺理成章的。但是，从历史的角度来看，如此的做法一直都不是很安全的。公民精神、公民品格以及志愿者活动在社区之中固然是至关重要的，但是，公民个人也必须通过政治方面的理解力与行动来协助并准备形成这些有关参与的品行。[①] 报告内容认为，每个年轻人都应该接受公民教育，公民教育包括理解规则、系统地学习知识，在实践中提高所掌握的技能，通过学校的学习经历体验什么是民主行为。报告建议应把公民教育列入学校的必修核心课程，学生从7岁开始就应接受公民教育。同时，报告还关注到了公民教育中民族整合力量中的国际因素。报告提出，应该将国际宪章纳入公民教育之中。报告指出，公民教育是非常重要的，它关系到个人之间以及个人与所生存的世界的关系，它不仅仅涉及英国与欧盟之间的关系，而且还涉及英国与整个世界的关系。公民教育关注民主机构及民主社会中个人的权利与义务，财富的创造，公私营雇佣者以及志愿者组织的角色，人们怎样创造机会并利用这些机会在团体中扮

[①] Qualifications and Curriculum Authority. Education for Citizenship and the Teaching of Democracy in Schools [EB/OL]. http：//www.qca.org.uk/downloads/6123_crick_report_1998.pdf，2007-06-21. 10.

演积极的角色。①

20世纪80年代晚期,尽管保守党政府不仅不断地督促学校,希望学校在培养公民道德和守法公民的教育方法上能做得更好,而且在推出统一的国家课程方面做出了巨大努力;但实际上,我们仅仅只能在最初的咨询文件中找到一些令人欢欣鼓舞的语句,如:国家课程"将能发展所有学生的潜能,培养他们公民的责任感""帮助他们发展起适应一个变化世界并做出良好反应的能力"以及发展"个人品质与能力,比如自立、自律、进取心以及解决现实世界实际问题的能力"。尽管英国已经从政府层面开始关注公民教育的必要性与重要性。但是,这一时期的公民教育依然没有被纳入到国家法定课程之中。对公民教育的关注也主要停留于政府制定的文件之中,在学校的教育教学实践中,公民教育依然处于可有可无的地位。主要原因有三:第一,公民教育缺乏法律约束效力;第二,公民教育的具体实施主要是在地方教育当局与学校层面,此前英国学校中的教学工作也极其缺乏公民教育的经验,公民教育对于教师和教育管理者来说,依然存在着传统中的棘手问题;第三,学校课程繁多,又碍于国家统一考试的压力,公民教育往往就被淹没在繁重的课业之中而无从体现。

《1988年教育改革法》所体现所教育观念主要是,是促进儿童学习传统科目中的学校知识,法案所指定的课程将使儿童为"成年人生活中的机会、责任、经验做准备"。基于这种目标,英国政府所推行的第一套国家课程在接下来的几年中是有些令人失望的。由传统科目所组成的这一套课程与50年前学校中所学习的课程没有太大不同之处。有关个人、社会、道德、健康方面的教育交给学校自己去设计、教学,而实际上只是有为数不多的学校将这方面的教育"挤压"到教学时间表中。正如我们所见,公民教育作为《课程指导8》中的跨学科主题,其不确定性的地位使之基本上没有发挥出太大效用。②

据1994年英国政府的一项调查表明,43%的小学和62%的中学都认为公民教育是课程中很重要的一部分;27%的小学和4%的中学坦言没有开展公民教育,为数不多的学校已经将公民教育列入学校的计划之

---

① KENNEDY K J. Citizenship Education and the Modern State [M]. London,Washington,D. C:The Falmer Press,1997:88-92.

② BEST R. New Bottles for Old Wine? Affective Education and the 'Citizenship Revolution' in English Schools [J]. Pastoral Care,2003:14-21.

中。……2/3 的学校（包括中学和小学）称学校的时间表安排过满，这是他们开展公民教育的主要障碍，缺乏经费以及专业教师也是重要原因之一。①

从以上的分析中可以清楚地看出，新保守主义所谓的"积极公民资格"是基于新保守主义的传统价值立场提出来的。这种公民资格在本质上有许多与现代公民相悖之处。它只代表着新保守主义对维多利亚时期辉煌历史的一种缅怀，其中还多少残留着一些社会达尔文主义的影子。英国学者希特详细地剖析了新保守主义的积极公民资格——"对于这种积极公民的虚伪性的指责在于五个主要方面。一是新右派完全反对社会公民身份概念的有效性。第二，撒切尔政府给公民自由带来不少侵害。第三，新右派将社会作为各种市场力量相互之间订立契约的舞台，这种社会观念将政治的角色贬低为协调各种差别的模式，同样，政治公民的重要性也被贬低。第四，这种对于市场力量的依赖，是鼓励人们为财富而努力，这种与公民身份格格不入的道德蜕化在两个世纪之前就已经成为人们关注的对象。最后对更为积极公民的号召，会被认为是冒犯那些已经参与到一种古老而光荣的英国传统的志愿工作中去的众多个人与组织。"② 如此的公民资格观，也无法在英国的现代国家课程体系中生发出与现代公民资格相匹配的公民教育。这正是公民教育在新保守主义政府时期未实现国家法定课程的重要原因。然而，这其中也不乏值得肯定之处——"积极公民"概念的提出，对于英国公民教育却是一个重要的里程碑。公民的理念由此开始复兴起来。英国保守主义政府时期在公民教育方面所做出的努力为此后的新工党政府正式推出公民教育国家课程奠定了坚实基础。战后的英国呼唤积极公民，但积极公民并不会自然而然地形成。积极公民必须具备一定基础的知识、态度和能力，公民教育继而成为英国政府开始积极考虑的问题。

---

① 陈鸿学. 英国中小学公民教育的特质及其影响因素研究 [D]. 长春：东北师范大学，2004. 14-15.
② 德里克·希特. 公民身份：世界史、政治学与教育学中的公民理想 [M]. 长春：吉林出版集团有限责任公司，2010：435.

第五章　变革：世纪之交以来的公民教育（20世纪末至今）

20世纪80年代末90年代初，伴随东欧社会主义国家的解体，第二次世界大战以来的美、苏冷战宣告结束。世界开始从两极国际格局逐步走向多极化。世纪之交，在新的国际格局下，全球化、一体化已经成为一种不可逆转的大趋势。人们在经济、文化、政治等领域的活动开始越来越频繁地跨越民族国家的界限。民族国家已经不再像现代化早期所体现出的那种闭合特征。民族国家的认同与民族国家的凝聚力开始受到来自于全球化、一体化的空前影响。在第三次民主化浪潮的推动下，"民主在当代世界已经取得稳定的进步，民主价值获得了超越文化壁垒的普遍适应性，也说明民主在20世纪末真正形成了历史潮流和时代精神。"[1]而与此同时，在最早形成民主化浪潮的西方早发现代化国家则呈现出日趋显著的后现代性（late modernity）特征——疏离政治、多样化、个人主义。"吉登斯提出了一个民主的悖论（a paradox of democracy），正规的民主制度在全球拓展的同时，在成熟的自由民主政体中也伴随着出现了人们对民主进程越发失望（disillusionment）。[2] 特别是年轻人，他们被认为已经对议会政治与政党精英的理想破灭。"由此可见，现代国家在民族国家整合与民主国家建构这两方面都面临着更严峻的挑战。

公民教育因其与现代国家建构的紧密关系，在世纪之交的时候受到了更多国家的关注与重视。全球掀起了一个以培养积极公民为目标的公民教育热潮。在较早开展公民教育的欧洲各国，开始针对国内外的形势改革本国的公民教育。一向重视公民教育的法国在1995年公布了新的公民教育教学大纲。西班牙、意大利、匈牙利等国的课程改革也都将公民教育作为改

---

[1] 丛日云. 当代世界的民主化浪潮 [M]. 天津：天津人民出版社，1999：56.

[2] GIFFORD C. National and Post-national Dimensions of Citizenship Education in the UK [J]. Citizenship Studies，2004，8（2）：145-158.

革中的重要内容。此时的英国公民教育课程也已经处在积极酝酿之中。但是，正如英国公民教育倡导者伯纳德·克里克（Bernard Crick）所感慨的那样，"英格兰（仍不包括苏格兰、威尔士以及北爱尔兰）是欧洲（事实上，在美国和旧时的英国联邦国家之中，也是）最后一个没有实现国家统一的公民教育学科课程的国家"。[①]

1997年，工党在英国的大选中获胜，在野18年后，再次执掌国家大权。工党领袖托尼·布莱尔取代保守党领袖约翰·梅杰成为英国政府的新一任首相。工党上台，为英国带来了新气象。他们力图改变保守党执政时期陈旧、死气沉沉的政治文化，全力打造一个年轻的国度，一个新英国。英国的公民教育也正是在工党的积极推动下终于建立了统一的国家课程，并实现了中学阶段公民教育课程的法制化。2010年，英国保守党和自由民主党组成了近70年来英国首个联合政府，保守党领袖戴维·卡梅伦（David Cameron）成为联合政府的首相。由于与工党政见的分歧，联合政府执政之初有意取消中等教育阶段公民教育课程的法定课程地位，但是在众多公民教育领域相关人士的抗争与呼吁下，中学阶段的公民教育课程不但维系了国家法定课程地位，而且其发展状况愈加成熟与稳固。2015年保守党独立执政后，进一步推动了小学阶段的公民教育课程的法定化进程，2019年教育部正式确立了小学阶段人际关系教育（Relationships Education）的国家法定课程地位。自2017年英国启动脱欧程序之后，英国的政治、经济、文化诸方面经受着巨大的变化与挑战，保守党政府大力推行英国价值观教育，力图在伦理价值、道德价值的认同层面对英国社会进行重新整合。

在20世纪末之前，英国公民教育始终被动地顺应着国家政治现代化的需求而发展。公民教育的民主化功能与整合功能，在不同时期的国家建构需求下，各自发挥着相应的功能。公民教育在国家建构中尚处于一种辅助性的地位。也很少有人认识到公民教育的两种功能间存在着某种张力。进入21世纪，英国人开始重新思考公民权利与义务的关系问题。进而，人们开始认识到国家建构中民族与民主之间的张力，并有意识地利用这种张力来达成国家建构中"民主"与"民族"的动态平衡发展。公民教育自此真正成了英国国家建构工程中至关重要的组成部分。

---

① HEATER D. A History of Education for Citizenship [M]. London and New York: Routledge Falmer, 2004: 101.

第一节　国家建构中的"老问题"与新策略

一、民主化进程中的困惑

20世纪末期，民主制度历经几百年的发展，已经在英国成为深入人心的政治制度。民主权利的内涵也在逐步扩大，以生而平等的法律权利为基础，公民逐步地实现了全民选举权，伴随福利制度的法制化，公民的社会权利也得到了确认与保障。然而，英国也无法避免前面所提及的成熟自由民主政体中的民主悖论。

回顾英国的民主化进程，以贵族与王权的对抗为追求民主的起点，从贵族寡头制到民主制过渡，民主由新兴资产阶级扩展到工人阶级，再发展到下层平民、妇女、移民。这个由少数到多数，再到全体公民的民主化过程，是历经无数人的卓绝努力，甚至付出生命的代价，历时三百多年时间才实现的。

然而，20世纪末期，人们却开始对曾经孜孜以求的民主政治表现出冷漠态度。人们不再那么热衷于政治，对政治制度、民主程序漠不关心。而最明显的证据就是投票率。英国地方选举以及国家政府选举的投票率一直处于整体降低趋势，特别是在年轻人中间的投票率更低。"1997年工党上台执政的政府选举也没有扭转这种局势。在2001年的普选中，在18—24岁的选民选举率只有38%，这是自从实现所有男性公民与女性公民普选权以来的最低数据。"[①] 年轻人不仅只是对政治制度、民主程序缺乏了解，更重要的是，他们对这些公民知识根本就缺乏兴趣。

第二次世界大战后，英国的福利制度曾经为振兴战后国家经济发挥了巨大作用。法律权利的稳固与社会权利的扩大，为人们生存与发展提供了保障。因贫富差距而产生的社会矛盾得到了暂时缓和。然而，这种从摇篮到坟墓的社会福利制度也使许多人滋生了怠惰心理，丧失了进取精神。在

---

① BEST R. New Bottles for Old Wine? Affective Education and the 'Citizenship Revolution' in English Schools [J]. Pastoral Care, 2003：14-21.

撒切尔夫人执政时期，这种问题就已经非常突出。撒切尔夫人通过大幅削减社会福利资金、刺激私有经济发展的做法，力图根治"英国病"。然而，事实证明，这些做法也只是权宜之计。自撒切尔夫人执政后的15年中，领取收入补贴的人增加了2倍，靠救济金生活的人比1945年至1979年整个时期还要多。撒切尔夫人"暗中破坏"福利制度的这种做法非但没有唤起人们对权利的珍惜，反而更加剧了社会贫富差距。

对政治权利的漠视、对社会权利的依赖、对法律权利生而平等的自信，这些现象都表明，人们认为公民权利的获得是理所当然的。而这种心态对于年轻人的影响更为严重。许多政治家认为，年轻人因法律权利与社会权利保障所滋生的颓废与怠惰，对民主、政治的冷漠、无知，这是导致社会道德恐慌的一个重要原因。由于缺乏基本的公民素养，一些年轻人不仅对国家政治、政党冷嘲热讽，而且表现出越来越脱离主流文化与主流社会的倾向。他们推崇次级文化、过度吸烟、饮酒、吸食违禁药品、行为过激。青少年犯罪率的提高引起了普遍的社会关注，因为这不仅影响到社会安定，而且也严重阻碍了社会凝聚力的形成。

上述所谓的"民主的悖论"实际上并非只发生在英国这一个国家。20世纪末，欧美许多国家都出现了选举率下降、道德滑坡、青少年犯罪率上升等现象。自由主义民主强调权力至上的基本理念受到了有史以来最严峻的考验。自由主义的公民资格观在20世纪末产生了诸多的社会不适应性。20世纪80年代，撒切尔夫人为代表的英国保守党政府批判福利制度下的人们享受了权利却没有履行相应的义务，并提出了"积极公民"的概念。但是，保守党政府提倡积极公民的实质目的是为了削减福利资金，保护少数富人私有经济的迅速发展。这种"劫贫济富"的做法已经为这个时期更加完善的民主制度所不容；企图通过19世纪的维多利亚价值观重新振兴英国，也显然已经与20世纪末这个时代发生了严重错位。尽管如此，保守党政府的做法，仍然对公民资格与公民教育的发展做出了贡献。因为在他们的引导下，英国人开始将目光投向了"义务"。

1997年，工党上台后，在一定程度上追随了保守党的"积极公民"，但是，无论在积极公民的基本哲学理念还是在打造积极公民的国家政策方面，工党都表达出了与保守党截然不同的诠释方法。工党认为，青少年对政治问题、民主问题的冷漠与疏离，选举率不高，是因为他们缺少这方面足够的教育。而针对公民过度依赖国家福利制度，首相布莱尔提出，这是由于五十年前的福利制度已经无法适应20世纪末的时代特征，解决办法不应像保守党那样去暗中破坏福利制度，而是要通过改革，实现福利国家的现代化。布莱尔许诺要"在权利与义务的基础之上再造福利国家，人们应该自救，而不只是向他们给予施舍"。①

然而积弊难返，2010年初，英国的经济状况持续衰退，政府财政赤字居高不下，失业问题日益严峻。时任英国首相新工党领袖戈登·布朗（Gordon Brown）背负着"经济低迷""政治混乱""布莱尔阴影"等一系列沉重包袱离开了唐宁街10号。继任首相保守党领袖卡梅伦认为，新工党政府过分强化了政府在公共服务领域中的作用，过多的政府干预并未解决英国的各种社会问题，反而使之进一步恶化。保守党抨击工党"福利国家"制度助长了人们的惰性和依赖性，这种高福利制度也使英国政府背上了沉重的财政负担，人们对于社会淡漠，阻碍了社会公平与机会平等的实现。卡梅伦提出了"大社会"计划，试图通过政府和市场以外的"大社会"来解决英国面临的社会问题，"改变工党执政时期任何问题都依靠政府解决的做法。'大社会'意味着在最大程度上削弱国家的权力，减少政府对于公民个人事务的过度干预，结束'自上而下'的政策管理模式。不过，公民权利不再被认为是一种理所当然的选择，而是义务和责任相对应的。只有当人们和社区有更多的机会并承担更多责任时，才能实现社会平等、促进社会包容性和流动性，进而实现经济的增长。'大社会'计划的核心是从'国家行动'转向'社会行动'，即把以前政府包办的公共服务交给社会，鼓励所有公民都积极参与并承担更多社会责任。"②

可以看出，工党政府提出的"义务"与保守党政府所提出的"义务"在思想基础方面有所不同。工党所谓的"义务"是以积极负责的公民参与为特征的社群主义为哲学思想基础（后文将对此具体阐述）；而保守党所谓的"义务"则源自维多利亚时代的恭顺、节俭等公民品格。保守党提倡积极公民，体现出新自由主义对自由主义普遍公民资格观的一种突破与革新，其目的在于少数人追求更多利益。工党则希望通过对公民义务的强调，唤起人们对权利的珍惜与重视。虽然党派之间施政理念、思想基础方面都存在着巨大分歧，但是他们同样都看清了一个迫在眉睫的问题就是新

---

① DEAN H. Popular Discourse and the Ethical Deficiency of 'Third Way' Conceptions of Citizenship [J]. Citizenship Studies, 2004, 8, (1): 65-82.
② 王雁林. 大社会理念下英国联合政府的技能战略 [J]. 职业技术教育, 2013 (13): 84-89.

世纪的英国迫切需要培养富有责任感的、积极的公民，追求权利与义务的平衡。而谈及公民的义务，这又必然涉及民族国家这一维度。因此，追求权利与义务的平衡，实质上也是在寻找民主国家建构与民族国家建构的平衡点。

二、从民族国家到后民族国家

在民族国家建构这个问题上，布莱尔认为，"现代民主政治有两种重要的推动力。首先是使政府更贴近人民。庞大的中央集权的政府已经不合时宜。权力下放和分权才是时代的主旋律。其次是认识到孤立主义的软弱无能。各国只有与其他国家发展伙伴关系才能强大有力。他们不能孤军奋战。新工党代表的正是这两个理想——民族国家内部的权力下放和民族国家之间的相互合作"。① 而联合政府执政时期以及保守党独立执政以后，卡梅伦提出了"小政府、大社会"，积极推动还政于民，并在确保英国利益的前提下，努力加强英欧间的商贸发展，寻求同美国建立"稳固但不盲从"的关系。由此可见，英国政府在20世纪末以来所提出的这种新型民族国家与以往英国政府的民族国家建构理念开始有很大不同，在对国家政府的作用，以及英国在世界上地位的看法都已经发生了改变。如果说，撒切尔夫人执政时期，英国开始具有了民族国家重构的意图，那么真正的大刀阔斧式的改革则是从新工党这里开始的，此后英国政府的权力下放与积极国际合作政策，也为英国的民族国家整合提出了更新的挑战。

（一）多元文化社会中的民族国家整合策略

自从东欧社会主义解体，以苏联与美国为代表的两极冷战结束，种族与宗教的分裂成为世界和平的主要威胁。英国政府在解决北爱尔兰冲突问题方面的连连失败就是一个英国本土的例子。而中东冲突、印度次大陆问题（the Indian subcontinent），大量非洲国家、东南亚国家所发生的冲突都可以看作是一种普遍趋势的例证，这些事件都影响民族国家和平的冲

---

① 托尼·布莱尔. 新英国：我对一个年轻国家的展望[M]. 北京：世界知识出版社，1998：300.

突,已经不是以政治意识形态为基础,而是以文化群体为基础。[1]

新工党政府解决多元文化冲突的政治策略就是——放权。布莱尔提出:"庞大和中央集权政府的时代已经一去不复返了。普通人已经对高高在上的中央政府解决他们的问题的能力丧失了信心。他们从未像现在这样对政治和政客充满冷嘲热讽。许多人对威斯敏斯特和白厅(英国政府)发生的任何事情都毫无兴趣。如果我们要将人民与政治体系重新结合起来,我们必须改革政治体系。……通过分散政府职能和赋予地方政府更大的权力使决策重新接近人民。"[2]

战后,苏格兰、威尔士两个地区都曾提出分权的要求,即建立地区性议会来讨论和决定本地区的地方事务。但是,由于当时的英国政府担心分权会破坏国家的统一,这种分权的要求一直未能获得成功。1997年工党上台后,再次进行了全民公决,苏格兰、威尔士分别建立起了地区议会。现在,联合王国内部已经有三个议会,一个是在威斯敏斯特的中央议会,讨论和决定全国事务,两个是苏格兰和威尔士的分议会,讨论和决定地区事务。英国政府始终不同意苏格兰独立,只在一定程度上给予其更多自治权。2014年9月18日,苏格兰举行独立公投,以决定苏格兰是否脱离英国独立。公投结果显示,55%选民投下反对票,对独立说"不",英国将保持统一。北爱尔兰问题尚未最后解决,但在构想中也应成立一个地区议会。

英国政府认为,政治上的放权是为了更好地保持和加强英国的统一,这并不意味着国家整体性的离散。因为当政府将权力归还人民的同时,政府也希望人民担负起更多的责任。正是人民对这些责任的履行才能保证对国家的向心性,形成民族国家的凝聚力,同时,对责任的履行也是更好享有权利的重要保障。因而,如何将这些责任更加具有策略性地传达给人民,并使之能够积极地担负起这些责任,就成了英国政府建构其所谓"新型民族国家"的重要任务之一。

除了英国本土的多民族构成以外,英国的多元文化特性也因移民的到来而表现得更加复杂。大量移民的涌入使英国的人口呈现日益明显的种族

---

① BEST R. New Bottles for Old Wine? Affective Education and the 'Citizenship Revolution' in English Schools [J]. Pastoral Care, 2003: 14-21.
② 托尼·布莱尔. 新英国:我对一个年轻国家的展望 [M]. 北京:世界知识出版社,1998: 303.

的、人种的以及宗教方面的多元化特征。这些移民主要来自欧洲大陆（例如 20 世纪 30 年代）以及英国联邦，特别是第二次世界大战以后，英国联邦有大量人口迁移至英国本土。这些"少数民族"聚居于一些确定的地理区域，他们在当地政府与国家政府中的代表名额很少，周期性的社会骚乱以及种族暴动，致使英国政府不得不关注他们，特别是那些政治右翼分子。[1]

因此，英国将公民政策直接指向年轻人与移民，也是不足为奇的。因为在强大的政治话语与媒体话语中，这两个群体已经成为民族国家公民资格崩溃的象征。因此，英国要求移民学习公民课程，公民教育成为对外国人更广泛的道德教化议程，它直接针对异常青年的"反社会"行为。如果公民教育是完成青年人在国家社会中的社会化，那么批判性地去思考民族国家政治话语中公民资格的含义，以及国家所期望的青年人构建政治社会与政治参与的形式，这些都是非常有必要的。[2]

（二）全球化、一体化进程中的后民族国家整合策略

如果说，20 世纪 50 年代，马歇尔在阐明他的公民资格理论的时候，尚能够将国家构思为——为了所有公民利益而对经济发挥指挥作用的一个独立的、有边界的国家社会，那么，在 20 世纪末，后现代性全球化的冲击已经导致民族主义时代那种明显的、具有排斥性的民族忠诚或爱国主义变得模糊（ambiguous）起来，而且全球化的持续性已经使国家的边界变得模糊起来。民族国家边界的合法性已经不仅仅受到来自经济移民与跨国散居的同一民族的挑战；跨国公民、出版机构、媒体、娱乐产业、国际女权主义者或者绿色运动、人权组织、恐怖组织、网上定购、出版商、旅行者、联合国、北大西洋公约组织、国际货币基金组织、国际和平法庭，所有这些都超越或跨越了民族国家的边界。……爱国主义与民族忠诚现在似乎听起来已经很老旧。[3]

一些学者提出，全球化背景中，在国家框架下出现了民族主义的新形式——后民族主义、世界主义，相应地，公民资格也突破了传统中的国家

---

[1] BEST R. New Bottles for Old Wine? Affective Education and the 'Citizenship Revolution' in English Schools [J]. Pastoral Care，2003：14-21.

[2] GIFFORD C. National and Post-national Dimensions of Citizenship Education in the UK [J]. Citizenship Studies，2004，8（2）：145-158.

[3] WERBNER P. Divided Loyalties, Empowered Citizenship? Muslims in Britain [J]. Citizenship Studies，2000，4（3）：307-324.

维度。英国的学术杂志《公民研究》(Citizenship Studies)就刊载了一系列文章探讨了上述问题。例如，克里斯多夫·吉福德（Christopher Gifford）就围绕着"欧洲积极公民"的出现，论述了后民族主义公民教育的可能性。[①] 除了后民族主义以外，当前人们又开始热衷于从多个角度探讨"世界主义公民"这个话题。总而言之，按照后民族主义者与世界主义者的观点，民族国家的能力正在衰退，实用性在逐渐缩小。由于受到前所未有的人员、货物、信息、形象、观念以及文化产品方面大流通的打击，民族国家已经日益丧失了它限制能力、建构能力，以及管理社会、经济、文化以及政治生活的能力。也就是说，民族国家已经失去了控制其边界的能力、规划其经济的能力、塑造其文化的能力，处理各种边界范围问题的能力，以及形塑国家内公民的感情与精神的能力。

也有学者提出了反对意见。罗杰斯·布拉贝克尔（Rogers Brubaker）就认为，这种论调有些过于夸张。这不仅仅是因为"9·11"事件已经促使民族国家的日益复苏。甚至是欧盟，这个发表了大量后民族主义论著的一体化组织，也没有表现出线性的、明显的超越民族国家的趋势。正如密尔沃德（Milward）所主张的那样，正在欧洲发挥作用的、朝向超国家主权的有限运动，实际上是在有意识地复兴和增强民族国家的权威。中东欧大部分民族国家的政治空间重构，使冷战结束了，这意味着超越民族国家的趋势已经走远，欧洲大部分国家恢复到民族国家。"短暂的20世纪"结束之时，通过之前多国政治空间的大规模国有化，中东欧开始进入的，并非是一个后民族国家时代，而是一个后跨国时代。可以确定的是，民族国家依然保持着合法地位的广泛准则。[②]

尽管有关民族主义、后民族主义以及世界主义的争论各执一词，但是，不可否认的是，20世纪末的民族国家已然无法回避全球化、一体化的客观历史大趋势。民族国家的建构必须置于全球化与一体化的大环境之中。当前世界的客观现实表明，罗杰斯·布拉贝克尔的观点仍然是站得住脚的——全球化、一体化实际上复兴和增强了民族国家的权威性，民族国家依然保持着合法地位的广泛准则。也正是因为如此，民族国家整合就显

---

① GIFFORD C. National and Post national Dimensions of Citizenship Education in the UK [J]. Citizenship Studies，2004，8（2）：145-158.

② Rogers Brubaker. In the Name of the Nation：reflections on Nationalism and Patriotism [J]. Citizenship Studies，2004，8（2）：115-127.

得尤为重要。在20世纪末以前的民族整合，往往只是单纯地强调民族国家内部的凝聚力；然而伴随着"民族国家边界变得模糊起来"，国际关系变得更加重要，而民族国家的整合也更加强调国际交流与合作过程中的民族国家的国民性与多元文化的和谐共生。

英国政府也意识到当前这种大背景已经与冷战之前截然不同。冷战时期，民族国家要么属于这个势力范围，要么属于那个势力范围。然而，当冷战结束，在多极的世界里，国际关系的情况就变得复杂多了。在这一问题上，新工党政府彻底放弃了以往英国外交中仍然存留的大国孤傲思想。正如布莱尔所言："英国的两大主要的伙伴关系是与欧盟的关系和跨大西洋的关系。我们需要利用这些关系，最大限度地扩大我们的影响，使我们能促进和保护我们在国际上的利益，单靠我们自己无法实现这一目标。"[1]英国长期以来在处理与欧洲的关系时总是表现得"三心二意"，因为很多英国人都认为，支持欧洲内部合作是以牺牲英国特性为代价，英国需要欧洲的想法是一种"失败主义的想法"。布莱尔则高度赞成英国回归欧洲，他斩钉截铁地表示"我们是欧洲人"。这是因为他发现了国际一体化与单一民族国家相比之下的绝对优势。他批判保守党曾经坐失欧盟中主导地位的错误决断，主张英国应力争在欧盟中发挥主导作用。但由于欧盟的金融货币政策对英国造成诸多消极影响，以及欧洲难民潮所造成的英国人就业压力问题等，许多英国人深感欧盟给国家和自身带来了巨大的经济负担。英国人民逐渐对此产生危机感甚至恐惧感，同时对欧盟政策的不满程度也愈发加深。

英国保守党上台后，脱欧被提上议事日程。早在2013年1月，英国时任首相卡梅伦就提出了脱欧公投的建议；2016年6月，英国全民公投决定脱欧；2017年3月，脱欧程序正式启动；2018年7月，英国发布脱欧白皮书；2020年1月31日，英国正式脱欧，结束了其47年的欧盟成员国身份。英国历史性地退出欧盟无疑是对欧洲一体化格局的沉重一击，对英欧关系也是一次重大的历史考验。对欧盟来说，英国脱欧可谓是一次警醒，欧盟需要更加重视内部改革，应对一体化进程中的诸多问题。对英国来说，其急需重振经济，提升自身国际地位。尽管英国脱欧使得欧洲一体化格局面临严峻考验和重新调整，但是正如"全球化"概念首倡者之一、英

---

[1] 托尼·布莱尔. 新英国：我对一个年轻国家的展望[M]. 北京：世界知识出版社，1998：305.

国社会科学院院士马丁·阿尔布劳（Martin Albrow）认为的那样，英国脱欧并不会阻碍全球化和欧洲一体化进程。因为与自由贸易相比，科技、文化和创新在推动欧洲一体化进程中的作用更大。① 而且，全球化进程已经构成了当今任何国家在自身发展中都不能不考虑的大背景，任何一个国家都需要在世界整体中确定自己的位置。由于国家之间的作用相互渗透，又由于资本、知识的运动日益超越了民族国家的界限，世界市场正在形成之中，国家对经济、政治活动的控制力正在相对减弱。民族国家的整体性、稳固性受到了严峻挑战。面对这样的国际、国内形势，民族国家的整合则要更多地依赖于民族精神层面的凝聚力。

保守党政府主导下的脱欧行动引发了英国民族主义复归，也正是民族主义的复归让英国人的出发点回到英国本民族利益，坚定了脱离欧盟的选择。"全球英国"的战略概念正是在这样的历史背景下提出来的。"全球英国"最初兴起于英国对自身与欧盟和欧洲之外世界关系的反思，与脱欧可谓互为表里。"全球英国"包含的核心价值有三个方面：在政策选择上超越欧盟体制的约束，在战略视野和资源配置上超越欧洲地缘位置的局限，在行动上直面国际战略博弈谋取全球性的价值目标。2021年3月，英国政府发布了《竞争时代的全球英国：安全、国防、发展与外交政策综合评估》报告，这是"全球英国"思想理念在国家战略层面的首次系统呈现，进一步体现出英国试图重新构建国家身份的内涵。从身份政治角度看，"全球英国"的关键在于"全球"，即强化英国的国际地位和全球影响。从某种程度看，"全球英国"既是对脱欧必要性的一种解释，也是对当下困扰英国国内治理的种种阵痛的慰藉，更被赋予了复兴英国大国荣光的寄托。"全球英国"试图在历史与当下、英国与世界之间重构战略定位和身份感知，以此鼓舞民众对未来的信心。尤其是从媒体到政客合力营造出脱欧等同"机遇"的话语氛围，让"全球英国"成为英国人憧憬的新气象，并且可以用来调节脱欧迷茫。② "全球英国"意味着英国需要与尽可能多的国家建立更广泛的伙伴关系和深度连接，同时，"全球英国"又具有强烈的价值观色彩。在"全球英国"的理念中，价值观与自由贸易被放到同等重要的核心地位。在国际上，英国希望以西方价值观为抓手，软硬并举提升"软实力"，强调英国要在国际上成为"全球向善的力量"，但这种"价

---

① 新华社. 英国正式"脱欧"意味什么，有何影响？[N]. 人民日报，2020-02-01.
② 谷蕾. "全球英国"的战略转向 [J]. 世界知识，2022（6）：46-47.

值观外交"也限制了英国外交的空间和灵活性。① 在国内，英国政府为抵制极端主义大力宣扬英国价值观。英国价值观已成为保守党政府进行社会整合、促成社会认同的精神支柱与强力抓手。2014年前后，英国政府试图寻求公民教育更具包容性的话语表达方式，倡导开展"英国价值观"教育，将自尊自爱、明辨是非、尊重英国法律、积极主动、承担责任、尊重多元文化、鼓励民主参与等作为"不列颠的基本价值观"。2015年，英国教育大臣尼基·摩根（Nicky Morgan）宣称，"正直、诚信"是把英国社会所有价值和使命贯通起来的黄金链条，试图在一个具有更多共享可能的伦理价值、道德价值认同层面，重建英国社会的整体感。②

20世纪末以来，世界进入了一个快速发展与急剧变革的时代。近年来，国际局势也变得更加动荡和充满竞争性。在这一时期，一代人的时间中所取得的进步和变革能够相当于人类过去几百年中所取得的成就。这样的时代特征也给每个国家带来了更多的机遇与挑战。哪个国家能够更好地抓住机遇，适时变革，抢占发展先机，哪个国家就将在21世纪中获得稳固的地位与更多的机会。而对于英国这样一个曾经引领世界现代化进程的国家来说，这的确是一个使国家再度振兴的千载难逢的良机。尽管政坛上历经党派更替，不同时期主政党派之间的施政理念存在着较大差异，但是进入21世纪以来英国政府的国家建构思路可以用"积极"这个词来概括。在解决公民对权利的冷漠或者依赖的问题方面，英国政府积极正视自由主义片面追求公民权利所产生的弊端，并首次将公民义务提升到历届英国政府前所未有的高度；在多元文化社会的重整方面，英国政府积极、大胆地放权，倡导英国价值观；在应对国际与全球问题时，突破欧盟束缚限制，强化英国的国际地位和全球影响力。英国政府的这一系列国家建构策略都意味着，国家与个人二者的各自地位以及二者相互关系的深刻变化。这种变化集中地反映了英国政府所倡导的积极公民资格上，而这种公民资格正是当前英国公民教育中的核心概念。

---

① 贾平凡.."全球英国"口号还能喊下去吗？[N]. 人民日报（海外版），2022-07-16.
② 王萍.《科瑞克报告》20年看英国公民价值观教育[J]. 当代中国价值观研究，2018（3）：90-96.

三、积极公民资格观的发展

当英国的现代化进程发展到20世纪末,人们越来越清楚地认识到国家并不仅仅只是赋予公民权利,国家同时也需要公民履行相应的义务,否则,公民的权利就会缺乏进一步发展与巩固的保障。公民也不仅仅是权利的享受者,否则,公民与国家之间的契约关系就无法延续。基于追求公民权利与义务平衡这一点,英国政府倡导一种积极公民观。构建一种新型的公民资格观并不是一件容易的事,尤其是在英国这样一个独特的国家。

(一) 薄弱的公民资格话语与自由主义的公民资格理论基础

公民教育只有在明晰公民资格的内涵基础上才具有实际意义。然而,尽管英国是自由民主思想的发祥地,诸多现代公民思想都可以追溯到英国现代化早期若干伟大思想家那里。然而,英国却又是一个公民话语相对缺乏的国家,这也是英国现代化保守渐近式的独特发展模式所造成的。

正如前几章内容所提及的,英国确立的君主立宪制使皇室一直保留至今,英国人的生活中始终会折射出帝国的影子。英国人的政治身份很长时间里一直被界定为国王的臣民。英国的现代化曾经在帝国中得到发展,而不是像法国那样在现代化之初就彻底地打破了王权的桎梏而直接迈进现代化大门。在后帝国时代,对公民概念的界定一直存在着问题。这实际上也是英国民族国家建构一直存在争议的一种反映。在英国这样的国家任何讨论公民资格的问题都必须要加以调和,因为英国的种族问题、民族性问题总是强烈地暗示我们,不能将其描述为一个"民族国家"。英国有太多帝国时期和前现代化时期的附加问题和遗留问题,这致使公民资格的概念无法被清楚地描述出来。[①]

20世纪中期,马歇尔首次提出了公民资格的概念并对此加以研究。确切地说,马歇尔的理论是一种基于自由主义思想的公民资格理论。因为他所建构的公民资格是一种用来说明公民的法律权利、政治权利与社会权利的理论框架。尽管他认为公民资格不仅包含着权利也包括义务。但是,正如第二章中所阐释的那样,自由主义公民资格观主张权力至上。这是一种消极意义上的公民资格,是一种普遍的公民资格。

---

① GIFFORD C. National and Post-national Dimensions of Citizenship Education in the UK [J]. Citizenship Studies,2004,8 (2): 145-158.

20世纪五六十年代，英国的社会福利制度实际上是通过国家干预来扩大公民权利的办法，使公民资格发展成为一种使个人受到保护的身份；公民资格发挥着一种"反对市场的缓冲器"的作用，它赋予公民享受各种各样社会服务的权利。[1]

长久以来，即使人们谈到公民资格，也更多强调和详细阐释的是公民权利的问题，而构成公民资格的另一重要部分——公民义务却几乎从未被澄清。这一方面是由于自由主义思想的深远影响所致；另一方面是由于一些人对于义务的误解，因为义务往往总是会令人想到强制与极权主义。

20世纪80年代末，由新保守主义所兴起的有关积极公民的讨论使公民资格的话语在政治讨论中占据了很大优势。新保守主义对福利制度下人们只知道享受权利而不履行相应的义务进行了批判，并提出要培养负责任的公民。然而，如前一章所述，这种积极公民观是对19世纪自由主义蓬勃发展时期的一种重温，其所谓的"责任"，实际上，并不是出于公共利益的考虑，并不是要求公民对自己的行为负责或者是对他人与社会负责，而是要对自己负责。这种积极公民观实质上是对公民权利的一种变相强调，依然是自由主义公民资格的延续。

而且，80年代末的这场讨论只是集中于政治领域与学术领域，绝大多数公民仍然没有触及这场有关公民本质的生动讨论之中。英国成年人在理解公民资格本质方面尚存在着很大的困难，那么对于青少年就更不必说了。[2]

（二）新工党政府的积极公民资格观

新工党上台后，提出了一个积极公民资格的概念。但是，新工党对公民责任（义务）的理解并不是对此前新保守主义政府所主张的公民责任的一种继承，而是对20世纪末国际上兴起的积极公民资格观与积极公民教育热潮的一种积极回应。这一时期的许多国家，特别是发达资本主义国家，都将培养积极公民作为应对国内外新形势的重要策略。而倡导积极公民资格的主要目的就是在于解决长久以来公民权利与公民义务的失衡问题，通

---

[1] BEST R. New Bottles for Old Wine? Affective Education and the 'Citizenship Revolution' in English Schools [J]. Pastoral Care, 2003：14-21.

[2] LISTER R, SMITH N, MIDDLETON S, eta l. Young People Talk about Citizenship: Empirical Perspectives on Theoretical and Political Debates [J]. Citizenship Studies, 2003, 7 (2)：235-253.

过倡导公共利益，强调公民义务和责任，使之与公民权利趋向平衡，从而保障个人权利的获得，实现国家的稳定发展。

1. 新工党对积极公民资格的重新诠释

布莱尔认为，公民的责任仅仅是不侵犯他人的生命和权利是不够的，这种责任只能被称为消极的责任。责任是健全社会的基石。它是公民资格框架中与权利相对应的、不可或缺的重要组成部分。责任既指向他人，又指向社会。尊重他人——对他人负责——是有力和活跃的社会的重要前提。通过公民责任，能建设这样一个社会——公民的个性不被泯灭，且能健康发展。通过公民责任，能够树立一种更全面、更准确的人性观，这种人性观不只着眼于狭隘的私利。我们得到的权利应该反映我们担负的责任。权利应该和责任相辅相成。[①] 布莱尔也反对老式的国家干预，他认为老式的国家干预将责任与公民个人割裂开来，这种方法妨碍了人们对于自身责任的认识。他主张："以社区取代国家的某些功能，倡导个人积极参加社区的公共生活，为社群服务，建立'利益共享的社会'；在强有力的尊重权利和责任的公民社会中，政府则是强有力的社区的伙伴。"[②] 社区表达了一种权利与义务的相互性，它能够将个人置于社会之内，产生一种对社会的认同感。社区既肯定了个人利益，同时也更强调了公共利益的重要性。公民责任感的形成，不能依靠简单的说教来实现，而是要促进公民参与到广泛的社区事务之中去。那种无所作为的社区只能产生由无所作为的公民所组成的社会。

基于此，新工党形成了一种积极公民资格观——公民个人权利的实现，以公民对他人、对社会的责任与义务为基础；公民的责任与义务不仅仅包括国家法律中所规定的消极意义上的责任与义务，而且包括积极的公民参与。公民对社区事务的积极参与，既是公民实现自身权利的保障，同时也有助于形成对社区的认同，进而上升到对民族国家的认同。

积极公民资格得到倡导，使公民资格的获得不再只是代表着由法律授予公民的权利和义务，它更需要公民通过自身负责任的行为以及积极的政治参与和社会参与来获取。公民资格的维度也因此被进一步扩展和重构。公民的社会参与、政治参与已经明确地成为公民资格框架体系中的重要维

---

① 托尼·布莱尔. 新英国：我对一个年轻国家的展望 [M]. 北京：世界知识出版社，1998：276.

② 张丽君. 当代西方政治思潮 [M]. 上海：立信会计出版社，2005：123.

度。对这一维度的纳入和重视,使得过去以权利为中心的资格发生了巨大变革。因为公民的社会参与、政治参与这一维度,既涉及公民权利,又涉及公民的义务。对公民参与的强调能够使公民更加重视所拥有的社会权利、法律权利,同时也能够更积极、更理性地行使政治权利;公民参与使得以往被动的公民义务向积极的公民义务转变,从而也保障了公民权利的获得。公民参与维度使得公民对国家认同感、归属感的形成拥有了一条更为积极有效的途径。

2. 新工党政府积极公民资格观的思想基础

新工党所提出的积极公民资格顺应了国际公民教育领域培养积极公民的整体趋势。许多国家公民教育理念都以强调公民责任、公民参与为宗旨,以社区参与为主要途径。而这其中最具代表性的就是美国。美、英两国的公民资格理念、公民教育思想表现出诸多相似之处。究其根源则是因为二者公民教育都具有相同的思想基础。这种思想基础在治国方略方面共同表现为对"第三条道路"的追求。正如哈特利·迪恩(Hartley Dean)所描述的那样,"最初与美国的克林顿时代相联系的'第三条道路'思想,已经跨越了大西洋,不仅成为英国工党政府的正统思想,而且还影响到西欧社会政策的方方面面。第三条道路计划的核心就是'没有无义务的权利'这种公民资格的概念"。[1]

而在政治哲学方面英国与美国则共同体现出明显的社群主义思想特征。依据雅诺斯基的观点,人们对公民义务的强烈兴趣来自两个完全不同的方面。首先,新保守主义者攻击福利国家中缺乏责任心,尤其是他们声称那些接受福利的人没有履行自己的义务去找工作和就业。第二,源自社群主义思想对于公共政策的影响,社群主义者尽管在态度上并不像新保守主义者那样片面,但也同样是批评社会中公民要求享有权利却不愿履行义务。[2]

社群主义最早出现在20世纪60年代的美国。社群主义思想以批判自由主义的个人权利中心论为基础,并吸收了共和主义的思想,认为社会的基础并非是个人自由,而应该是公共利益,公民所追求的价值本原应该是

---

[1] DEAN H. Popular Discourse and the Ethical Deficiency of 'Third Way' Conceptions of Citizenship [J]. Citizenship Studies, 2004, 8 (1): 65-82.

[2] 雅诺斯基. 公民与文明社会 [M]. 沈阳:辽宁教育出版社,2000:67-68.(此中文译著中将"社群主义"译为"社团主义")

社群价值,而并非是个体价值。社群主义指责自由主义忽视社会生活中的社群的价值,仅仅把参与社群活动作为实现各种个人目标的一种手段。"社区"是社群主义的关键概念。社群主义认为自由主义解构了社区,导致人们片面地追求个人权利,而渐渐地忽视了对他人、社会的责任与义务。社群主义通过强调社区的作用、强调公民的责任,力图达成公民权利与义务的守恒。社群主义者认为社区应该成为公民价值观的中心。正是由于社区为公民提供了共享的价值、利益以及实践的机会,公民个人才能得以生存、发展。因此,社区是社群主义公民教育的理想场所。社区服务一直被社群主义者视为培养公民的最佳途径。此外,学校本身就是一个社区。社群主义敦促学校应在公民教育中有意识地为学生提供实践、参与的机会,从而更有助于形成学生的责任感。

社群主义是新工党战胜撒切尔主义意识形态的基本工具。当我们将新工党的政治主张与撒切尔夫人的市场个人主义思想加以比较时,很明显地可以看出新工党运用了社群主义的话语。社群主义思想表达出对以自由个人主义为基础的公民资格的一种反省。从这一角度来说,权利的本质只有在参与型的文化社区之中才能得以实现。社群主义并不是后现代主义理论,社群主义实际上是新自由主义的延续,而并不是新自由主义的反对派。这是英国官方对于社群支配地位的首次确认。[①] 从这种立场出发,促进积极公民的政治参与、社会参与,已经成为现代国家建构的积极诉求。

(三)保守党政府的积极公民资格观

卡梅伦认为,新工党执政的13年中连年增长的公共服务开支并未解决英国社会的各种问题——家庭观念破灭、道德沦丧、公民责任感缺失。他主张要解决这些问题必须改变工党执政时期"任何问都要依靠政府解决"的做法,转向"小政府","还政于民",让人们重新学习社会责任。显然,保守党与新工党都在互相指责对方的"福利制度"导致了人们的懒惰与依赖,但是在持久的批判与争论中,两个党派都注意到了过度强调公民权利而忽视义务和责任给社会发展带来的巨大阻碍。积极的公民资格被不断地提及并被作为两党欲解决社会问题的重要抓手。

1. 在行使权力的过程中学习社会责任

与新工党政府重视公民的社会参与有所不同的是,保守党政府通过其

---

① GIFFORD C. National and Post-national Dimensions of Citizenship Education in the UK [J]. Citizenship Studies,2004,8(2):145-158.

"大社会"计划将政府手中的社会公共管理权力进一步推向公民社会,即卡梅伦所谓"从政治家手中拿走权力,并将之交给民众"的社会变革。公民社会是由人们根据他们的关切和热情来驱动的。在公民社会里,人们团结在一起,让自己的生活和别人的生活都发生积极改变。这将为国家权力和市场力量提供重要的平衡。而要实现良好社会,需要政府、市场和公民社会这三方面共同努力。

"大社会"计划主要内容包括在有关地方规划的问题上给予社区更大话语权。鼓励志愿活动和参与社会行动,设立全国性的"大社会日",把定期参与社区活动作为评价公务员的重要内容。试行"国家公民服务"计划,让青少年参与2个月的夏季社会服务,使他们在未来成为积极的、负责任的公民。支持合作组织、慈善机构和社会企业更多地参与公共服务管理。将来自休眠账户的资金导入新成立的"大社会银行",为街道组织、慈善机构和社会企业提供资金。通过"新信息权"计划,让公民可以更多地获得由政府掌握的数据,确保政府信息公开。英国政府除了提供必要的支持外,还鼓励社区、社会组织、非营利社会型企业、个人能够互相提供服务。特别是社区居民在社区运作中将同时充当设计者、提供者、生产者、使用者,他们可以根据个性化需求设计各项公共服务内容,整个社区将形成民主设计、决策、实施、监督一体化的社会网络。这样,通过挖掘和利用一切社会资源,做到资源的高效和最大化利用。

"大社会"计划倡导富人为穷人服务、能人为社区服务、人与人互相服务,鼓励人们互相接触、沟通、服务,居民通过社区"时间银行",储蓄提供服务的时间,在需要时可以得到他人的帮助和服务,这样能够改变冷漠的社会人际关系,缩小人与人之间的距离感,"让下一代生活在同一起跑线上"。

因此,保守党政府的积极公民资格观可以概况为:公民权利并不是公民理所当然具有的本质属性,享受公民权利的同时需承担相应的公民责任与义务;公民在行使国家政府让渡的公共管理权力的过程中,将有机会参与到社会发展中,从而培养公民的参与能力与社会责任感,实现社会的平等、促进社会的包容性与流动性。

2. 积极公民资格观的调整与连续性

"卡梅伦政府的'大社会计划',目的是要让人们重新学习社会责任,采用新的办法解决新的问题,这是'一场深刻的、严肃的社会改革计划',

包含着自由主义、责任和放权于民三位一体的整体性计划，它开启了'公民权的新时代'，被卡梅伦称之为政府'最伟大的政治资产之一'。这一旨在'将从政治家手中拿走权力，并将之交给民众'的社会改革计划，主要是鼓励个人和家庭承担更多社会责任，并设立国家公民服务体系以便让16岁的青少年参与社会服务。'大社会计划'，让人们'既有自由、又有权力'，通过自治和自助实现自我教育。"[①]

通过比较工党与保守党的公民资格观，我们可以看出尽管不同党派在政权交替过程中基于各自政治理念的差异对公民资格的理解与阐释存在着不同，但是对于公民责任、社区参与的关注是非常一致的。

实际上，新工党执政时期就已非常重视非政府成员，包括私有机构、第三方成员、志愿性团体以及公民在教育改革中的重要性。工党政府认为，只有给予非政府成员更多的权力才能实现教育的多样化与可选择性，才能更适应全球经济的发展。2010年卡梅伦政府推行"大社会"计划，公民参与的管理体系得以建立，地方社区被赋予更大的权力，公民的力量得到了更大程度的发挥。因此，所谓的"大社会"改革从某种意义上来看也只不过是不同党派基于政见不同而抛出的不同"政治语言"。

第二节　国家课程中的公民教育

尽管从民主的发祥地和现代民族国家形成的角度，英国是一个领先于世界其他各国，同时也是领先于时代的早发现代化国家。然而，若从公民教育的国家课程与立法这个角度来看，与19世纪、20世纪欧洲其他国家的发展相比较，英国的公民教育长期处于落后的状态。伴随20世纪80年代末英国国家课程的建立，公民教育逐渐成为英国政府进行国家建构的迫切努力。新工党政府通过这项国家政治现代化工程——建立一种由国家组织和引导的公民教育体系——明确地回应了世纪之交英国社会所面临的问题与挑战。英国的公民教育因公民资格观的转变而受到了前所未有的重视。公民教育的地位在学校教育中的地位也被进一步提高——由最初受到

---

① 李丁. 英国青少年公民教育研究 [M]. 北京：人民出版社，2012：204.

排斥，到以跨学科主题的形式出现，再到公民教育国家课程大纲的颁布及相关立法。这一过程足可见公民教育与现代国家建构间的关系已经逐步为英国政府所重视。公民教育因而被正式纳入现代国家建构工程之中，并成为旨在实现新英国重建与再生的重要治国方略之一。

1997年工党上台执政后，英国国家教育与就业部（the Secretary of State for Education and Employment）发表了名为《学校卓越》（*Excellence in Schools*，1997）白皮书，提出应"加强学校中的公民教育与民主教学"。白皮书还宣布将成立公民教育委员会，这也就是后来成立的学校公民教育与民主教育咨询小组。该咨询小组的宗旨就是"为学校中有效的公民教育提供建议——包括民主的本质和实践；公民个人的义务、责任和权利；社区活动的个人价值与社会价值"。[①] 学校公民教育与民主教育咨询小组由国家教育与就业部任命，并由资格与课程局管理。国家教育与就业部的部长大卫·布兰科特（David Blunkett），一直是国家课程委员会所任命的发言人。他倡导在学校中建立公民教育学科，并使之在学校课程中占据重要位置。布兰科特选择了一位关系密切的熟人、一位同样对公民教育充满热情的学者——伯纳德·克里克（Bernard Crick）教授作为咨询小组的主席。克里克教授早年因创立政治学协会，主张将公民教育引入学校之中而非常知名。

1998年，英国资格与课程局（Qualifications and Curriculum Authority，简称QCA）发表了该咨询小组的报告《学校中的公民教育与民主教学》（*Education for Citizenship and the Teaching of Democracy in Schools*，1998），通常也被称为《克里克报告》（*the Crick Report*）。《克里克报告》是英国公民教育发展历程中的一个里程碑，也是英国国家实施公民教育开端的一个重要标志。报告明确提出了英国公民教育以培养积极公民为主要目标，力图建立一个完整且有序的公民教育实践体系。《克里克报告》是英国公民教育国家课程的指导性文件，英国的公民教育正是按照该报告的规划如期开展的。

---

① Qualifications and Curriculum Authority. Education for Citizenship and the Teaching of Democracy in Schools [EB/OL]. http://www.qca.org.uk/downloads/6123_crick_report_1998.pdf, 2007-06-21.

一、《克里克报告》中的国家建构意图

《克里克报告》集中体现了新工党政府所倡导的积极公民观,是一份兼顾"民主"与"民族"现代国家建构两项重大历史任务。该报告内容分为三个部分——第一部分为"导言",对公民资格进行了定义,并阐述了公民教育的必要性与目标;第二部分为"建议",主要是对公民教育的实施提出了具体建议;第三部分为"详解",确定并详细解释了公民教育四个关键期的学习成果及其原理、原则和目的、目标等,对有争议问题的教学加以指导,阐明公民教育与其他学科间的关系。从报告的内容可以看出,《克里克报告》的出台,实际上并非一朝一夕的事情,而且这也不仅仅是通过新工党的努力而实现的。报告的内容借鉴了以往非官方形式的公民教育理论与实践经验,并在以前新保守主义政府所取得的公民教育进展基础之上,汇聚并吸收了多方人士以及公民教育相关组织团体的意见与建议,通过克里克所领导的咨询小组对报告内容进行了细致的论证与推敲,才形成了最终的这份报告。

(一)公民教育的必要性与紧迫性

《克里克报告》第一部分谈到了公民教育的必要性与紧迫性。这是英国首次通过公民教育对民主化与民族整合这两方面国家建构需求做出了回应。

针对英国的民主发展状况,报告提出,英国存在着令人担忧的多个阶层对公共生活的冷漠、忽视与愤世嫉俗的态度。如果不能处理好每个阶层的问题,那么也就很难寄希望于在宪法改革与福利国家改革中受益。报告援引了一位大法官(Lord Chancellor)的一段话:"我们不能、不应该,也不敢对英国民主的健康与未来洋洋自得。如果我们无法成为一个积极(engaged)公民的国家,那么我们的民主就是不安全的。"[①] 报告中列举了20世纪90年代英国政府选举的选举率以及相关调查数据来说明这一问题。同时也指出许多年轻人对于政治、政党问题不感兴趣,相对来说,他们更乐于参与一些非政治性的组织和活动,例如,环保活动。报告认为,这种

---

① Qualifications and Curriculum Authority. Education for Citizenship and the Teaching of Democracy in Schools [EB/OL]. http://www.qca.org.uk/downloads/6123_crick_report_1998.pdf, 2007-06-21.

状况主要是由于年轻人在以往的教育中缺乏民主基本知识的学习所造成的。而有些知识本应该是小学生就应该了解的。例如，11岁的小学生本应该知道议会代表着什么，议会是如何运作的，它的权力有哪些。可是，由于整个国家对于公民资格缺乏一种统一的观念，学校教育中缺乏相应的民主知识教学，导致了人们对政治的疏离与冷漠。

基于英国的多元文化社会的复杂特性，报告谈到了民族整合的问题。"文化的多样性"突出了民族认同的问题。若要致力于建立一个整体性的社会，就应该去发现或者是重建一种普遍的公民资格。民族认同应该作为公民资格的一个重要维度，通过它来确保联合王国在多民族、多文化、多种族、多宗教的情况下保持长治久安。报告提出，多数人必须尊重、理解和宽容少数人；少数人必须了解和尊重多数人的法律、法规和习俗——这不仅仅是因为这种做法很有益，也更是因为这个过程有助于促成普遍的公民资格。而这一点对于公民教育来说尤为重要，因为有关民族认同的问题从来都不应该被轻视，特别是在像英国这样一个复杂的多元社会之中。[1]

而《克里克报告》所引用的1997年"公民2000团队"（a Citizenship 2000 group）所得出的结论，则展示了公民教育对于民族国家整合更为深远的意义——"个人与政府之间关系的急剧变化；公民凝聚力传统形式的下降；英国在欧洲的新政治背景；全球化背景下，社会、经济、技术的飞速发展"，这些因素使得"中小学中的公民教育太重要了，以至于（我们）不能放弃这个机会；近来研究已经强调了英国公民话语的下降与衰微。在我们迈向新世纪之时，如果我们想避免我们公共生活质量的进一步下降，如果我们想使所有的年轻人理智地（informed）参与（不仅在更开放的联合王国中，而且还在欧洲以及更广阔的世界中），那么公民教育就迫切需要得到强调，以弥补这种历史上的欠缺。如果没有强大的政治方面与专业方面的努力，那么公民教育也就无法生成。"[2]

（二）公民教育的有效内容与实施途径

《克里克报告》指出，有效的公民教育应包含三方面内容：社会的和

---

[1] Qualifications and Curriculum Authority. Education for Citizenship and the Teaching of Democracy in Schools [EB/OL]. http：//www.qca.org.uk/downloads/6123_crick_report_1998.pdf，2007-06-21.

[2] Qualifications and Curriculum Authority. Education for Citizenship and the Teaching of Democracy in Schools [EB/OL]. http：//www.qca.org.uk/downloads/6123_crick_report_1998.pdf，2007-06-21.

道德的责任、社区参与、政治素养。① 这三方面内容既相互关联又各自独立，它们在课程中的位置与实施方式在某种程度上需要区别对待。

首先，儿童从最初就应该在课堂内外建立自信以及学习具有社会责任、道德责任的行为，这些内容既是指向权威，同时也指向每个人。这种学习不仅应该在校内开展，而且应该在校外开展，无论何时何地儿童都应以团队的形式或者是参与社区事务的形式进行工作和学习。……报告以温莎郡小学的学生会活动来说明青少年社会责任与道德责任的培养。学生会通过学生们自己组织活动、召开会议、做出决策解决学校中的问题，使整个学校的氛围发生了改变。品行不端的学生越来越少，欺侮现象也逐渐消失了。因为学生会成员关注并支持所有的学生。学校中的每个学生都尊重学生会成员，认为他们是每个人的好朋友。作为学生会的成员，他们身上担负着许多责任，他们的倾听与建议是一项非常艰巨的工作。

第二，学习并成为生活中以及所在社区中的有益参与者，即通过社区参与、社区服务进行学习。……这一点绝不仅仅局限于儿童在学校的学习。尽管许多学生与成年人认为多数志愿者团体都是非政治性的，但更为清楚的含义或许可以说是"非党派性"；因为志愿者团体在练习说服、与公共权威互动、宣传、筹集资金、招募成员并试图激励他们或者安抚他们的时候，所有这些团体都很清楚地运用并需要政治技能。报告以维尔特郡（Wiltshire）的约翰·本特利学校（The John Bentley School）的社区服务学习计划——"青年事业"计划说明来社区参与这一问题。作为该镇中唯一的一所中学，该校学生会组织了"青年城镇委员会"（Young Peoples' Town Council，简称YPTC）。该委员会每月在镇上的会堂召开一次会议，他们针对公民社会、犯罪预防小组等问题发表年轻人的观点。"青年城镇委员会"与学校的学生会合作，使全镇青年人在公民素养方面都有了很多改观。除此以外，这个委员会的活动还涉及许多校内外的活动计划。

第三，学生学习知识、技能与价值观，并使之在公共生活中发挥效用——即所谓的"政治素养"。报告之所以运用"政治素养"这个词语，是因为它比单纯的政治知识要广泛得多。这种政治素养所涵盖的知识指向公共生活中的所有现实知识——解决冲突，与当今主要经济问题、社会问

---

① Qualifications and Curriculum Authority. Education for Citizenship and the Teaching of Democracy in Schools［EB/OL］. http：//www. qca. org. uk/downloads/6123_crick_report_1998. pdf，2007-06-21.

题相关的决策，讨论公共资源的配置，税收原理……学生应该掌握相关知识，并为解决这些问题做好准备。无论这些问题出现在地方、国家、国际的相关组织中，还是出现在社会的任何一个阶层中，无论是从正规的政治机构到非正规团体，还是从地方到国家层面，这种准备都是非常有必要的。报告列举了公民研究协会（Institute of Citizenship Studies）所开展的低年级公民计划（Junior Citizenship Programme）。该计划专门针对6年级学生，通过学生在他们所生活的周围世界中的日常经验，帮助学生去理解公民资格，到底什么是公民，公民的原则有哪些。该计划以社区为基础，从学校社区到当地社区，从了解当地的地方议会开始，再扩展到对国家以及欧洲的了解。教师鼓励学生积极发表自己对问题的看法，培养他们的思想与态度。

从以上对《克里克报告》公民教育内容的简要概述，可以看出，英国公民教育课程内容对于公民责任与公民参与的重视与强调。即便是公民政治素养方面的内容，也因公民责任和公民参与而具有了更新的解释。政治素养不等同于单纯的政治知识，而是所有的能够"在公共生活中发挥效用"的知识、技能与价值观。培养公民素养的途径也不仅仅局限于课堂教学中的知识灌输，而是强调在学校、社区的实践活动中运用这些知识，使这些知识能够发挥效用。从所列举的公民教育案例也可以看出，公民责任、公民参与以及政治素养三者各自强调了积极公民的一个方面，而实际上这三者之间又有着许多融合共通之处。这其中既包含着对公民权利的了解与行使权利的技能，同时也包含着对与之相对应的公民义务、公民责任的履行。而使这二者之间的关联变得更为紧密的就是公民的积极参与。在公民权利、公民责任、公民参与之后，公民资格框架中唯有一个维度在《克里克报告》的有效公民教育内容中没有被明确提及，这就是民族认同的维度。实际上，公民教育内容对公民责任与公民参与的强调本身就是形塑民族认同的过程。培养积极公民的途径显然是以社区为核心，当然，这其中也包含着学校社区。通过社区参与的亲身实践所形成的对社区的认同与负责行为，将逐渐扩展为对国家的认同和责任感。相对于公民权利维度来说，积极公民资格更为强调的是公民义务、公民参与、民族认同这三个维度。通过这种积极公民资格的倡导，所要实现的目的就是民族国家的整合。这种目的更清晰的表现在英国1999年以来所实行的公民教育课程内容之中。

(三) 公民教育课程的实施策略

除了公民教育课程的内容以外，《克里克报告》还对课程的设置具体实施时间等方面做出了规划，所有这些都对 2000 年国家课程的修订产生了直接影响。

1. 学校公民教育体系的分期

《克里克报告》建议将中小学公民教育划分为四个关键期：第 1 关键期（5—7 岁）、第 2 关键期（7—11 岁）、第 3 关键期（11—14 岁）、第 4 关键期（14—16 岁）。报告计划第 1 关键期于 2001 年开始实行，第 2 关键期于 2002 年开始实行。这两个关键期的公民教育为非法定课程，其内容与现有初等教育中的课程内容，特别是个人与社会教育（PSE）或者个人、社会与健康教育（PSHE），有很多重合之处，因此，报告建议将公民教育内容作为其中一部分，纳入上述课程之中。中学公民教育中，第 3 关键期计划于 2002 年实行，第 4 关键期于 2004 年实行，这两个关键期的公民教育为法定课程。中学阶段的公民教育将由公民教育课程以及历史、地理、英语等学科的相互渗透来实现。此外，报告虽然没有详细列出 16 岁以后公民教育的建议，但强调了 16 岁以后学生公民教育的重要性，并提出 16 岁以后公民教育要与之前四个关键期保持一贯性，并应考虑到这一教育阶段课程的综合性、公民教育的复杂性与机动性。可以看出，一个完整、有序的公民教育实践体系已经成形。

报告还依据概念、价值与性情（disposition）、技能与才智、知识与理解这四种基本要素为四个关键期的公民教育设立了公民教育的学习成果（learning outcome）。这种所谓的"学习成果"近似于一种行为目标模式，也就是通过每个阶段的公民教育，学生所应达到的基本水平。学习成果也为教师评价提供了一套确定的水平标准。《克里克报告》还对教师对学生的评价提出建议——公民教育最好采用每日评价的方式。教师的评价应该是实用的、便于处理的，而不应该成为学生的某种负担。评价可以通过观察、倾听和评价学生作品来完成。学生的自我评价也非常重要。每日评价将有助于展现学生的水平与进展，并最终形成学生的成绩。

2. 社区服务及其法制化构想

报告还强调，积极公民的培养既要落实在学校之中，又要与社区、地方以及国家的志愿者团体建立起密切联系。"我们坚定地相信，志愿者活动与社区参与是公民社会与民主政治的必要条件。为此，志愿者活动与社区参与至少应该成为教育中明确的一部分。当政府试图转变所强调的重点的时候（一方面是国家福利供应与责任，另一方面是社区与个人责任），就更为重要。"[1]

学校公民教育与民主教育咨询小组就服务学习或者社区参与是否成为新的法定课程的一部分。社区参与、志愿者服务、服务学习在许多发达国家都很受重视，具有公民教育意义。这些活动在培养公民的参与意识、参与能力、公民责任感方面能够发挥出重要且有效的作用。特别是其中的服务学习，综合了社区服务与学校课程教学的优势，使培养积极公民的公民教育目标更为明确。各种社区组织、志愿者服务组织、服务学习组织也使得这些活动更加正规、更具系统性。为了更有效地促进积极公民的培养，促成公民的社会责任感，一些国家将社区服务、服务学习纳入了法制轨道，通过国家服务计划的推广，通过为社区服务与服务学习提供资金支持，激发全国公民，特别是青少年的参与热情，从而实现公民教育的目的。最典型的国家就是美国，美国颁布了《1990年国家和社区服务法案》《1993年国家和社区服务信托法案》《2002年公民服务法案》等一系列法案以及相关政策，从扩大规模、建立体系到注重质量，使服务学习与社区服务发展成了一种全国性的运动。英国在建立国家公民教育体系之初，就已经考虑到了社区服务与服务学习的法制化问题。但是，考虑到国家公民教育课程实施之初，学校与教师的负担已经很重，因此，《克里克报告》决定暂缓社区服务、服务学习的法制化步骤，报告也明确指出，这个问题应该一直处于公民教育委员会所考虑的问题范围内。

二、"民族整合"与"民主化"：国家课程的目标、内容及实践

2000年，伴随着英国国家课程的修订，公民教育首次被作为一项国家政策而被正式地纳入英格兰的学校教育之中。从2000年开始，小学教育阶段（关键期1、关键期2）将公民教育纳入已有的个人、社会与健康教育

---

[1] Qualifications and Curriculum Authority. Education for Citizenship and the Teaching of Democracy in Schools [EB/OL]. http://www.qca.org.uk/downloads/6123_crick_report_1998.pdf, 2007-06-21.

(PSHE) 中。小学阶段的公民教育不作为法定必修课程。从 2002 年 8 月起，公民课成为中学教育阶段（关键期 3、关键期 4）的法定科目，并作为非核心的基础必修课程之一。此后，资格与课程局发布了有关公民教育的指导性文件，以帮助学校和教师一贯而有效地开展公民教育。

（一）课程目标与内容

资格与课程局所公布的公民教育课程指导文件，一方面为教师提供了一种阶段性的课程教学目标，另一方面也概括了公民教育关键期的基本课程内容。现将中小学公民教育课程指导方针具体内容分别列表如下：

表 3　小学阶段个人、社会与健康教育（PSHE）中的公民教育课程指导方针[①]

	第 1 关键期（5—7 岁）	第 2 关键期（7—11 岁）
建立自信心和责任感，发展学生的大多数能力	认识到什么是他们喜欢的和不喜欢的，什么是公正与不公正，什么是对与错。 分享他们对与之相关的事情的观点，并对他们的观点做出解释。 以积极的方式去认识、命名、处理他们的感受。 使学生自省，从自身经验中学习，认识自己的长处。 如何设立简单的目标。	发表并写下影响他们自己和社会的问题的观点，并能够解释他们的观点。 通过确认自己的积极方面与成绩，能看到自己的错误，改正错误，设定个人目标，从而认识到自己作为个体的价值。 通过搜集信息、寻求帮助、做出负责任的选择、付诸行动来积极面对挑战。 当他们接近青春期时，使他们认识到人在这一阶段的情绪变化，如何以积极的方式处理他们对自己、家人以及其他人的情感。 使学生了解他们所认识的人所从事的职业范围，了解他们应该怎样才能发展技能，使他们自己能够贡献于未来。 管理好自己的钱，认识到将来所期望的、必需的东西可以通过节约来得到。

---

① Qualifications and Curriculum Authority. The guidelines of citizenship for key stage 1, key stage 2, key stage 3, key stage 4 [EB/OL]. http://www.nc.uk.net/webdav/harmonise?Page=/@id=6004&Subject/@id=4164, 2008-03-23.

续　表

	第1关键期（5—7岁）	第2关键期（7—11岁）
准备成为发挥积极作用的公民	参加与他人的讨论和整个班级的讨论。 参与有关时事问题的简单讨论。 使学生认识到自己能够做出怎样的选择，并能做出是非判断。 赞成并遵守小组与班级中的规则，理解规则对他们的益处。 使学生认识到，人和其他生物都有需要，他们有责任迎合这些需要。 认识到他们属于各种各样的团体和社群，例如家庭和学校。 什么对本地的、自然的与人工的环境有益或有害，以及人们以什么样的方式保护环境。 为班级和学校的生活做贡献。 认识到钱有不同的来源，也有不同的用途。	对一些时事问题和事件进行研究、讨论和辩论。 为什么，怎么样去制定和执行规则与法律？为什么不同的情况下需要不同的规则；如何参与制定和修改规则？ 认识到反社会行为与侵犯行为对于个人和社区的后果，如欺侮弱小、种族主义。 家庭、学校以及社区中的责任、权利和义务具有不同的种类，它们有时候是相互冲突的。 设身处地去理解他人的经历，去反思一些精神、道德、社会以及文化方面的问题。 通过看到事物的两面性、制定决策以及解释性选择来解决差异的问题。 什么是民主？地方与国家层面赖以支持民主的基本制度是怎样的？ 认识到志愿者、社区和压力集团的作用。 了解联合王国在国家、地区、宗教以及种族方面具有不同的认同。 资源配置可以有不同的方式，这种经济选择会影响到个人、社区以及环境的稳定。 探讨媒体是怎样发布信息的。

续　表

	第1关键期（5—7岁）	第2关键期（7—11岁）
培养健康、安全的生活方式	如何做出简单的选择以提高他们的健康和幸福。 保持个人卫生。 一些疾病是如何传播和被控制的。 人从出生到年老的成长过程以及人会发生哪些变化。 人体主要部分的名字。 所有的家庭日用品，包括药品，如果使用不当会带来伤害。 保障安全的规则和方式，包括基本的道路安全以及哪些人能够帮助他们确保安全。	怎样创造健康的生活方式，包括锻炼和健康饮食的益处，什么会影响心理健康，如何做出明智的选择。 细菌与病毒会影响健康，追求简单、安全的日常生活会降低它们的传播。 当他们临近青春期时身体会发生哪些变化。 哪些通常易于获得的化学药品、药物是合法的和违法的，它们的影响与危害是什么。 认识不同状况下的不同危险，然后决定如何做出负责任的行为，包括使用明智的方式，判断哪种身体接触时可接受的或者不可接受。 各种来源（包括来自他们所认识的人）的压力会以一种令人无法接受或危险的方式表现出来，如何寻求帮助，并使用简单的对抗压力的技巧以避免做错事。 学校关于健康和安全的规则，基本的紧急救援程序以及向哪里去求助。
建立人与人之间的良好关系尊重差异	认识到他们怎样的行为会影响到其他人。 能够倾听他人，与他人共同游戏、共同工作。 识别并尊重人与人之间的差异与相似。 家人与朋友应该互相关爱。 嘲弄与欺侮有许多不同类型，欺侮是错误的，如何获得帮助解决欺侮问题。	使学生认识到他们的行为会影响到他们自己和其他人，应该考虑到他人的感受，试着从别人的立场看问题。 应该考虑到生活在其他地方与其他年代的那些人的生活，考虑到那些具有不同价值观与习俗的人。 认识（社会）关系的不同类型，包括婚姻关系、朋友关系、家庭关系，并培养在这些关系中的有效技能。 认识种族主义、嘲弄、欺侮以及侵犯行为的本质与结果，如何应对这些，如何寻求帮助。 认清陈规旧俗，并对之发起挑战。 人们之间的差异与相似源自许多因素，包括文化、民族、种族、宗教的多样性、性别、残疾。 个人、家庭以及团队在什么地方能够获得帮助与支持。

续　表

	第1关键期（5—7岁）	第2关键期（7—11岁）
培养学生知识技能理解能力的教学时机	承担、分担责任（例如，通过他们自己的行为；通过帮助制定和教室规则并遵守它们；通过很好地照顾宠物）。 感受自己积极的一面（例如，使自己的成就被承认，并得到他人有关他们自己的积极反馈）。 参与讨论（例如，谈论与学校、当地、国家、欧洲、联邦以及全球有关的话题，例如"我们的食物、工业原材料从何而来"）。 做出现实的选择（例如，在学校膳食中做出健康选择，看什么样的电视节目，做什么样的游戏，怎样明智地花钱与储蓄）。 与人会面和交谈（例如，与宗教领导人、警察官员、学校护士等外来拜访者之间）。 通过工作和游戏建立关系（例如，在同一个任务小组中与其他同学、朋友共享设备器材）。 思考日常生活中所遇到的社会的、道德的两难问题（例如，攻击行为、公平问题、正确与错误、简单的政治问题，钱的使用，简单的环境问题）。 （向他人）求助（例如，家人和朋友、午间监护人、高年级学生、警察）。	承担责任（例如，策划并管理学校的环境；作为一个团队的支持者、扶助者，或者成为小同学的操场调停者；正确地照管动物；当规划上学路线时，能够确认安全、健康和可承受的方式）。 感受自信（例如，书写个人日记、成绩档案袋；展示他们所做的事情以及展示他们所能承担的责任）。 参与（例如，在学校决策过程中，将这种过程与参议会、议会、政府以及投票等民主结构与民主程序相联系）。 做出真正的选择与决定（例如，吸烟等影响他们健康的问题；使用稀缺资源的问题；如何花钱，包括零用钱和慈善捐款）。 与人会面、交谈（例如，那些通过环境压力集团、国际援助组织对社会做出贡献的人；在学校和周围工作的人们，如宗教领导人、社区警官）。 通过工作和游戏建立关系（例如，与具有特殊需求的团体（如有特殊需要的儿童或者成年人）共同参与活动；通过卫星通信、电子邮件、信件与其他国家的儿童交流）。 使学生考虑在生活中所遇到的社会、道德方面的两难问题（例如，在不同种族之间鼓励尊重与理解，解决困扰）。 找到信息与建议（例如，通过热线服务电话；通过了解社会福利制度）。 准备应对变化（例如，向中学的过渡）。

资料来源：英国"国家课程在线"网站：www.nc.uk.net

表 4　中学阶段的公民教育课程指导方针[①]

	第 3 关键期（11—14 岁）	第 4 关键期（11—14 岁）
成为知性公民的知识与理解能力	用以维系一个社会的法定人权与责任，刑事司法体系的基本内容，及其与年轻人的关系。 联合王国中民族、地区、宗教、种族认同的多样性，以及相互尊重与理解的必要性。 中央政府与地方政府，及其提供的公共服务，它们是如何获得资金，以及捐款的机会。 议会的关键特征以及政府的其他形式。 选举制度以及投票的重要性。 以社区为基础的工作，国家以及国际的志愿者组织。 公正地解决冲突的重要性。 媒体在社会中的重要性 作为全球社区的世界，及其在政治、经济、环境，以及社会方面的内涵，欧盟、联邦以及联合国的作用。	用以维系一个社会的法定人权与责任，及其如何与公民发生联系，包括刑事、民事司法体系的作用与实施。 联合王国中民族、地区、宗教以及种族认同的多样性起源与内涵，以及相互尊重与理解的必要性。 议会、政府、法庭在制定和修订法律时所发挥的作用。 积极参与到民主程序与选举程序中的重要性。 经济如何发挥功能，包括商业与金融服务的作用。 个人以及志愿团体能够在地方、国家、欧洲、国际层面带来社会变革的机会。 在提供信息与有影响的观点方面，新闻界自由的重要性，以及媒体在社会中的作用，包括国际互联网。 消费者、雇主、雇员的权利与责任。 在欧洲，联合王国与欧盟、联邦以及联合国的关系。 全球相互依赖性与全球责任感所带来的更广泛问题与挑战，包括可持续性发展与《地方 21 世纪议程》。

[①] Qualifications and Curriculum Authority. The guidelines of citizenship for key stage 1, key stage 2, key stage 3, key stage 4 [EB/OL]. http://www.nc.uk.net/webdav/harmonise?Page/@id=6004&Subject/@id=4164, 2008-03-23.

续　　表

	第 3 关键期（11—14 岁）	第 4 关键期（11—14 岁）
培养质询与交流方面的能力	分析信息及其来源，包括信息交流技术方面的资源，思考时事政治、精神、道德、社会、文化方面的问题，以及问题与事件（problems and events）。对于这些事件和问题，能够以口头或者书面的形式表明个人的观点。参与小组讨论以及探究性的班级讨论，并能参加辩论。	通过分析信息及其来源，包括信息交流技术方面的资源，研究时事政治、精神、道德、社会、文化方面的问题，以及问题与事件（problems and events），意识到数据的用途与弊端。对于这些事件和问题，能够以口头或者书面的形式进行表达、论证和辩护。参与小组讨论以及探究性的班级讨论，并能参加正式的辩论。
培养参与技能与负责任的行为	设身处地理解他人的经历，并能思考、表达和阐释出他人的观点。能够协商、决策，并以负责的态度参与学校、社区中的活动。反思参与的过程。	设身处地理解他人的经历，并能思考、表达、阐释并批判性地评价他人的观点。能够协商、决策，并以负责的态度参与学校、社区中的活动。反思参与的过程。

资料来源：英国"国家课程在线"网站：www.nc.uk.net

（二）培养积极公民的途径与方法

当前，英国的公民教育具有学校教育与社区服务两大基本实施途径。具体而言，学校主要通过课堂分组讨论、参与学校的各种团体活动和学生组织等方式来实施，教师通过适时适度的引导、总结以及日志、档案袋等开放式的综合评价，使学生在积极、活跃的氛围中实现公民学习。与此同时，其他学校课程（如地理、历史、英语等）有意识地与公民教育课程相互结合与渗透的方式，也有助于提高公民教育的效果。在社区活动中，基于公民教育的目的，社区服务、志愿者服务不仅仅是单纯地为有困难、有需要的人提供帮助与救助。学校公民教育与社区服务相结合，使青少年的社区服务通常以解决社区的实际问题为基础，学生在合作、探究的过程之中，更深刻地理解课堂中学到的公民知识，体会公民的责任感，对社区、国家的归属感，同时也能够培养学生的质疑精神、批判性思维能力、交流能力等实践技能。

"公民义务和社会责任通常是以一种实际的方式来教授。然而，实践经验在这个领域里重要得多。如果社会研究的课程并没有鼓励公共服务的要求，这些课程就达不到其好公民的目标。如果这些课程鼓励将这一需求付诸实践，但不提供实践的机会，那么学校统一也达不到它们的目标。事实上很多青年组织与志愿者组织能够弥补这一缺陷。尽管如此，学校仍然是安排这些活动的适当主体，这样理论与实践就能相得益彰。"①

总之，这种公民教育有赖于政治家、决策者、社区、政治组织与学校的积极配合，这更有助于青少年在公共生活的社会化，正如《克里克报告》中所表述的那样，地方社区、公共实体［包括地方议员、下院议员（MPs）与上院议员（MEPs）］、志愿者团体以及社区机构（例如，警察部门与信仰团体）都应该参与到公民教育的学习与活动之中。在他们的积极贡献努力下，公民教育将会更巩固、更有效。②

以下由英国"国家课程行动"（National Curriculum Action）网站所提供的公民教育活动课程案例，将更有助于我们了解当前英国公民教育的现实状况。

案例1：下院议员是做什么的？③

活动目标：

了解议会、政府以及下院议员的作用。

了解民主以及民主能力的重要性，例如，代表他人的观点。

用文字作品流利地表达他们对于所讨论的话题的观点。

奥利弗（Oliver）给当地议员的信：

---

① 德里克·希特. 公民身份：世界史、政治学与教育学中的公民理想 [M]. 长春：吉林出版集团有限责任公司，2010：296.

② Qualifications and Curriculum Authority. Education for Citizenship and the Teaching of Democracy in Schools [EB/OL]. http://www.qca.org.uk/downloads/6123_crick_report_1998.pdf，2007-06-21.

③ What does an MP do ? [EB/OL]. http://www.ncaction.org.uk/search/comment.htm?id=1926，2007-06-24.

第五章　变革：世纪之交以来的公民教育（20世纪末至今）　177

活动描述：

这是一个为第2关键期中5—6年级小学生设计的学期末拜访当地下院议员的活动。目的就是让学生能够了解议会、政府以及下院议员的作用。

为了准备这次拜访，学生们在班级中以头脑风暴形式讨论他们所了解的政府与议会。学生们分成小组将他们所了解的有关这个话题的任何句子或者词语写在白板上。接下来，在全班讨论他们的观点。然后，教师用学生们所提出的一些词汇简要地概括出下院议员是如何被选举出来的，下议院是如何产生的，然后再引导学生们讨论。

学生们设计海报展示他们所学到的知识。然后他们开始起草给当地下院议员的信，提出一些他们喜欢提的问题或者是在拜访下院议员时想讨论的问题。

学校学生会中的学生代表拜访下院议员，提出自己以及其他同学在讨论中所提出的问题。其他学生则可以观看学生代表与议员的讨论。

评价：

奥利弗在班级讨论了下院议员和政府的作用之后给下院议员写了一封信。他运用了从媒体中所了解到的有关下院的知识，他还谈到了电视新闻中他所关心的问题（与伊拉克之间的战争）。

在给下院议员的信中，奥利弗明确地表达出了他所关注的问题，他的作品也表明他对于"首相与其他部长是如何代表整个国家做出重要决策的"这个问题的了解。

案例2：我的地方社区[①]

活动目标：

确认对当地社区的关注点，考虑改善当地社区的方法；

开展有关当地社区的研究；

调查社区成员对于当地社区的观点；

分析信息与资料，将所发现的问题以书面的形式进行个人观点的论证；

运用所发现的问题去思考其他人的境遇，考虑、表达和阐释他人的观点；

运用信息技术展示自己的成果与观点。

活动描述：

这个活动是为第3关键期中8年级学生设计的。在活动中，学生们以分组的形式工作，来确定他们对当地社区的关注点，并思考以何种方式来改善社区。这个工作是以学生7年级时所学的调查学校环境的课程为基础的。该活动课程计划需要5个课时时间，此外还需要学生在课外时间参与一些研究活动。

教师鼓励学生针对当地社区发表自己的意见与观点。另外，学生还要完成一项家庭作业——在朋友、家人与邻居中开展调查，并从当地的一些电视节目中获取有关这个地区的更多信息。

学生继续考察当地社区的问题及其原因和影响，例如，年轻人中所存在的汽车犯罪、污染、反社会行为。

该活动以学生通过信息技术自行设计海报而结束。他们将自己设计的海报视为一种表达他们变革思想的宣言。在活动结束后，教师策划组织学生以小组为单位向全班同学展示成果。

吉尔（Gill）设计的问卷第一页（全部问卷是与好朋友合作完成）：

[①] My local community [EB/OL]. http://www. ncaction. org. uk/search/comment. htm? id=1895，2007-06-24.

评价：

吉尔的海报表现了她已经对于所探讨的问题有了广泛的了解。她能够识别优势与劣势，能够分析状况，并提出多种解决办法。在此，在她关于当地问题及其原因和影响的表格中，她注意到了这些问题是如何关涉到社区中的其他成员的。

她设计的海报，表明她能够确认问题的焦点并能够以恰当的原因和影响，将问题有逻辑地表述出来。她提出了很现实的、很积极的解决办法，这正是一种社区责任。吉尔正在向第3关键期所描述的目标方向努力。

案例3：反对种族主义[①]

活动目标：

思考当今英国与英格兰的（种族）多样性；

思考种族主义行为与话语的影响，探讨以怎样的方式向种族主义挑战；

思考产生种族主义行为的原因。

---

① Against racism [EB/OL]. http://www.ncaction.org.uk/search/comment.htm?id=1918，2007-06-24.

以文字的形式建立起反对种族主义行为的观点。

安妮特（Annette）反对种族主义的演讲稿：

活动描述：

这个活动是第 3 关键期中 9 年级有关认同、多元与种族歧视一系列课程中的最后一课。活动要求学生必须撰写一篇演讲稿，并在班会中发表演讲。

学生们以小组的方式开始他们的工作。他们的调查资料表达了当今英国不同人的观点。经过讨论后，每个小组要向班级中的其他同学反馈资料中所解释的观点。

然后，学生依然以小组的方式以这些讨论为基础建立他们自己对于当今英国状况的观点。他们利用报纸、杂志上面的图像创作了一个抽象拼贴画，名为"我的祖国对我意味着什么"。学生们向其他同学展示并解释了他们所完成的这幅画，全班讨论画中的积极形象与消极形象。

学生们观看录像《我的英格兰》中的几个片段。观看第一个片段后，班级讨论种族主义话语的影响。观看第二个录像片段后，他们查阅资料，提出产生种族主义态度的原因。第三个录像片段播放完毕，班级讨论是什么导致人民的团结和分裂。

接下来，教师要求学生编辑一个规则表，用来确保所有人，无论熟悉的或者陌生的，都能够平等相待，相互尊重。全班共同草拟了一份最后的列表，然后将这个列表与学校中一份名为《权利与义务》的公民文件以及《人权法案》做了对比。

第五章　变革：世纪之交以来的公民教育（20世纪末至今）　　181

学生们观看完最后一段录像后，教师要求他们反思他们所看见、所听见的，并思考反对种族主义的态度与行为的讨论。

然后，学生单独工作。他们要用30分钟撰写一份演讲稿，主题是像他们这样年龄的学生应该以什么样的方式来为反种族主义态度和行为辩论。

最后，课程以学生观看《我的英格兰》剩下的录像。

评价：

安妮特表现出了她对人权以及责任方面的知识与理解。而且，她的作品也表现出她对于当今英国认同的多样性的领悟（尽管是有限的）。她还简要地谈到了尊重人与人之间差异的必要性，这表明她意识到了相互尊重与理解的必要性。

安妮特表现出她对当今英国种族主义相关问题的一些理解。她清晰地表达了她个人反对种族主义的观点，但是，她没有通过解释或者证明形成其观点的原因来发展她的观点。她提到了斯蒂芬·劳伦斯（Stephen Lawrence）谋杀案（一位19岁黑人男孩被刺死），这说明能够利用课堂中的资料。但是，她没有将这个事件作为她为反种族主义行为辩论的论据。

安妮特的作业没有包含拼写错误。她在总体的学习上有一些困难，但是她表现出她能够理解"种族"与"种族主义"这两个词。她对于课堂中所提出的问题和讨论的问题做出个人的回应。基于上述原因，她正朝向第3关键期所期望的方向努力。

从宏观上来看，上述英国中小学公民教育课程内容及其实践表明，每个关键期的公民教育内容设置都充分考虑到了处于该关键期学生的年龄特征与身心发展的水平；同时各个关键期的课程内容之间也表现出了一种相互关联、循序渐进的特点。后一个关键期的内容都是在前一关键期内容的基础之上，考虑到学生的成长与成熟程度以及基础知识背景和视野的广度，对学生提出更高的要求。这种特点在中学阶段的第3关键期与第4关键期之间表现得尤为明显。将表格中两个关键期的内容做一比较，可以看出，这两个关键期在基本内容的设置上有许多相似或者相同的地方，但是在要求学生在该方面应达到水平的措施上，指导方针体现出了循序渐进的特点。例如，第三阶段要求学生"设身处地理解他人的经历，并能思考、表达和阐释出他人的观点"；在第4关键期，则相应地提高了要求："设身处地理解他人的经历，并能思考、表达、阐释并批判性地评价他人的观点"。

从微观上来看，该课程指导方针的每一项具体内容的设置实际上都是对《克里克报告》核心思想——培养积极公民——的积极响应。自《克里克报告》发布以及公民教育国家课程实施以来，针对《克里克报告》以及新实施的公民教育课程的评论也层出不穷。特伦斯 H. 麦克劳林（Terence H. McLaughlin）在其 2000 年所发表的文章《英国公民教育：〈科瑞克报告〉及其超越》（Citizenship Education in England: The Crick Report and Beyond）中，援引并概括了许多学者对于英国实施公民教育以来的各种批评与质疑。他将针对《克里克报告》的批判与评论归纳为六种——第一，公民教育是否应该成为所有青少年的必修课；第二，公民资格与公民教育的概念；第三，公民教育的现实；第四，关于有争议问题的教学；第五，关于学习成果；第六，国家对公民教育控制问题。[①] 麦克劳林的文章只是对 1998 年至 2000 年成果的总结。此后，伴随国家公民教育课程的全面推进，有关公民教育的争论一直都没有停止过。

在此，本书不针对已有的评论做出再评论，而是力图跳出已有评论，以一种新的视角对英国公民教育，特别是英国公民教育的内容，重新加以考量和诠释，即基于贯穿本书始末的现代国家建构与公民教育的关系来阐述英国公民教育的课程内容与实践，这或许将能够为人们对英国公民教育的困惑提供些许答案。

（三）兼顾"民主"与"整合"的直接公民教学

1998 年，英国资格与课程局所公布的《克里克报告》正式标题为《学校中的公民教育与民主教学》（Education for Citizenship and the Teaching of Democracy in Schools）。这个标题的表述方式本身就非常值得我们去细致揣摩。民主的教学本应包含在公民教育之中，为何报告的标题将"公民教育"与"民主教学"并置一处呢？如果按照本书一直所遵循的现代国家建构与公民教育的关系这一思路来理解这个问题，那么答案也就不难得出——如前所述，新工党政府所倡导的"积极公民资格"以及相应的"公民教育"是以强调公民责任、公民参与为核心的。换言之，这是一种以促进民主制度健康发展、促成民族国家整合为主要目标的公民资格与公民教育。从这个意义上来理解，"公民教育与民主教学"这其中实际上蕴含着英国公民教育力图兼顾国家建构中的"民族"与"民主"双重维

---

① Trence H. McLaughlin. Citizenship Education in England: The Crick Report and Beyond [J]. Journal of Philosophy of Education, 2000, 34 (4): 541-570.

度。正如本章第一节内容所论述的那样，20世纪末英国对于公民教育的热衷，主要是因为英国在国家层面首次确认了公民教育与现代国家建构间的密切关系。由于国内公民对国家、政治事务的疏离与冷漠，社会多元特性，以及国际一体化与全球化的压力，学校中兼顾"民主"与"整合"的直接公民教学必然成为现代国家建构工程的一部分。其中，培养民主政治素养是国家开展公民教育的重要基础。

1. 从小学开始培育民主政治素养

《克里克报告》的前言中有这样一段话，表明了实施民主政治教育的必要性与迫切性。

> 在政治传统的源头——希腊城邦国家与罗马共和国中，公民资格一直都意味着那些拥有公民权的人参与公民事务：在形成国家法律与决策的过程中，直接或者间接地参与公共讨论；然而，现代民主理念导致公民权需求的不断扩大——从受过教育的人以及有产者这种狭窄的公民阶层，到女性的解放，到选举年龄的降低，到新闻界自由权利的获得，再到政府政务程序的公开。我们现在有机会实现一种高度受教育的"公民民主政治"（citizen democracy）。[1]

伯纳德·克里克（Bernard Crick）等英国公民教育专家认为，青少年对民主政治的无知与冷漠，主要是由于他们在初等教育阶段缺乏相应的教育所造成的。长久以来，英国官方认为"青少年不适于接受政治方面的教育"这种谨慎观点发生了翻天覆地的改变。《克里克报告》指出，政治素养不等同于单纯的政治知识，而是所有的能够"在公共生活中发挥效用"的知识、技能与价值观。培养公民素养的途径也不仅仅是局限于课堂知识的灌输，而是强调在学校、社区的实践活动中运用这些知识，使这些知识能够发挥效用。[2]

英国公民教育首先注重的是培养公民的自信心与正确的价值观。而公民自信心与价值观的培养是以学生在社会关系中的积极参与作为基础的。

---

[1] Qualifications and Curriculum Authority. Education for Citizenship and the Teaching of Democracy in Schools [EB/OL]. http://www.qca.org.uk/downloads/6123_crick_report_1998.pdf，2007-06-21.

[2] Qualifications and Curriculum Authority. Education for Citizenship and the Teaching of Democracy in Schools [EB/OL]. http://www.qca.org.uk/downloads/6123_crick_report_1998.pdf，2007-06-21.

这就要求学生首先要明确自己作为社区成员的身份。这种身份就建立在个人与他人、个人与社区或国家的关系基础之上。基于此，英国公民教育的内容可以简要概括为——认识他人的权利与需要，认识社区、社区、世界；以及如何处理好个人与他人关系，如何作为一个积极的成员，贡献于社会。

对社会规则与法律的了解与遵守，这是对一个国家公民的最底线要求。小学公民教育从第1关键期了解班级的规则开始，直至推移到第2关键期对整个国家法律、规则制定与执行的认识。不违规、不违法，这只体现出了消极公民资格的责任。要成为一个真正的积极公民，还需要对他人、对社会担负起更多的责任，这就要求公民具有积极的参与意识、参与能力。因此，从第1关键期开始，学生就应对一些时事问题和社会事件进行一些相对简单的讨论，第2关键期则增加了研究与辩论的训练。此外，还要求学生了解什么是民主，地方与国家层面赖以支持民主的基本制度是怎样的。

可见，英国公民教育不但不再回避政治教育，而且将政治教育的起点设在5—7岁的儿童阶段。对此，《克里克报告》做出了如下解释："一些人也许认为整个小学教育是（儿童的）'前—公民'时期，当然也是（儿童的）'前—政治'时期，但这是错误的。儿童通过学习与讨论已经开始形成公平的观念，形成对法律、规则、决策、权威、当地环境以及社会责任等方面的态度。（实际上，）无论是从学校、家庭或者是其他任何地方，他们也都正在学习一些知识——他们是否生活在民主国家之中，什么样的社会问题对他们有影响，甚至是不同的压力集团或者政党会怎样谈论他们。所有这方面的知识都是能够被鼓励、指导与建构起来的。"[1] 案例1 "下院议员是做什么的？"就很有力地说明了这一点。该案例中，公民素养的形成，并不是死记硬背政治知识、民主原则，而是通过学生的主动探究、讨论，提升学生在这一方面的兴趣，使民主观念、政治知识内化于心，并为公民的积极参与奠定基础、蓄积动力。还需要说明的是，教师在其中的引导与协调作用也是非常重要的。为避免教师在讲授有争议问题时产生偏袒与误导，《克里克报告》还专门针对这一问题提出了教学指导建议。

---

[1] Qualifications and Curriculum Authority. Education for Citizenship and the Teaching of Democracy in Schools [EB/OL]. http://www.qca.org.uk/downloads/6123_crick_report_1998.pdf，2007-06-21.

中学阶段的内容进一步拓宽，而且对学生的相应能力也提高了要求。主要内容涉及更广泛的政治素养——国家法律、地方政府与国家政府的运作、议会、法庭等等。学生不仅要对这些知识有所了解，还应该知道其内涵、由来以及在国家生活中所发挥的作用。学生还应有能力通过更广泛的信息渠道，搜集和研究时事政治、精神、道德、社会、文化方面的问题与事件，并具有对这些问题事件进行清晰的表述，理性的分析、论证与辩护。而这些知识与技能的培养也为学生的社区参与奠定了基础。

在此，非常值得探讨的一个问题是，英国公民教育在"民主教学"这方面存在着一个隐匿的前提——英国民主的问题症结在于公民成了权利的消费者，却没有履行相应的义务。因而需要强调义务以达成权利与义务的平衡，这样就兼顾了"民族国家"与"民主国家"的建构。那么这个前提是否真的成立？英国民主的症结真的就完全在于公民的冷漠与不负责吗？

一些学者提出了这方面的质疑，例如，伊曼（Inman）与博科（Burke）就提出，政府界定的公民资格概念是针对多数公民的平等准则，是针对所有人的正义。有一个关键问题就是，是否有真正的社会包容（inclusion），是否有公民所需要的物质来减少不平等？也就是说，如果政府并没有认真地致力于减少不平等，那么由政府所批准的公民教育也将同样作用有限。[①]

上面的评论说明，民主中的平等问题实际上并不是那么容易解决。尽管英国是一个民主制度发展成熟的国家，但这并不代表它的民主制度是无可挑剔的。民主制度是成熟的，但是民主化的进程不会停歇。应该看到，在这样一个民主制度成熟、完善的国家内，一方面，一些拥有政治、法律、社会权利的人对国家、政府表现出无知与冷漠；另一方面，社会中依然存在着不平等、不公正，依然有人在为了自由平等权利而努力奔走呼吁。当然，这些并不是单纯依靠公民教育的力量就可以解决的问题，但是，如果公民教育忽略或者曲解了这样的问题，那么不仅是作用有限，而且有可能产生更为严重的后果。

2. 借由社区参与、多元认同培养学生的责任感与认同感

民主权利的扩大、普及与民主精神的深入人心，这都代表着民主制度已经发展成熟；但是，一种"安全的"民主制度更需要"那些拥有公民权

[①] BEST R. New Bottles for Old Wine? Affective Education and the 'Citizenship Revolution' in English Schools [J]. Pastoral Care, 2003: 14-21.

的人参与公民事务"。一个缺乏积极公民的国家,民主也很有可能是不安全的。换言之,一种权利与义务严重失衡的公民资格,不仅会影响到公民权利的稳定性,也会导致对民主体制损害。因此,通过强调公民的义务与责任,倡导公民的积极主动参与,民族国家更具整体性,才能确保维系健康、平稳的民主。这一点也充分说明了,现代国家建构过程中,民族国家建构与民主国家建构实际上是一体两面的同一个问题。

(1) 社区成为实现公民教育整合功能的重要领域

公民参与是获得积极公民资格的必要条件。对公民参与能力的培养贯穿于整个英国公民教育体系之中。基于年龄因素的考虑,在第1关键期中,主要强调班级与学校的参与和贡献。从第2关键期,要求学生通过社区参与、志愿服务去认识社区、志愿者、压力集团的作用;社区以及团体之中人与人的关系、权利与责任等。第3关键期和第4关键期则将参与的范围扩大到国家以及国际层面的志愿团体,而且更加强调学生的参与技能与负责任的行为——负责的态度,沟通、协商与决策的能力,以及批判、反思的精神。在案例2"我的当地社区"中,从寻找社区中的问题,经过自己的努力开展调查、研究,到试图去解决、改善所存在的问题,这一过程既培养了学生的交流、表达以及探究方面的能力,同时也使学生逐渐对所生活的社区熟悉并认同,对当地社区与周围的人建立起一种责任感。

公民参与,既关涉到公民权利,也关涉到公民义务。其中,以维护和谋求个人利益为目的、具有个人指向性的参与,就是一种公民权利,例如,公民参与投票选举;以维护和谋求社区或国家利益为目的、具有公共指向性的参与,则是一种公民义务。按照参与的领域来划分,公民参与又可以分为政治参与和社会参与。很显然,英国公民教育所倡导的志愿服务、社区参与基本上属于强调公民义务的、具有公共指向性的社会参与。英国公民教育通过强调公民责任与义务,通过对他人负责形成人与人之间良好的社会关系,通过对社区负责任的参与产生对社区的归属感与认同感,这都表现出明显的社会整合目的。

社区是新工党用以实现国家整合的重要领域。新工党宣称自己为"社区的政党"。对社区和社会的信任是新工党的基本原则,同时也是其指导方针。新工党认为,一个强大而公平的社区能够为个人发展提供支持和机会。社区中具有公民的共享价值,社区能够帮助个人进步,它能够唤醒公民共同努力,教会人们如何相互对待,因而,新工党上台后力主重建社区。通过社区的重建来达成国家整合的目的,不仅受到英国新工党的重视,而且成为20世纪末欧洲大多数国家左派政党以及美国民主党的政策主张。一些国家甚至还将社区服务、志愿服务纳入了法制轨道,这足可以表明各国对社区精神的重视以及社区在国家建构方面所能发挥出的巨大潜力。布莱尔首相在谈及社区重建问题时,就已经很明显地表明了这种国家建构的意图——"今天的政治是在变革的世界中寻找安全。我们必须建立可以提供这种政治的强大、活跃的社会。这是我们的英国工程。它建立在四个支柱之上:机会、责任、公平、信任。"① 树立起一种对社会、对他人的责任感,这并不是通过学校中简单的说教能够实现的。国家、社区应该为年轻人创立各种公民服务计划,对他们提供相应的支持,使他们投入到生动的社区工作之中。只有这样,才能将个人价值、社区利益以及相互尊重的社会关系结合在一处。

尽管有人对这些社会参与活动能否激发和培养年轻人对于政治参与的兴趣和能力表示怀疑,但是,《克里克报告》认为,严格意义上来说,许多志愿团体只具有"非党派性",而不代表其具有"非政治性";而且志愿团体、社区服务中的许多工作都需要并运用了政治技能。②

(2) 倡导多元认同,整合多元社会

针对英国社会错综复杂的多元特征,英国公民教育主张通过对多元认同的肯定达成相互理解与尊重。第2关键期中"联合王国在国家、地区、宗教以及种族方面具有不同的认同",以及第3关键期和第4关键期中要求了解这种多元认同的起源与内涵以及相互尊重、理解的必要性,这都表达出英国政府力图通过对多元认同的确认,实现一种普遍性的公民资格,从而达到社会和谐、国家安定的目的。案例3"反对种族主义"是一堂精心设计的活动课程,通过学生对信息的搜集、调查研究、观看录像、分组讨论、班级讨论,学生总结出形成英国种族多样性的原因,产生种族主义的原因及其危害。在这样的学习过程中,学生将更深刻体会到相互尊重与理解的重要。

在多元文化民族国家的整合问题上,新工党政府的做法改变了新自由

---

① 托尼·布莱尔. 新英国:我对一个年轻国家的展望 [M]. 北京:世界知识出版社,1998:48.
② Qualifications and Curriculum Authority. Education for Citizenship and the Teaching of Democracy in Schools [EB/OL]. http://www.qca.org.uk/downloads/6123_crick_report_1998.pdf,2007-06-21.

主义的思路。新自由主义所倡导的公民认同是制度认同，即共同的政治原则是公民认同的基础。按照这样的逻辑，公民不但应该拥有共同的政治原则，而且也应该拥有共同的语言和民族归属感。因此，新自由主义公民教育主张通过单一的语言以及单一的民族历史教学来实现公民教育的整合功能。而这种把单一的民族认同强加于那些少数民族的做法，实际上非但不会巩固社会团结，反而损害了社会团结。基于国家整合的需要，强调单一的民族国家认同是必要的，但是，这种单一的民族认同应该建立在一个民族国家的核心价值与民族性基础之上，更重要的是，这种民族认同不能以牺牲少数民族、族群对自己文化的认同为代价。工党在苏格兰、威尔士建立地区性议会的做法，既顺应了国际上权力下放的大趋势，实际上也是基于实现民族国家整合的长远考虑。但是，随之而来的又是一个不甚轻松的问题——在尊重和肯定少数民族认同的基础上，如何实现整个国家的整合？

共和主义、社群主义以及多元文化主义都对培养民族认同从理论上提出了各自不同的看法。

共和主义公民教育思想认为，通过历史和语言等科目教学促成民族认同是必要的，但是，公民教育更应该注重培养公民的责任意识与实践参与能力，公民应该通过亲身实践去感悟国家实体的力量，在参与的过程中去积淀对国家的认同感与归属感。

社群主义公民教育思想对自由主义、共和主义的主张既有批判又有继承。社群主义同共和主义一样力图通过公民德行和公共善来强调个人利益与社群的关系，通过公民的实践参与实现对社群的认同；同时，社群主义又力图突破共和主义的单一认同、必要时牺牲个人利益、极端参与等局限。相对于共和主义强调的单一民族国家认同来说，社群主义所强调的，则是一种多元认同。这种多元认同并非新自由主义对公民之间差异性的认同，而是指对不同社群的认同。社群主义所主张的多元认同是指公民对于多个社群的认同，国家只是众多社群中的一个，公民可以认同于多个社群，所以，每个公民都具有多重身份——既是社群成员，也是国家成员。公民认同是获取社群主义公民资格的必要条件，它有助于公民更加热心于社群的事务，更加积极地参与社群的实践，从而共同地去实现公共善。社群主义认为，公民认同是实现公共善的重要基础。公民认同感与归属感的培养必须以社群成员的公共生活为背景。公民教育应该使学生认识到什么是社群，个人与社群的关系如何，使学生学会对社群充满感激，学会适应社会、整合个人与社群的关系,学会尊重他人。社群主义还认为学生应该学会"自律",因为这是培养公民品格与道德的关键。[①] 学校并非是实施公民教育的唯一途径。学生只有深入到社区生活中才能了解社区的文化与历史,了解社区的生活经验。学生通过参与社区的活动,才能逐渐产生对社群的认同感,并在不断互动过程中建立对社群的认同,使学生积极面对并有志于解决社区的问题,促进社区文化的发展。这种在社区开展的公民教育必须有学校公民教育与之相配合。在公民教育问题上学校与社区必须达成统一。

很显然,英国公民教育中的多元认同的思路明显得益于社群主义思想。对多元社群的认同能够在很大程度上缓和多元社会中的冲突,但是,对于民族国家的整体认同也成为英国现代国家建构的大问题。实际上,社群主义的思想中暗含着一种逻辑推理——国家是多种社群中的一种,国家内部包含着多种社群,公民对国家内社群的认同,必然会推及对整个民族国家的认同。然而,由于国家内社群的复杂性与多样性,对多元社群的认同未必最终形成对民族国家的认同,更有甚者也可能会导致对民族国家的离心力。可见,英国公民教育中尚缺乏一种建立在民族国家统一的核心价值与民族性基础之上的民族认同。而且这种民族认同也并非单纯地通过公民教育就能够实现。

多元社会统一的核心价值与民族性的形成,更需要国家政府以及国家内多元社群的积极互动与协作。笔者认为,多元文化主义的思想为此提出了相对稳妥的建议。多元文化主义思想不仅肯定了要在每个民族国家内部培养一种以共同语言和历史为特点的民族认同,并且谋求培养一种能把国家中的各个民族群体结合在一起的超民族认同。尽管为了巩固社会的安定与团结,国家有权使移民和少数民族公民掌握主流社会的语言,了解主流社会的历史发展状况;但是,也应尊重移民和少数民族的语言、文化和历史。从理论上来看,多元文化主义所倡导的民族认同与超民族认同是比较理想的整合方式,但是,在包括英国在内的所有多元文化国家中,多元社会的整合依然是民族国家建构需要解决的一大难题。无论采取哪一种整合方式,都必然客观存在着冲突与妥协,稍有一处解决不妥,就有可能危及国家的安定局势,甚至还可能带来倾国之灾。

---

① Jack Demaine, Harold Entwistle. Beyond Communitarianism [M]. London: Macmillan Press Ltd, 1996: 12.

此外，还有必要提及的是，在第3关键与第4关键期的公民教育纳入了全球化、欧盟、联合国、英联邦方面的内容。第4关键期还涉及了全球依赖性、全球责任感以及可持续发展。这不仅表明英国公民教育将积极公民的培养置于一种更广阔的国际背景与全球背景，同时也是英国对全球化、一体化的世界发展大趋势的一种积极回应。因此，公民教育积极公民的培养也就具有了更广泛的意义。公民的责任感不仅仅局限在民族国家范围之内，公民的社区参与可以扩展至全球社区。但是，英国公民教育并未像后民族主义者与世界主义者所期待的那样倡导"欧洲公民资格"与"世界公民资格"。如火如荼的全球化、一体化并未将英国的公民认同拉出国界，反而唤醒了一个早期现代化国家的强烈民族意识。尽管民族国家整合对于英国来说依然任重道远，但是，只有以积极的努力重塑一个团结而有力的现代国家，新英国才能抓住新旧世纪交替的历史机遇再度振兴，新英国才能在新的世界格局中占据一席之地，并发挥出更大的作用。

一些相关评论也指出了英国公民教育在整合功能方面的欠缺。莱维塔斯（Levitas）认为，新工党实施的政策代表了两种主要的政治话语，一种是下层阶级的道德话语，一种是社会整合的话语。① 从英国公民教育的内容中就可以明显看出，新工党非常关注那些社会排斥群体（例如，下层贫民、移民、少数民族等）的生活、道德以及行为，并努力使社会主流与这些群体建立起相互包容、相互尊重的关系，即新工党政策所代表的社会整合话语。然而，国家政府所实施的整合力量不可避免地带有一定的强制性。那么，这种整合是否能够被所有人从心理层面上接受？这种整合是否能顺利地实现？尤其是那些所谓的"下层阶级"，他们所需要的不仅仅是宽容与尊重，而且包括实实在在的公民权利与平等的公民地位。

英国公民教育与人权教育委员会（British Council on citizenship education and human rights education）出版的《公民教育与人权教育：英国的发展与资源》（*Citizenship education and human rights education：Developments and resources in the UK*）指出，资格与课程局最初针对公民教育国家课程所公布的指导方针中一些基于多元认同与包容差异所提出的指导建议，使得公民教育反倒往往被利用去强化歧视；公民教育反倒成为一种限制少数人公民权利、破坏民主原则的力量。该委员会提出，人权

---

① GIFFORD C. National and Post-national Dimensions of Citizenship Education in the UK [J]. Citizenship Studies，2004，8（2）：145-158.

教育应该成为公民教育中的重要内容。并在全英国（包括英格兰、北爱尔兰、苏格兰、威尔士）促进公民教育与人权教育，努力推行联合国《1998年新人权法案》的教育与培训。"人权标准并不是提供一种或'对'或'错'的答案，而是提供了一种可执行的解决两难困境的框架。由于这是国际认可的原则，因此这些原则具有一种超越各国道德规范的权威性。人权价值还能够帮助学校发展一种权利与义务相互平衡的氛围，因此有助于形成一种安全而充满活力的学习环境。"[1]

英国教育标准局2013年发布了一份关于英国中小学公民教育质量的评估报告。该局于2009年9月至2012年7月对英国126所公立学校（包括4所特殊学校）的公民教育开展了调查。视察员观察了146节小学课和567节中学课，会见了学科领导和学校领导，并采访了1700多名学生。调查结果显示，在访问的大多数小学中，校长们通常认为公民教育是在学校内推广共同价值观和社区意识的关键。他们认为公民身份是成功促进学生道德、社会和文化发展的重要工具。在视察的32所小学中，有28所学校的学生成绩被评为"好"或"较好"。94所学校中，有64所学校的学生成绩被评为"好"或"较好"。在这次调查访问的中学中，公民课程实施状况比上次访问的中学要好，有四分之三的学校教学状况为好或良好。在被访问的中学中，有三分之二的学校在学科领导方面表现良好或突出。尽管有时需要管理复杂的跨课程安排，但优秀的学科领导者仍能得到高级教师的大力支持，并获得适当的地位和资源，以协调和推动学科的改进。大多数学校都为学生提供了一系列合适的机会，通过积极的公民参与、志愿服务支持或代表他人，或担任领导角色来影响学校内部的变化。在一些优秀的教学实践中，教师已成长为自信的专家型教师，他们成功地运用一系列技巧，使学生挑战、探索批判性的问题，并对关键概念形成自己的观点。然而，仍然有四分之一的中学教学不够好，有两所学校的公民教育是不充分的。在教学方面，一些教师因学科知识和专业知识的薄弱导致教学中的局限和肤浅。对于一些非专业的教师来说，教授公民课程已经被证明是一种不受欢迎的负担；并不是所有被要求教授这门课程的教师都理解支撑公民教育的原则，以及这些原则与其他学科，特别是人文学科与个人、社会、

---

[1] Leena Chauhan. Citizenship education and human rights education: Developments and resources in the UK [R]. British Council on citizenship education and human rights education, 2000: 6.

健康教育（PSHE）之间的关系。教师在课堂上使用评估方法的情况较上次有明显改进，但这仍然是中小学整体教学中最薄弱的环节。①

除了政府官方的调查评估之外，英国这一时期涌现出大量的公民教育研究。这些研究或是来自官方的大规模调查，或是来自公民教育专家的小规模研究，它们都从不同层面、不同角度证明，公民教育对培养青少年的效能感、增强政治参与意识与能力、优化民主政治知识都做出了重要贡献。当然，英国公民教育从无到有，既开创了历史同时又面临着挑战。公民教育的课程内容、教学、管理各个方面都取得了一定成就，但也表现出课程初创期因不成熟而造成的局限和不足。例如：怎样教育学生理解并实现多样性，如何理解英国的民族内涵，如何优化公民教育的评估方法……除了因课程本身不成熟所带来的阻碍之外，公民教育所涉及的国家政治生活本身就是复杂的、多变的，这也在很大程度上给公民教育的发展与变革增加了难度。

三、国家课程风波后的公民教育改革

2010 年，英国联合政府上台执政后，保守党人迈克尔·戈夫（Michael Gove）就任新的教育大臣之后，他首要的重点工作就是将前任首相工党领袖布朗执政时期创立的英国儿童、学校和家庭部（Department for Children, Schools and Families, DCSF)② 的名称改回为"教育部"（Department for Education, DfE）。教育部将负责有关儿童教育的事务，

---

① OFSTED. Report summary Citizenship consolidated? —A survey of citizenship in schools between 2009 and 2012 [EB/OL]. https://assets.publishing.service.gov.uk/government/uploads/system/uploads/attachment_data/file/413153/Citizenship_consolidated_-_report_summary.pdf，2022-7-27.

② 注：英国教育部名称的变更频繁。成立于 1944 年的英国教育部，1964 年改为教育与科学部（Department of Education and Science），1995 年又更名为教育与就业部（Department for Education and Employment），2001 年为适应终身学习的需要，又将其更名为教育与技能部（Department for Education and Skills），而最大一次是 2007 年的更名。2007 年 6 月，戈登·布朗（Gordon Brown）首相上台对教育方面第一重大举措就是将原来的教育部一分为二，即将其重组并拆分成为儿童、学校和家庭部（The Department for Children, Schools and Families）和创新、大学和技能部（Department for Innovation, Universities and Skills）。（资料来源：杨光富、张宏菊：《英国布朗政府中小学教育改革的三大举措》，《教育发展研究》2008 年第 11 期，第 64 页。）

有关大学的事务将继续由商业、革新和技能部（Department for Business, Innovation and Skills, BIS）负责。教育部借鉴工党执政时期的教育改革经验与教训，基于教育公平和教育效率，提出了许多新的教育改革主张，如加强学校自治、赋予教师更多自由、严格课程标准、完善考试制度、兴办自由学校、推进学校改革、建立透明教育资助制度等。联合政府在教育政策上的调整在社会上引起了人们的激烈讨论，这其中就包括了公民教育方面的重大变革，来自各个方面褒贬不一的评价，也促使联合政府对其公民教育政策进行不断的反思和改进。

（一）公民教育国家课程地位之争

2011年1月20日，英国教育部长迈克尔·戈夫（Michael Gove）发起了国家课程审查。他任命剑桥大学的剑桥考试评估委员会研究与评估主任（director of assessment and research at Cambridge University's exam board Cambridge Assessment）蒂姆·奥兹（Tim Oates）和四位专家领导这次课程审查。奥兹曾在其发表的一份研究报告中指出，一些新的学科被重复性地加入到国家课程中，这些学科包括作为生物学的一个主题的性健康教育，以及公民教育。英国教育大臣戈夫提出要削减国家课程，他认为"国家课程不必覆盖人类知识的每一个能够想到的领域，或者尽力做到不应该成为一种强加传递政治时尚的工具"。之前的一个月，戈夫公布了新的普通中等教育证书（GCSE）科目，包括数学、英语、科学、外语，以及人文学科，例如历史或地理。戈夫表明，他的意图在于将国家课程回归到其最初的目的——围绕学科课程构成的一种核心国家权利。而在公民教育学科是否保留在国家课程中，他表现出模糊的态度。2011年12月，课程检查小组建议公民课程被降级为基础课程。学校将仍被期望去开设这门课程，但学校课程教什么内容，如何教，所开设的公民课程达到什么样的水平则由学校来决定。

这一消息在英国社会引起了轩然大波，包括公民教育学者与专家、学校教师与学生、法律界人士、人权组织等都纷纷通过各种媒体进行呼吁和抗议，对教育部的做法表示不满。

学校中的教师们非常担忧由教育大臣戈夫所发起的国家课程审查会将公民课程降级为选修课程。教师们指出，这是与"大社会"的目标相背离的。他们呼吁："如果教育部叫停学校公民教育必修课程的话，英国将退回到发达国家中政治文化教育最少的国家。""我们不能一边抱怨青年们态度冷漠,却一边又不给予他们参与社会的工具。"学生们也对此都表示反对,其中一位学生发表的看法表明了公民教育对于学生发展的重要性:"我们在某些学科之中学习的东西,例如数学在五年内都不会用到,公民教育却将一直伴随我们的生活。"①

公民教学协会(Association for Citizenship Teaching,简称 ACT)领导人克里斯·沃勒(Chris Waller)代表 2000 名公民课程教师提出,如果公民课程被废止的话,英国将成为发达国家中使青少年丧失"政治与法律文化"的"绝对独一无二"的国家。"我们已经在青少年知识方面获得了巨大进步。公民教育不能够简单地被其他学科吸纳。"废止这一学科将使英国退回到十五年前"发达国家中政治教育最少的国家"。②

国会议员、教育部前任大臣戴维·布朗奇(David Blunkett)撰文直指政府的课程审查是自相矛盾的:"我们需要一种真正意义上的国家的课程,公民课程必须被保留,它对于民主制度来说是必不可少的。""如果青年人无法理解他们所处的社会以及他们作为积极公民的(社会)角色,那么我们就无法拥有一个文明、开化的参与型的民主政治。"文章发表后的几个星期,保留公民教育课程的这种观点在许多资深政治家中间获得了越来越多的支持。③

一大批法律和人权组织支持这项运动,他们由民主生活(Democratic Life)组织和发起了保护联合会,这其中包括法律协会(Law Society)、公民基金会(Citizenship Foundation,该组织曾为公民学科在课程中的获得优先地位做出很多努力)、公共法律教育网(the Public Legal Education Network)、人权特赦国际与英国协会(Amnesty International and the British Institute of Human Rights)。众多组织讨论的一部分内容甚至被进一步延伸,认为公民教育的国家课程地位非但不能取消,而且应该在学校中传授政治现状以及世界观这样的内容;同时,学校中的公民课程与更广泛的问题相互联系,例如,公共法律教育与法律援助的提供,这也在多方

---

① Neil Rose. Citizenship education is integral to 'big society' [EB/OL]. http://www.guardian.co.uk/politics/2011/jan/18/citizenship-education-integral-big-society,2011-01-18.

② Jessica Shepherd. Don't scrap citizenship lessons, teachers plead [EB/OL]. http://www.guardian.co.uk/education/2011/jan/20/dont-scrap-citizenship-teachers-plead,2011-01-20.

③ Liz Moorse. Pressure builds for keeping Citizenship in a 'truly national' curriculum [EB/OL]. http://www.democraticlife.org.uk/2012/03/02/pressure-builds-for-keeping-citizenship-in-a-truly-national-curriculum/,2012-03-02.

面更加突出了法律问题教育的重要性。

2010年11月，教育部的教育研究国家基金会出版了有关公民教育影响的九年研究的最新调查结果，这项研究追踪了一大批学生的整个初中阶段。调查结果虽然是混杂的，但是整体上来说，年轻人的公民与政治参与有明显且稳定的提高，而且有迹象表明这些年轻人成为成年公民后将会继续参与。该研究还提出了使公民课程更加有效的改进方式。[①] 从2002年至今，已有50万年轻人获得了普通中等教育证书（GCSE），或是公民课程已达到合格水平。自从普通中等教育证书被采用以来，年轻人在他们的社区已经发起了十多万项积极公民项目。有研究表明，那些选择公民课程作为普通中等教育证书（GCSE）科目的青少年对于公民和政治参与持有一种更加积极的态度。公民课程被认为是在英国普通中等教育证书考试中发展最迅速的学科，每年有超过10万的青少年获得（该课程）资格，学生们研究例如犯罪、正义，联合国的作用，以及如何成为"积极公民"等话题。

公民教育相关领域的人士对于教育部欲取消公民教育的国家课程地位都感到困惑和忧虑。公民是国家课程中教授民主、政治、经济以及法律的唯一一门学科。取消公民教育课程意味着一种倒退，英国社会将退回到除了少数特权阶层以外很少有人会了解民主如何运行，法律如何制定，公民的税收到哪里去了，公民如何对自己所处的社会发生影响的状态。保守党不应仅因与工党的政见不同就取消工党时期确立的公民教育法定地位，这绝对是不明智之举。公民教育是一项国家的事业，而非仅仅工党的事业，它在1990年就已被保守党政府以跨课程主题的形式所采纳。英国对于公民教育的诉求，时间由来已久，无数位政治家与教育家为了公民课程能够成为教育的基本组成部分已经游说了百年时间。保守党不应置几代人的努力于不顾，而陷入狭隘的党派之争中。卡梅伦政府倡导"大社会"的理念却舍弃公民教育这显然是自相矛盾的。

在公民教育国家课程地位之争的过程中，一项重要事件给卡梅伦政府一记当头棒喝。2011年8月英国伦敦发生了严重骚乱事件，该事件"像X光一样，暴露出这个多元移民社会在长期面对经济不振、前景不明时所积压的种种深层裂痕。更让人费解的是，参与掠抢的并不只是所谓被边缘化

---

① Neil Rose. Citizenship education is integral to 'big society' [EB/OL]. http://www.guardian.co.uk/politics/2011/jan/18/citizenship-education-integral-big-society, 2011-01-18.

的社会底层,也包括白人和中产阶级。《每日电讯报》12 日以《我们的病态社会》的大标题作为封面,就重点报道了这些原本该属于'主流人群'的暴徒,他们中有百万富豪的女儿、正在舞蹈学院学习芭蕾的高才生、受人尊敬的音乐家和歌剧演员,而且他们好些相当年幼,最小的一男一女才11 岁"。"首相卡梅伦也不得不承认:'我们社会中某些人群不仅是破裂,而且实在是病态! 这部分人完全不负责任,他们觉得世界欠他们的。'他说:'看到那些年轻人在街上砸破抢夺,还脸带笑容,这完全是不负责任、管教不周、缺乏教养、没有道德,这是我们需要改变的。'"这番描述不但不是他对自己国家的憧憬,更是对他几个月前提出的大社会、小政府愿景的一记棒喝。他鼓励人们对社群和国家负起更多责任,自动自发改善生活。[①]

骚乱所带来的不仅是巨大的经济损失与社会伤害与恐慌,这场骚乱更让英国政府深刻地反思公民教育的问题。如前所述,新工党执政时期,英国的公民政策直接指向青年人与移民显然是经过深思熟虑的,因为青年人与移民已成为民族国家公民资格崩溃的象征。英国政府要求青年及移民学习公民课程,进行普遍的公民教育与道德教化是英国在新世纪进行民族国家建构的重要历史使命。在公民教育中,促进青年学生的社会化,实现英国社会各族群之间的相互理解、包容与交流,防止异常青年的反社会行为,给予学生社会参与、政治参与的技能与实践机会。只有在民族国家稳定发展的前提下,个体公民的民主权利才能得以保障。因此,在 2013 年英国联合政府开展的新一轮国家课程改革中,公民教育再度位列其中。这是英国政府对于民众强大呼声的最佳回应,也是顺应英国乃至全球社会历史发展大趋势的积极调整。

(二) 最新英国公民教育课程改革

1. 小学阶段的公民教育课程改革

在联合政府上台后开展的课程改革中,教育部最初并未对 PSHE 课程做出详细的学习目标、教学内容方面的规定,并指出:由于 PSHE 课程涵盖许多学习领域,任课教师在进行高质量教学时具有灵活性。教师是了解他们学生需求的最佳人选,因此不需要额外的国家指导方针,也没有必要再提供学习该课程的新的标准框架。教育部希望教师能够自由地创设与他们学生最密切相关的话题,吸收优秀的实践与建议。学校同样可以自由地

[①] 郭斌. 英国暴力骚乱探源:"青年病"还是"社会病"? [N]. 羊城晚报,2011-08-16.

选择专业组织与团体和资源。教育部也鼓励专业组织与团体在他们擅长的领域对学校发挥引导作用。英国教育部划拨专项资金给 PSHE 协会 (PSHE Association)，该协会将依据教育部所颁布的指导方针帮助学校发展他们自己的 PSHE 课程，帮助教师提高教学质量。该协会专注于为学校提供高质量的课程资源，帮助学校扩充 PSHE 课程教师。教育部要求 PSHE 协会为教师提供一系列案例研究作为教师的教学参照，并建议学校与声誉良好的专业组织与团体进行合作，从而推动该课程走向宽广、平衡的发展路径。

（1）从 PSHE 到 PSHEE：课程的目标、内容与教学建议

虽然该课程并没有规定既定目标，但是教育部一直致力于研发关键期终结性的目标描述，以帮助教师评估学生的进步状况。2011 年英国教育部的一份文件描述了大多数学生在学习了 PSHE 课程后，在每个关键期结束时应有的典型表现。根据这些描述，教师可以判断他们的学生所达到的水平和进步的程度。

第 1 关键期

儿童能够识别并说出一些情感（例如：通过解读面部表情），表达出他们的一些积极品质。他们能表现出可以以一种积极有效的方式来管理某些情感。他们开始分享他们的观点和见解（例如：谈论有关公平的话题）。他们能够为自己设定简单的目标（例如：分享玩具）。

儿童在有关他们身体健康方面能够做出简单的抉择（例如：在不同的食物、体育活动中间做出选择，懂得他们需要阳光防护），并且了解什么能够使他们保持健康（例如：锻炼和休息）。他们能够说明保持清洁的方法（例如：通过洗手、保持头发整洁），他们能够说出身体主要部分的名称。儿童能够谈论一些日用品与药物的危害之处，描述在熟悉的环境中保证安全的方法（例如：知道如何以及在哪里才能安全地穿过马路）。他们能够说明人是怎样从年幼到年老成长起来的。

孩子们能够认识到欺凌弱小是错误的行为，并能够列举出在处理这类问题方面获取帮助的一些方法。他们能够认识到自身行为对他人的影响，并能够与他人合作（例如：通过与朋友或同学一起游戏、劳作）。他们能够认同并尊重人与人之间的区别与相似之处，能够说明家人与朋友关爱他人的不同方式（例如：告诉朋友自己喜欢她们，对一个不舒服的家庭成员表示关心）。

第 2 关键期

儿童能够表现出他们认识到个人的价值与其他人的价值（例如：通过对他们自己和同学做出积极的评论）。他们能够自信地表达出他们的观点，能够倾听他人的观点，并对他人观点表现出尊重。他们能够在面对挑战时找到积极的方法（例如：向中等教育阶段的过渡）。他们能够讨论青春期阶段某些身体与情感方面的变化，表达出以积极方式处理这些变化的一些方法。他们能够谈论一系列职业，并说明他们在未来的工作中将如何发展技能。他们能够展示如何管理好（自己的）钱和储蓄。

儿童在有关如何培养健康的生活方式方面能够做出决定（例如：通过了解健康减肥与规律性的锻炼的重要性）。他们能够认识到某些影响情绪健康的因素（例如：锻炼或者处理情感）。在影响他们健康方面的问题上，他们能够做出判断和决定，并能列出抵御消极的朋辈压力的方法。他们能够列举出通常可获得的合法与不合法的药物和药品，能够说出这些药物和药品的某些影响与危害。他们能够确认和解释在不同的熟悉的环境中如何去处理危机（例如：讨论与个人安全相关的问题）。

孩子们能够说明他们的行为对于自身和他人是如何产生影响的。他们能够描述欺凌弱小的本质与后果，能够说出应对这种问题的方法。他们能够尊重各种不同类型的关系（例如：婚姻或友谊），能够展示维系良好关系的方法（例如：倾听、支持、关爱）。他们能够应对或挑战消极行为，例如陈规陋习和侵犯。他们能够描述一些社会中不同的信仰和价值观，能够对与自身不同的人们表示尊重和容忍。[1]

联合政府 2013 年以来的课程改革，对 PSHE 课程进行了调整，增加了公民生活中非常重要的一部分内容——经济。课程名称也由"个人、社会、健康教育"（PSHE）调整为"个人、社会、健康、经济教育"（PSHEE，或 PSHE）。英国教育部指出，该课程是小学阶段学生们所受到的所有教育中非常重要与必要的组成部分。所有的学校都应该借助于良好的实践来教授该课程，这是中学阶段继续学习公民教育课程的前提与基础，这种期望在新的国家课程导言中已经被概括出来了。PSHEE 是一门

---

[1] health education （PSHE）：End of key stage statements ［Eb/OL］. http://webarchive. nationalarchives. gov. uk/20131202172639/http://www. education. gov. uk/schools/teachingandlearning/curriculum/primary/b00199209/pshe/statements，2011-11-25.

非法定科目，是涵盖多领域学习内容的综合性课程。学校和教师在开设该课程时拥有较大的自主权，教育部建议当学校在反思其学生的需要去设定本校的 PSHEE 课程时，期望学校能够运用他们的课程教育使学生对危险状况有充分的了解，并使学生能够掌握做出安全、明智决定的知识与技能。

在 2015 年最新出台的课程改革文件中，英国教育部公布了《小学公民教学方面的建议》，并做出说明：该课程为非法定课程，学校不必完全遵照本大纲，出台本大纲目的是为了便于学校设计整体性的课程。（见表 4）

表 5　英国教育部在小学公民教学方面的建议[①]

	第 1 关键期（5—7 岁）	第 2 关键期（7—11 岁）
总体概述	在第一关键期，学生能够了解其作为发展中的个体以及社会成员，建立起他们的个人经验以及个人、社会及情绪发展方面的早期学习目标。他们学习基本的规则与技能以保证他们的健康、安全以及举止得体。他们有机会展示他们能够为他们自己和他们的环境承担某种责任。他们开始了解他们自己及他人的情感，开始意识到其他儿童及成人的观点、需要和权利。作为班级和学校社群的成员，他们要学习社会技能，例如：如何分享、守秩序、游戏、帮助他人、解决简单的争论以及与抗拒欺侮行为。他们开始积极参与到其学校及周围地区的生活中。	在第二关键期，学生了解他们在个人经验和思想及其作为社会成员方面的个人成长变化。他们变得更加成熟、独立、自信。他们了解更广阔的世界及其中各种社群的相互依存的关系。他们发展他们的社会正义感、道德责任感，并开始懂得他们自己的选择和行为能够影响地方、国家或全球的问题以及政治制度、社会制度。他们学习更加充分地参与学校和社区的活动。 当他们开始成长为青少年，他们会面临青春期的挑战，他们会在学校的支持与鼓励下向中学阶段过渡。他们在他们的健康和环境方面将学习如何做出更加自信和明智的选择；为了自己的学习，他们要承担更多个人的和集体的责任；与欺侮行为对抗。

[①] Department for Education. Citizenship programmes of study: key stages 1 and 2 [EB/OL]. https://www.gov.uk/government/uploads/system/uploads/attachment_data/file/402173/Programme_of_Study_KS1_and_2.pdf，2015-02-16.

续 表

	第1关键期（5—7岁）	第2关键期（7—11岁）
知识、技能与理解力	认识到什么是他们喜欢的和不喜欢的，什么是公正与不公正，什么是对与错。 分享他们对与之相关的事情的观点，并对他们的观点做出解释。 以积极的方式去认识、命名、处理他们的感受。 使学生自省，从自身经验中学习，认识自己的长处。 如何设立简单的目标。	发表并写下影响他们自己和社会问题的观点，并能够解释他们的观点。 通过确认自己的积极方面与成绩，能看到自己的错误，改正错误，设定个人目标，从而认识到自己作为个体的价值。 通过搜集信息，寻求帮助，做出负责任的选择，付诸行动来积极面对挑战。 当他们接近青春期时，使他们认识到人在这一阶段的情绪变化，如何以积极的方式处理他们对自己、家人以及其他人的情感。 使学生了解他们所认识的人所从事的职业范围，了解他们应该怎样才能发展技能，使他们自己能够贡献于未来。 管理好自己的钱，认识到将来所期望的、必需的东西可以通过节约来得到。
准备发挥公民的积极作用	参加与他人的讨论和整个班级的讨论。 参与有关时事问题的简单讨论。 使学生认识到自己能够做出怎样的选择，并能做出是非判断。 赞成并遵守小组与班级中的规则，理解规则对他们的益处。 使学生认识到，人和其他生物都有需要，他们有责任迎合这些需要。 认识到他们属于各种各样的团体和社群，例如家庭和学校。 什么对本地的、自然的与人工的环境有益或有害，以及人们以什么样的方式保护环境。 为班级和学校的生活做贡献。 认识到钱有不同的来源，也有不同的用途。	对一些时事问题和事件进行研究、讨论和辩论。 为什么、怎么样去制定和执行规则与法律。为什么不同的情况下需要不同的规则；如何参与制定和修改规则。 认识到反社会行为与侵犯行为对于个人和社区的后果，如欺侮弱小、种族主义。 家庭、学校以及社区中的责任、权利和义务具有不同的种类，它们有时候是相互冲突的。 通过设身处地去理解他人的经历，去反思一些精神、道德、社会以及文化方面的问题。 通过看到事物的两面性，制定决策以及解释性选择来解决差异的问题。 什么是民主？地方与国家层面赖以支持民主的基本制度是怎样的？ 认识到志愿者、社区和压力集团的作用。 了解联合王国在国家、地区、宗教以及种族方面具有不同的认同。 资源配置可以有不同的方式，这种经济选择会影响到个人、社区以及环境的稳定。 探讨媒体是怎样发布信息的。

续　表

	第1关键期（5—7岁）	第2关键期（7—11岁）
培养健康、安全的生活方式	如何做出简单的选择以提高他们的健康和幸福。 保持个人卫生。 一些疾病是如何传播和被控制的。 人从出生到年老的成长过程以及人会发生哪些变化。 人体主要部分的名字。 所有的家庭日用品，包括药品，如果使用不当会带来伤害。 保障安全的规则和方式，包括基本的道路安全以及哪些人能够帮助他们确保安全。	怎样创造健康的生活方式，包括锻炼和健康饮食的益处，什么会影响心理健康，如何做出明智的选择。 细菌与病毒会影响到健康，追求简单、安全的日常生活会降低他们的传播。 当他们临近青春期时身体会发生哪些变化。 哪些通常易于获得的化学药品、药物是合法的和违法的，他们的影响与危害是什么。 认识不同状况下的不同危险，然后决定如何做出负责任的行为，包括使用明智的方式，判断哪种身体接触时可接受的或者不可接受。 各种来源（包括来自他们所认识的人）的压力会以一种个人无法接受或危险的方式表现出来，如何寻求帮助，并使用简单的对抗压力的技巧以避免做错事。 学校关于健康和安全的规则，基本的紧急救援程序以及向哪里去求助。
培养良好的人际关系，尊重人与人之间的差异	认识到他们怎样的行为会影响到其他人。 能够倾听他人，与他人共同游戏、共同工作。 识别并尊重人与人之间的差异与相似。 家人与朋友应该互相关爱。 嘲弄与欺侮有许多不同类型，欺侮是错误的，如何获得帮助解决欺侮问题。	使学生认识到他们的行为会影响到他们自己和其他人，应该考虑到他人的感受，试着从别人的立场看问题。 应该考虑到生活在其他地方与其他年代的那些人的生活，考虑到那些具有不同价值观与习俗的人。 认识（社会）关系的不同类型，包括婚姻关系、朋友关系、家庭关系，并培养在这些关系中的有效技能。 认识种族主义、嘲弄、欺侮以及侵犯行为的本质与结果，如何应对这些，如何寻求帮助 认清陈规旧俗，并对之发起挑战。 人们之间的差异与相似源自许多因素，包括文化、民族、种族、宗教的多样性、性别、残疾。 个人、家庭以及团队在什么地方能够获得帮助与支持。

续　表

	第1关键期（5—7岁）	第2关键期（7—11岁）
机会的幅度：培养学生知识、技能、理解能力的教学时机	承担、分担责任（例如：通过帮助制定和教室规则并遵守它们；通过很好地照顾宠物）感受自己积极的一面（例如：使自己的成就被承认，并得到他人有关他们自己的积极反馈）。 参与讨论（例如：谈论与学校、当地、国家、欧洲、联邦以及全球有关的话题，例如："我们的食物、工业原材料从何而来"）。 做出现实的选择（例如：在学校膳食中做出健康选择，看什么样的电视节目，做什么样的游戏，怎样明智地花钱与储蓄）。 与人会面和交谈（例如：与宗教领导人、警察官员、学校护士等外来拜访者之间）。 通过工作和游戏建立关系（例如：在同一个任务小组中与其他同学、朋友共享设备器材）。 思考日常生活中所遇到的社会的、道德的两难问题（例如：攻击行为，公平问题，正确与错误，简单的政治问题，钱的使用，简单的环境问题）。 （向他人）求助（例如：家人和朋友、午间监护人、高年级学生、警察）。	承担责任（例如：策划并管理学校的环境；作为一个团队的支持者、扶助者，或者成为小同学的操场调停者；正确地照管动物；当规划上学路线时，能够确认安全、健康和可承受的方式）。 感受自信（例如：书写个人日记、成绩档案袋；展示他们所做的事情以及展示他们所能承担的责任）。 参与（例如：在学校决策过程中，将这种过程与参议会、议会、政府以及投票等民主结构与民主程序相联系）。 做出真正的选择与决定（例如：吸烟等影响他们健康的问题；使用稀缺资源的问题；如何花钱，包括零用钱和慈善捐款）。 与人会面、交谈（例如：那些通过环境压力集团、国际援助组织对社会做出贡献的人；在学校和周围工作的人们，如宗教领导人、社区警官）。 通过工作和游戏建立关系（例如：与具有特殊需求的团体，如有特殊需要的儿童或者成年人，共同参与活动；通过卫星通讯、电子邮件、信件与其他国家的儿童交流）。 使学生考虑在生活中所遇到的社会、道德方面的两难问题（例如：在不同种族之间鼓励尊重与理解，解决困扰）。 找到信息与建议（例如：热线服务电话；了解社会福利制度）。 准备应对变化（例如：向中学的过渡）。

资料来源：《公民课程学习：第1—2关键期》，英国教育部网站。

从这份《小学公民教学方面的建议》的具体内容来看，所谓的"教学建议"基本沿用了工党执政时期小学 PSHE 课程内容指导方针。之所以改称之为"教学建议"，意指 PSHE 课程为非法定课程，学校不必完全严格按照该建议中的内容来开展教学，更加强调了学校在该课程教学方面的自主权。该建议的出台是为了确保该课程与中学阶段的公民课程形成整体性的公民教育。新旧课程大纲的显著区别在于，新的课程教学建议在布置每个关键期的具体教学内容建议之前，增加了该关键期的宏观指导目标。在第一关键期中，更加侧重小学生的身体健康、安全教育，并强调学生在学校、社区等周围环境中的参与意识与能力的培养，这也为下一关键期更深入的公民教育奠定了基础。第二关键期中，学生将更加独立、自信，公民教育方面的教学内容大幅增加，学生从认识和参与周围的社区，开始逐渐认识国家、欧洲乃至全球的社会制度、政治制度，学生的社会正义感、社会责任感、社会参与能力成为这个阶段的教学重点。从 2011 年发布简短的课程宏观指导目标到 2015 年《小学公民教学方面的建议》的出台，联合政府与此后的保守党政府在经历了五年的实践与思考之后，又将新工党政府时期的课程指导方针再度和盘托出，说明英国近年来的小学公民教育基本继承和延续了 20 世纪末以来的公民教育改革路线。

（2）从 PSHE 到"人际关系教育"：课程的变革及法定化

无论是从政府层面，还是从学校实践层面，小学阶段公民教育的重要性已达成共识。保守党政府上台后，依据 PSHE 课程实践发展状况及其执政理念进一步推动了该课程的改革与发展，并积极地将课程引向了法定化道路。

2016 年，英国当时的教育大臣尼克·摩根（Nicky Morgan）在写给英国教育特别委员会主席的工作函中表示："我们知道，绝大多数学校和教师都认识到 PSHE 的重要性，并希望把这门课程教好。但教育特别委员会在 2015 年 2 月的报告中指出了对 PSHE 教学的诸多担忧，并提出了将其合法化等改善方案。我也收到由卫生、民政事务及工商、创新及技能委员会主席签署的联名信，支持委员会建议所有学校将性教育及两性关系教育纳入法定范畴。我同意你们的委员会和信上的签署人的意见，即公共卫生和社会教育是青年为生活做准备的一个关键部分。绝大多数学校已经为 PSHE 做了准备，而政府同意使 PSHE 法定化，将给予它与其他科目平等的地位，政府担心这将无助于解决与该科目最紧迫的问题，这与提供的可变质量有关,正如 Ofsted 发现的 40% 的 PSHE 教学不太好的事实。因此,虽然我们会继续检视 PSHE 在课程中的地位,但我们目前的工作重点是改善学校的 PSHE 教学质量。……我希望 PSHE 成为整个学校精神的核心,因为它事关年轻人的品格发展。……我希望高层领导能够确保它在课程中有足够的时间,在学校中有应有的地位,我希望它能由受过良好训练、得到良好支持的员工来教授。……我们将继续与校长、PSHE 从业人员和其他专家合作,确定政府可以采取的进一步行动,以确保所有学生获得高质量、适当的 PSHE 和 SRE。"① PSHE 是一门面向现代生活的课程。良好的 PSHE 教育为年轻人提供管理自己生活、保持安全、做出正确决定和作为个人和社会成员茁壮成长的知识和技能。该课程也能够为年轻人提供发展技能和素质的机会,如韧性、领导能力、沟通能力、同理心和毅力。高质量的 PSHE 教学对于确保学生校内外的安全和健康也至关重要。它帮助年轻人面对现代科技带来的前所未有的压力,为他们提供所需的信息,以确保他们的安全,并帮助年轻人建立抵御或削弱激进化的风险与复原能力。因此,英国政府对于 PSHE 课程的法定化发展方向是非常明确的。但是,在实现该课程法定化之前,必须扫清障碍。PSHE 作为小学课程中的"新成员",其自身尚处在发展起步阶段。无论是课程理念与内容,还是实践过程,仍存在着诸多问题。英国政府将制定一项改进 PSHE 的行动计划和建议,帮助学校计划和开发他们自己的 PSHE 课程,提供优质的课程资源,帮助学校开展评估。

2017 年英国教育部发布《政策声明:人际关系教育、关系和性教育以及个人、社会、健康和经济教育》。该声明称:英国政府的正在考虑通过将小学阶段的"人际关系教育"(Relationships Education)、中学阶段的"关系和性教育"(Relationships and Sex Education,简称 RSE)以及"个人、社会、健康和经济教育"(PSHE)列为所有学校的法定科目,以保护所有年轻人的安全并为现代英国生活做好准备。英国政府鉴于社会对儿童性虐待和性剥削的日益关注,以及数字媒体所带来的日益增长的风险,迫切需要有一种特别令人信服的法律来保护学生的安全。关于 PSHE,通过

---

① A Letter that Nicky Morgan to Neil Carmichael MP who was the Chair of Education Select Committee Education Select Committee [EB/OL]. https://assets.publishing.service.gov.uk/government/uploads/system/uploads/attachment_data/file/499338/Nicky_Morgan_to_Education_Select_Committee_-_10_Feb_2016--.pdf,2016-02-10.

法规使之成为法律是因为它与"人际关系教育""关系和性教育"密切相关，但需要仔细考虑的是 PSHE 的课程主题与"人际关系教育""关系和性教育"的内容之间的匹配问题，以确保"人际关系教育""关系和性教育"可以被涵盖于 PSHE 课程之中。① 该声明中也提出，英国教育部也在考虑通过发布指南来更改 PSHE 的课程名称。

2019 年，英国教育部正式发布了《人际关系教育、关系和性教育和健康教育——对管理机构、办学者、校长、负责人、高级领导团队、教师的法定指南》，该指南将于 2020 年 9 月生效。尽管国家课程内原有小学阶段的 PSHE 课程名称改为了"人际关系教育"，但是这无疑也标志着小学阶段的公民教育课程终于实现了"法定化"的目标。此次国家课程修订后的与 PSHE 相关的科目被表述为：人际关系教育（适用于小学阶段）、关系和性教育（适用于中学阶段）、健康教育（适用于受国家资助的小学和中学）。改革后的国家课程中所显示的"人际关系教育"与"关系和性教育"，其法定指导内容被涵盖在原有的 PSHE 之中。人际关系教育的相关课程指南中，明确指出了课程的内容与小学毕业时学生的达标水平。

小学人际关系教育课程内容②

小学的重点应该放在教授积极关系的基本要素和特征上，特别是友谊、家庭关系以及与其他孩子和成年人的关系。

首先，学生们被教导什么是关系，什么是友谊，什么是家庭，以及谁是能够支持他们的人。从小学开始，在早期教育的基础上，学生应该被教导如何轮流，如何用善良、体贴和尊重对待彼此，诚实和真实的重要性，寻求和给予许可，以及个人隐私的概念。建立个人空间和边界，表示尊重并理解适当的、不适当的或不安全的身体接触及其他接触之间的差异——

---

① Department for Education of UK. Policy Statement: Rrelationships Education, Rrelationships and Sex Education, and Personal, Social, Health and Economic Education [EB/OL]. https://assets.publishing.service.gov.uk/government/uploads/system/uploads/attachment_data/file/595828/170301_Policy_statement_PSHEv2.pdf, 2022-7-31.

② Department for Education of UK. Relationships Education, Relationships and Sex Education (RSE) and Health Education. Statutory guidance for governing bodies, proprietors, head teachers, principals, senior leadership teams, teachers [EB/OL]. https://assets.publishing.service.gov.uk/government/uploads/system/uploads/attachment_data/file/1090195/Relationships_Education_RSE_and_Health_Education.pdf, 2022-7-31.

这些都是教导关于"同意"的先驱内容，而"同意"则是次要的。

在游戏中，在空间、玩具、书籍、资源等方面的协商中，依据对自己和他人界限的理解，以一种与（学生）年龄相适应的方式教育他们尊重他人。

从一开始，老师就应该明确地告诉孩子们健康的友谊、家庭关系和其他种关系的特点，这些关系是孩子们可能会遇到的。在一系列的背景下提请注意这些问题，应该能使学生对可能导致幸福和安全的关系特征建立起一种强有力的早期理解。这也会帮助他们在遇到不那么积极的关系时能够识别出来。

积极人际关系的原则也适用于网络，尤其是在小学毕业的时候，许多孩子已经开始使用网络了。在教授人际关系的内容时，教师应该以与学生生活相关的方式强调上网的安全和正当行为。教师（教学）应包括如何在所有情况下共享和使用信息和数据的内容，包括上网；例如：分享图片，了解许多网站是商业网站，以及网站如何通过用户意想不到的方式使用用户提供的信息。

关于家庭的教学需要根据学生的知识和他们的环境进行敏感和明智的教学。许多形式的家庭为儿童提供了一个养育环境。（家庭可以包括单亲家庭、LGBT父母、祖父母为首的家庭、养父母或照顾者等。）需要注意确保不因儿童的家庭情况和需要而对其进行污名化，敏锐地反映出一些儿童周围可能有不同的支持结构；例如，照看孩子或年轻的看护者。

与他人建立强大而积极的关系的能力的增长依赖于对个人性格特征和积极的个人品质（有时被称为美德）的刻意培养。在学校广泛的背景下，鼓励（学生）发展和实践韧性以及其他品质，这包括性格特征，例如：帮助学生相信他们可以实现任务，坚持任务，持之以恒，锲而不舍。在理解自尊和自我价值的重要性的同时，学生应该培养包括诚实、正直、勇气、谦逊、善良、慷慨、可靠和正义感在内的个人品质。这可以通过多种方式实现，包括为青年提供有计划的机会，让他们在当地或更广泛的地方从事社会行动、积极的公民身份和志愿服务。

人际关系教育也为学生提供了一个机会，让他们了解积极的情感和心理健康，包括友谊如何支持心理健康。

通过人际关系教育（和RSE），学校应该向学生传授他们需要的知识，以识别和报告虐待，包括情感、身体和性虐待。在小学，这可以通过关注边界和隐私来传授，确保年轻人明白他们对自己的身体有权利。这还应该包括理解与同龄人、家人和其他人之间的友好关系界限，在所有情况下，包括在网上。学生应该知道当他们怀疑或知道有问题时如何报告给相关人士和寻求建议。在各个阶段，教育孩子做出安全的明智决定（包括在网上），同时清楚这绝不是孩子的错，以及为什么指责受害者总是错误的，这是很重要的。

课程内容主要围绕家庭关系、朋友关系、相互尊重、在线交往关系以及确保人身安全这几个内容展开。这些内容在原有的PSHE非法定课程内容中都有所涉及，但是小学阶段的关系课程将人际交往这一主题进行了充分、深入地拓展。一方面，这是英国政府将人际关系教育作为对多元文化、多样性社会整合的一个重要基石，特别是将该课程设置在小学阶段，并成为法定国家课程，更显示出英国旨在从基础教育阶段维护良性社会关系、维系社会稳定、重塑英国价值观的重要决心。

从法定指南中的课程内容表述方式来看，为了体现该课程的灵活性，其课程内容并没有像以往的PSHE课程内容按照关键期分阶段呈现，课程内容的表述方式是按照人际关系教育的主题对教学内容进行了确定性的描述。这种确定性的描述与PSHE中的参与型、探究型的"积极公民"培养的表述方式有较大区别。人际关系教育中的内容主要分为两大类：什么是良好的关系原则，学生对照这些原则应该怎样做。

该指南对于学校以及课堂教学层面的实施也提出了建议。学校可以在广泛和平衡的课程基础上，自由决定如何教授本指南中规定的内容。根据指南中的要求，所有学校都应借鉴已有优秀实践做法，制定PSHE计划。学校在规划和设计自己的教育课程时，也可自由选择其他科目或主题。一些学校选择将人际关系教育作为PSHE的一部分，嵌入原有课程，并取得了良好的效果。只要这些学校的课程模式符合法定指南的要求，就可以继续沿用这种模式，其他学校也可自由选择不同的课程模式。无论使用何种课程模式，学校都需要制定和完善相应的课程实施计划，以确保这些学科核心知识被分解成单元知识，有效、清楚地传达给学生。学校的校长必须与相关课程领域的教师密切合作，以确保人际关系教育等法定课程内容是补充而不是重复国家课程科目（如公民、科学、计算机和体育）所涵盖的内容。将人际关系教育等课程纳入既有教学规划过程是很重要的，学校层面需要确保主次课程之间的平稳过渡。

依据法定课程指南中的课程内容，教师在"人际关系教育"的课堂教学中可以通过多种教学方式实现，包括为青年提供有计划的机会，让他们在当地或更广泛的地方从事社会行动、积极的公民身份和志愿服务。基于人际关系教育课程贴近儿童生活的显著特点，教师教学过程中必然要密切联系生活实践。但是，课程指南也明确地支持教师运用讲授的方式。例如："老师就应该明确地告诉孩子们健康的友谊、家庭关系和其他种关系的特点，这些关系是孩子们可能会遇到的。""与他人建立强大而积极的关系的能力的增长依赖于对个人性格特征和积极的个人品质（有时被称为美德）的刻意培养。""教师需要充分地、精心地选择教学机会和背景，帮助学生顺利嵌入新知识，以便在现实生活中自信地使用。"[①] 家校合作被认为是培养学生良好人际关系的重要途径。法定指南中认为，在培养子女对人际关系的理解方面，父母的作用至关重要。他们对孩子的成长和成熟以及建立健康的人际关系有着最重要的影响。因此，所有学校在计划和教授这些课程时都应该与家长密切合作。为此，教育部还专门发布了《了解孩子小学的人际关系教育与健康教育：家长指南》（Understanding Relationships and Health Education in your child's primary school: a guide for parents），许多学校与家长在这个问题上建立了良好的关系，例如，邀请家长到学校来讨论将教授什么，解决任何问题，并帮助家长与孩子在这些问题上进行有建设性的对话。这是一个重要的机会，家校两方可以共同讨论人际关系教育课程如何有助于在学生的幸福和安全方面提供更广泛的支持。学校通过这样的过程，可以接触到所有的父母，进一步思考在教学中可能需要采取的更细致的教学方法。

---

① Department for Education of UK. Relationships Education, Relationships and Sex Education (RSE) and Health Education: Statutory guidance for governing bodies, proprietors, head teachers, principals, senior leadership teams, teachers [EB/OL]. https://assets.publishing.service.gov.uk/government/uploads/system/uploads/attachment_data/file/1090195/Relationships_Education_RSE_and_Health_Education.pdf, 2022-07-31.

表 6　小学毕业时的学生达标水平[1]

那些关爱我的家人和人们	学生们应该知道 • 家庭对孩子的成长很重要，因为他们可以给予爱、安全和稳定。 • 健康的家庭生活的特点，对彼此的承诺，包括在困难时期，对孩子和其他家庭成员的保护和照顾，花时间在一起和分享彼此的生活的重要性。 • 无论是在学校，还是在外面的世界，有些家庭看起来和自己的家庭不一样，但应该尊重这些差异，并知道其他孩子的家庭也是爱和关心的特征。 • 虽然有不同的类型，但稳定的、关爱的关系是幸福家庭的核心，对孩子成长的安全感也很重要。 • 婚姻代表着两个人对彼此正式的、法律认可的终身承诺。 • 如何识别家庭关系是否使他们感到不快乐或不安全，以及如何在需要时向他人寻求帮助或建议。
有爱心的友谊	学生们应该知道 • 友谊在使我们感到快乐和安全方面是多么重要，以及人们是如何选择和交朋友的。 • 友谊的特征包括相互尊重、诚实、守信、忠诚、善良、慷慨、信任、分享兴趣和经验、面对问题和困难时给予支持。 • 健康的友谊是积极的，欢迎他人的，不会让别人感到孤独或被排斥。 • 大多数的友谊都有起起落落，而这些往往可以通过努力来修复甚至加强友谊，而诉诸暴力从来都是不对的。 • 如何识别谁值得信任，谁不值得信任，当一段友谊让他们感到不愉快或不舒服，忙于处理冲突的时候，如何判断，如何处理这些情况，以及如何在需要时向他人寻求帮助或建议。

---

[1] Department for Education of UK. Relationships Education，Relationships and Sex Education（RSE）and Health Education：Statutory guidance for governing bodies，proprietors，head teachers，principals，senior leadership teams，teachers ［EB/OL］. https．//assets. publishing. service. gov. uk/government/uploads/system/uploads/attachment_data/file/1090195/Relationships_Education_RSE_and_Health_Education. pdf，2022-7-31.

续　表

尊重的关系	学生们应该知道 • 尊重他人的重要性，即使他们与他人有很大的不同（例如：身体、性格、个性或背景），或做出不同的选择，或有不同的偏好或信仰。 • 他们可以在一系列不同的情况下采取实际的步骤来改善或支持相互尊重的关系。 • 礼节礼仪的惯例 • 自尊的重要性以及自尊与他们自身幸福的关系。 • 在学校和更广泛的社会中，他们可以期望受到他人的尊重，反过来，他们应该对他人表现出应有的尊重，包括那些处于权威地位的人。 • 关于不同类型的霸（包括网络霸凌），霸凌的影响，旁观者的责任（主要是向成年人报告霸凌），以及如何获得帮助。 • 什么是刻板印象，刻板印象是如何不公平、消极或具有破坏性的。 • 在与朋友、同龄人和成年人的关系中，寻求许可和给予的重要性。
在线关系	学生们应该知道 • 人们有时在网上的行为是不同的，包括假装成别人。 • 同样的原则也适用于网络关系和面对面的关系，包括尊重网络上的其他人的重要性，包括我们是匿名的时候。 • 确保在线安全的规则和原则，如何识别风险、有害的内容和接触，以及如何报告它们。 • 如何批判性地考虑他们的网络友谊和信息来源，包括意识到与他们从未见过的人相关的风险。 • 信息和数据如何在网上共享和使用

续表

	学生们应该知道
安全	• 在与同龄人和其他人的友谊中（包括在数字环境中），什么样的界限是合适的。 • 关于隐私的概念及其对儿童和成人的影响，包括如果事关安全，保守秘密并不总是正确的。 • 每个人的身体都属于自己，恰当、不恰当或不安全的身体接触、其他接触之间的区别。 • 如何安全而恰当地回应他们可能（在所有情况下，包括在网上）遇到的、他们不认识的成年人。 • 如何识别和报告那些令人感到不安全或感觉不好的成年人。 • 如何为他们自己或他人寻求建议或帮助，并不断尝试直到被倾听。 • 如何报告担忧或虐待，以及这样做所需的词汇和信心。 • 从哪里获得建议，例如家庭、学校和/或其他来源。

很明显，与 PSHE 既有课程内容相对照，小学阶段的人际关系教育更加强调围绕儿童生活，以儿童个体与生活中的人之间的关系为核心来展开；更加强调个人的品格与道德发展，强化以儿童个体私德的发展为基础，与 PSHE 中的社会认知与参与相互整合；可以说新的关系课程将原有 PSHE 中的"培养良好的人际关系，尊重人与人之间的差异"这一主题中的内容进行了拓展和深化，并将此发展成为法定化的重要教学内容，并与原有 PSHE 课程相互整合。但是，在这一课程整合和法定化的过程中，很明显地"人际关系教育"已经占据了这一课程的主导，课程名称上的变化仅仅是其中一个表征而已。从根本上来说，这种课程变革体现着保守党政府在"公民资格"理念方面与工党执政时期有着深刻的区别。尽管二者都非常强调公民对于社会的责任，但是对于通过公民教育进行社会整合这一做法上，保守党政府更加倾向于通过塑造公民的个人品格，推行英国价值观来实现。保守党执政以后，面对巨大的就业压力、移民的涌入、多样性的社会等问题，特别是在英国脱欧的进程中，英国强烈需要一种现代民族国家话语来进行新一轮的民族整合。这一时期英国国家建构的重心也从工党执政时期的"二者兼顾"开始显著地偏向于"民族整合"。而民主、法治等国家建构中的"民主化"话语在这一时期则也被纳入了"英国价值观"的大框架之内，成为"全球英国"目标得以实现的重要基石。

2. 中学阶段的公民教育课程改革

2011 年，中学阶段的公民教育国家课程地位处于争论的漩涡之中，当时的教育部出台了《公民：达标水平描述》。该文件虽然没有明确规定第3、4关键期内公民教育的具体教学内容，但是从学生的行为表现水平描述的侧面，可以反映出当时中学公民教育课程改革的走向。

表7 公民：达标水平描述①

水平	学生达标表现
水平1	学生能够谈论如下公民问题—— 他们能够思考自己乐于提出的问题，并能确定谁能够帮助他们回答这些问题； 他们能够考虑自己的观点是什么，并能够与他人分享这些观点； 他们能够描述出自己所属的群体和社群，并能够识别出其社区里人们的差异； 他们开始会描述不同的需求； 他们能参与到影响他们及其社区的决策中。
水平2	学生开始能够提出问题从而对他们所属的不同群体与社群中了解更多，与他人讨论他们之间的相似与不同之处—— 他们能够对他们所属的社区及他们邻近社区提出自己的观点； 他们可以描述通过他们或他人所采取的行动，事情将可能被改进； 他们开始认识到所有人都有需求与期望，并能够判断二者之间的差别； 他们开始探索不同状况中的公民与不公平现象。
水平3	学生能够认识到他们邻近社区及更广泛社会中以不同方式影响人们的问题—— 他们能够调查问题并能运用提供给他们的不同信息资源去发现问题的答案； 他们能够向他人发表自己的观点，能够开始识别对于他们观点的不同回馈； 他们能够讨论和描述自己所属的不同群体与社群的某些特征； 他们能确认权利的不同种类，了解权利可能是相互冲突的； 他们开始识别民主的某些特征，认识到人们对于本地和本国发生的事情具有发言权； 他们能够意识到在社区中做些什么可以改变事态发展，并能制订行动计划； 他们在熟悉的环境中在公民问题方面能够与他人一起参与决策活动。

---

① Citizenship：Attainment target level descriptions [EB/OL]. http：//webarchive. nationalarchives. gov. uk/20131202172639/http://www. education. gov. uk/schools/teachingandlearning/curriculum/primary/b00198824/citizenship/attainment，2011-11-25.

续 表

水平	学生达标表现
水平4	学生们能够探索一系列信息资源来参与时事问题与有争议问题，包括在那些权利对抗和冲突的地方—— 　　他们能够确认不同的观点和相反的观点，并能解释他们自己在不同情况中的公平与不公平的观点； 　　他们发展研究质疑能力，以探索问题和难题，并开始能够评估这些对于个人和社区的影响； 　　他们能运用自己的发现在争论中提供有见地的看法； 　　他们能够鉴别英国以及更广阔世界中所存在的不同群体和社群，并运用这种理解力来探索他们所属的社群； 　　他们能与他人共同合作，计划并从事关于一些重要的公民问题的一系列活动； 　　他们开始能够解释人们通过个人和集体行动参与民主的不同方式，能够解释在社区和更广泛社会中如何使事情发生改变； 　　他们能够通过将自己的知识与他们在当地社区的代表与参与方面的经验建立起联系，表明对民主的理解。
水平5	学生们讨论和辩论时事问题与有争议问题，包括那些权利处于冲突和需要平衡的状态中的问题—— 　　他们能够思考对于所涉及的不同群体哪些是公平的和不公平的，并能举一反三到相关的国家、欧洲和国际维度上的问题； 　　他们能运用不同的质疑方法和信息资源去调查问题，探究一系列观点，得出某些结论； 　　他们能清晰地传达他们的观点，针对他们的观点给出原因，找出所涉及的一系列观点； 　　他们意识到不同文化与社群对于社会的贡献，并能描述出英国与更广泛世界建立起联系的方式； 　　他们能与来自更广泛社会的他人共同合作，商议、计划、执行行动，致力于使他们的生活发生改变，能够解释所采取的行动所产生的影响； 　　他们能通过描述英国民主程序以及政府运作的关键特征来展示英国政治与正义体系运行的一些知识； 　　他们有效参与到所探究的包括代表、投票和竞选相关的问题之中。

续 表

水平	学生达标表现
水平6	学生能够意识到时事问题与有争议问题方面观点的多样性,并能描述形成这些观点的某些影响因素—— 　　他们能够决定恰当的研究策略,并能发展对调查问题的质疑能力; 　　他们能够探索和解释不同的信息资源,并开始能够评定出这些信息的有效性和偏见; 　　他们能够提出有见地的论据,考虑各种观点,并能在探究这些观点时勇于向假设或观点提出挑战; 　　他们能够运用调查结果提出一个具有说服力的详细行动方案,并能就他们的观点给出理由; 　　他们能协商他们的角色,与他人一起计划和执行行动进程; 　　他们能够对在社区中所产生的改善或影响方面所取得的成功程度加以反思,并对接下来如何做提出建议; 　　他们对于各种群体和社群中的同一性与多样性的复杂状况表现出理解态度,并能解释英国社会与全球社会发生某些变化的影响; 　　他们能思考一系列情境(从当地到全球)中的不平等现象,并能说明有哪些类型的权利需要被保护、支持和平衡; 　　他们开始对英国的民主议会制政府体制与世界其他地区的体制加以比较; 　　他们表现出能够理解英国、欧洲以及更广泛世界中的人们之间的相互依赖关系,并能描述这种内在关系。
水平7	学生能探索有关时事问题与有争议问题的一系列观点(包括他们自己的观点)的起源—— 　　他们能够对假设、经过有见地的争论后得出的个人观点,以及对相关证据的解释提出疑问; 　　他们能进行有说服力的辩论,并陈述他人的观点(包括他们不同意的); 　　他们能权衡和评定个人或群体的权利与义务; 　　他们有信心能运用一系列调查方法与信息资源; 　　他们能在当地以及更广泛的社会中与他人共同创造、协商、计划与执行恰当的行动进程,从而做出改变; 　　他们能分析构成英国社会多样性的原因,并能解释这种多样性在过去的时间内是如何变化的; 　　他们开始对公民能在形成决策方面发挥多大作用,以及公民在政治、法律体系运行中发挥多大影响程度进行评估; 　　他们能够对与世界其他地区的英国公民的角色以及公民在政治、法律体系中能够发挥影响的程度加以比较。

续　表

水平	学生达标表现
水平8	学生能使用和运用他们在公民问题、难题与事件方面的详细知识来分析这些在世界各个不同区域是如何影响群体与社群的—— 　　他们为了形成个人的（perceptive）言论，能够将从不同资源中获得的信息与他们的个人经验之间建立起联系； 　　他们对于一些关键性的公民概念（民主、正义、权利与义务，同一性与多样性，以及在一段时间内这些会发生的变化）有细致的理解； 　　他们能够开展不同类型的研究、有选择性的行动进行假设，研究不同类型之间的不同内涵； 　　他们能够在他们的社区中将这些行动过程加以检测，并对其影响与局限性进行分析并得出结论； 　　他们能够理解公民参与是如何通过民主程序与不同类型的行动在社会中带来变化的； 　　他们提出挑战性的问题去探索不同地域中正义、法律与政府运行的方式，以及在社会形成的过程中公民所发挥的作用。
超常表现	学生能够在更广泛的公民问题方面使用和运用它们所学的不同观点的起源与主旨，发表连贯的、个人的、引人注目的观点—— 　　他们研究复杂的问题，选择恰当的方法，总结出他们自己的或他人的行动经验； 　　他们能评定和评价更广泛观点与证据的有效性，并综合得出清晰结论； 　　他们能够对公民方面的关键性概念加以综述（民主、正义、权利与义务、同一性与多样性）以及对这些概念之间的关系得出细致的结论； 　　他们能够在与他人进行规定、协商和执行行动去解决公民问题与难题的过程中发挥领导作用； 　　他们能运用这些实践性的理解力去分析公民通过个人、集体行动与民主程序得以改变社会的途径； 　　他们能够评价现今与未来（从地方到全球）社会政策的影响与局限性，并提出可供选择的建议； 　　他们讨论具有挑战性的问题——英国与更广泛社会的关系，以及他们作为公民愿意生活其中的社会类型。

资料来源：《公民：达标水平描述》，英国教育部网站。

这份文件中的水平描述内容反映出联合政府时期的英国公民教育目标

依然是兼顾了"民主化"与"民族整合"两个方面。对于社会公平、社会正义以及民主制度的学习，作为公民的基本素养贯穿于学生的每个发展水平之中。在"民族整合"方面，除了公民的社会认同感、社会责任感、参与能力等，该文件更加强调在多元文化社会中培养公民发挥积极主动的作用，促进社会发展，注重相互理解、宽容、交流的能力，以及解决矛盾、冲突与争议的方法和途径等。

2013年，英国教育部出台新版公民教育课程法定指导方针。与新工党执政时期所开发的公民课程指导方针相比较，新版指导方针更为宏观和简明。依据学生的年龄、年级特点，调整了内容的编排方式，除了继续强调公民的公共生活以外，也使得内容更加贴近公民的个人日常生活。

表8 中学阶段的公民教育课程指导方针[①]

学习目的	高质量的公民教育有助于为学生提供使之准备在社会中发挥全面、积极的作用的知识、技能及理解力。特别是公民教育应该培养学生对于民主、政府的强烈意识与理解力，以及法律是如何被制定和支持的。（公民）教学应该为学生提供技能和知识，（使他们）批判性地探究政治、社会问题，权衡证据，讨论和进行理性的辩论。（公民教学）还应该使学生准备好在社会中发挥出负责任公民（responsible citizens）的作用，管理好他们的财富，做出合理的财政决策。
课程目标	公民国家课程目标在于确保所有学生： • 获得有关英国如何统治，英国的政治制度以及公民如何积极参与政府的民主制度这些方面的良好的知识与理解。 • 培养有关我们社会中法律的作用、正义制度，以及法律是如何形成并执行这些方面的良好的知识与理解。 • 培养学生的爱好并奉献于参与志愿服务活动以及其他形式的负责任的活动，这些将伴随他们进入成年人阶段。 • 配备批判性思考和讨论政治问题的能力，确保他们能够在日常生活中管理好他们的财富，并能够为未来的财政需要做好计划。

---

① Department for Education. National curriculum in England: citizenship programmes of study for key stages 3 and 4 [Eb/OL]. https://www.gov.uk/government/uploads/system/uploads/attachment_data/file/239060/SECONDARY_national_curriculum_Citizenship.pdf, 2013-09-11.

续　表

	第3关键期（11—14岁）	第4关键期（11—14岁）
课程内容	（公民）教学应该培养学生对于民主、政府、公民的权利与义务的理解。在发展技能去研究和询问证据、讨论和评价观点、发表理性的争论以及采取明智的行动的时候，学生应该能利用、应用他们的知识与理解力。 学生们应该被教授： 1. 英国民主政府政治制度发展，包括公民、议会与君主的作用。 2. 议会的运作，包括投票、选举以及政党的作用。 3. 公民所享有的珍贵的自由权。 4. 规则、法律与司法体制的本质，包括警察的作用以及法院和法庭的运作。 5. 社会中的公共机构与志愿团体所扮演的角色，公民共同致力于改善他们社区（包括参与学校活动的机会）的方式。 6. 钱的功能与作用，做预算的重要性和实践，以及风险管理。	教学应该建立在第三关键期的课程学习基础之上，以加深学生对民主、政府、公民的权利与义务的理解。学生应该发展他们的能力——能够运用一系列研究策略，权衡证据，进行具有说服力的辩论，并证实他们的结论。他们应该体验和评估公民共同致力于解决问题和为社会做奉献的不同方式。 学生们应该被教授： 1. 议会民主制和英国宪法的关键要素，包括政府的权力以及（与之分权的）公民和议会的作用，执行者、立法机构、司法机构和言论自由的不同作用。 2. 英国国内外采用的不同选举制度以及公民在民主选举过程中能够采取行动，从而影响本地乃至国内外的决策。 3. 英国以外的政府的其他制度与形式，民主的和非民主的。 4. 本地、地区和国际治理和英国与欧洲其他国家的关系，英联邦，联合国和更广阔的世界。 5. 人权与国际法。 6. 英国的法律体系，法律的不同来源以及法律是如何帮助社会解决复杂的问题。 7. 英国多元的国家、地区、宗教以及种族认同，以及相互尊重与理解的必要性。 8. 每位公民能够有助于改善他们的社区的不同方式（包括积极参与社区志愿者活动的机会，以及其他有责任感活动的其他形式）。 9. 收入与支出、信用与债务，保险、储蓄与抚恤金、金融产品与服务，以及公共财富是如何筹集与花费的。

资料来源：《英国国家课程：第3—4关键期的公民课程学习》，英国教育部网站。

新旧中学公民课程指导方针相对比而言，旧版课程中公民知识的认知与理解、公民的质疑与交流能力、公民的责任感与参与能力这三方面贯穿于中学阶段的两个关键期之中，内容随着学生年龄的增长逐渐加深。公民教育的三个核心目标始终明确地贯穿其中。新版的课程指导方针则是依据学生的发展阶段特点在第3关键期与第4关键期的公民教育目标各有侧重。从上表内容中可以明显看出，新版课程方针中在第3关键期侧重培养学生对民主知识的认识力与理解力；而第4关键期则以民主知识为基础，突出了民族整合的公民教育意图，强调培养学生在多元社会中的相互尊重，培养学生的问题解决能力与公民的社会责任感以及参与能力。

特别值得一提的是，中学阶段的新版教学大纲将经济学内容作为现代公民的一项基本素养，这是联合政府执政时期在公民教育方面的一个重要贡献。之前的公民教育课程改革虽然对经济学内容也有涉及，但是并未加以强调。经济生活是当今世界公民日常生活中的一项基本内容，教会青少年正确看待金钱与财富，指导青少年成年以后通过自身的能力正当获取收入，合理支出，科学管理财富。公民的收入与消费，这不仅关系着每个公民自身的利益与发展，而且关乎整个国家经济发展，因此它应该成为每一个公民应具备的基本素养。英国在这方面的尝试与做法为我们提供了有益的参照。

3. SMSC中的价值观教育与品格教育

除了国家法定公民课程以外，英国还通过学校中广泛的课程渗透来实施公民教育。根据英国《教育法》（2002）第78条，学校在规划课程时有责任通过广泛和平衡的课程促进学生在学校和社会的精神、道德、社会和文化发展（Spiritual, moral, social and cultural development，简称SMSC）。SMSC主要是通过学校对学生的精神、道德、社会和文化方面的广泛教学来大力弘扬和发展英国价值观和公民意识。"学校应通过其所提供SMSC教育，使学生发展他们的自我认知、自尊和自信；使学生能够明辨是非，尊重英国的民法和刑法；鼓励学生对自己的行为承担责任，表现出主动性，并了解他们如何能为那些在学校所在当地生活和工作的人们以及更广泛的社会做出积极贡献；使学生获得对英国公共机构和服务的广泛认识和尊重；通过使学生能够欣赏和尊重自己的文化和其他文化，来促进不同文化传统之间的包容与和谐；鼓励（学生）尊重他人；并鼓励尊重民主,支持参与民主程序,包括尊重英国制定和实施法律的基础。"[1] 因此,SMSC的内涵十分广泛,它既涵盖了公民教育中的价值观教育、道德教育、法治教育、社会教育等,又包含了与公民教育密切相关的精神教育、心理教育、宗教教育、文化教育等。这其中最为核心的就是价值观教育。英国的价值观教育由来已久,但是新世纪之初,英国传统的自由主义价值观也因面临各种新的境遇与问题而亟待更新。

据英国国家统计局（ONS）的最新统计,2006年4月到2017年3月这十年间,英国社会的暴力犯罪增长18%,2017年,英格兰和威尔士地区犯罪增长率更是十年来最高的一年。暴力犯罪所折射出的反社会情绪,包括2014年英国中小学发生的"特洛伊木马"事件所反映的宗教极端主义影响,以及近年一直纷扰不断的恐怖主义、地区分离主义……居高不下的犯罪率等不甚理想的社会现实。[2] 随着全球化时代的到来,大量新移民群体的涌入,以及联邦治理、多元文化的社会现实,英国政府开始努力探究新世纪英国的共享社会价值观,以培育公民的归属感和认同感。为了塑造国家的统一意识,保证社会凝聚和稳定就必须通过塑造共同的价值观来整合因民族、种族和宗教等形成的多样性的价值观,通过共享的国家认同即共同价值观认同来整合多元文化社会。

进入21世纪后,研究并推广英国共同价值观,已成为各党派的共识。2001年,内务大臣戴维·布兰奇（David Blunkett）呼吁一种基于共享价值观的英国公民资格意识,他批评重在政治素质的政治教育的狭隘性,指出公民教育应该更为广泛地关注怎样将儿童教育成为公民。2005年伦敦爆炸案后,强化儿童归属于政治共同体的公民教育成为英国公共讨论的重点,并得到各党派的支持。工党的戈登·布朗（Gordon Brown,时任英国财政大臣）在题为"英国民族性的未来"的演讲中强调英国公民意识,他将自由、公民责任、公平和宽容作为英国的价值体系构成要素,并认为这些价值源于英国的历史方向。工党托尼·布莱尔也强调向全社会灌输共享的价值,"重建社会秩序和稳定的唯一道路是通过个人、家庭和政府以及

---

[1] Department for Education of UK. Promoting fundamental British values as part of SMSC in schools [EB/OL]. https://assets.publishing.service.gov.uk/government/uploads/system/uploads/attachment_data/file/380595/SMSC_Guidance_Maintained_Schools.pdf, 2022-7-29.

[2] 王葎.《科瑞克报告》20年看英国公民价值观教育 [J]. 当代中国价值观研究, 2018 (3): 90-98.

公民社会的机构灌输牢固的社会共享的价值"。他将英国的基本价值界定为民主、法治、宽容、平等待人、尊重本国及其共享的传统等信念，强调移民有责任融入英国社会。2007年保守党的戴维·卡梅伦在剑桥大学演讲的时候，将伦敦爆炸案和不安全环境的部分原因归之于英国的穆斯林的疏离感和归属感缺乏。他希望通过树立一种让所有人为之奋斗的、共同的英国价值观来克服这种疏离感，而且这种共享的价值观可以部分通过颂扬英国成就的教育来培养。① 2015年3月，保守党的特蕾莎·梅（Theresa May）在一次题为"在我们的价值观之上建立一个更强大的英国"（A Stronger Britain, Built On Our Values）的演讲中也表示："去年10月，我宣布内政部首次在政府内部负责制定全新的反极端主义战略。……我们新战略的基石是自豪地推广英国价值观。……英国的价值观是开放的、包容的和多元化的。我们必须推广它们，不仅因为我们为它们感到自豪，因为它们构成了我们身份的重要组成部分，还因为我们知道它们是多种族、多文化和多宗教的社会能够运行的方式。因为我们的价值观不是凭空出现的。为了响应我们的政治、文化、宗教和思想历史，它们已经发展了几个世纪。我们相信宗教自由，因为另一种选择是冲突和流血。我们相信民主，因为另一种选择会导致任意滥用权力。我们相信平等，因为另一种选择是歧视和痛苦。"② 她强调，除了国家、政府采取积极对抗极端主义的一系列措施以外，更需要建立一个强大的公民社会，单靠政府无法战胜极端主义，因此，政府与民间必须结成新的、真正的伙伴关系，必须尽一切努力增强公民社会识别、对抗和战胜极端主义的能力。

2014年11月，英国教育部发布了《将英国的基本价值作为学校SMSC的一部分加以推进》（Promoting fundamental British values as part of SMSC in schools）的官方指导建议。这是来自教育部官方的非法定建议。该建议中明确了英国的基本价值观的概念，并提出了通过价值观教育期望学生能够达成的目标。"学校应该弘扬英国的基本价值观，包括民主、法治、个人自由以及对不同信仰和信仰的人的相互尊重和容忍。"学校推广英国基本价值观期望学生能够——"了解公民如何通过民主程序影响决策；认识到生活在法治对公民个人的保护之下，这对其福祉和安全至关重

---

① 唐克军. 团结视域下的英国公民教育[J]. 外国教育研究，2019（7）：97-107.
② Theresa May. A Stronger Britain, Built On Our Values [EB/OL]. https://www.gov.uk/government/speeches/a-stronger-britain-built-on-our-values，2015-03-23.

要；能够理解行政和司法之间的权力分离，虽然警察和军队等一些公共机构可以通过议会问责，但法院等其他机构保持独立性；能够理解选择和持有其他信仰和信念的自由是受到法律保护的；能够接纳那些与自己有不同信仰或信念（或没有）的、本应该就被接纳和宽容的人，而不应成为导致偏见或歧视行为的原因；要认识到识别和反对歧视的重要性。"[1] 该指南也对学校和教师提出了明确的要求。学校有责任和义务推广SMSC教育，并且将价值观教育作为其中重要部分，学校的教育与教师的教学都不可与之相悖，教师必须在校内外都能维护公众对教师专业的信任，并保持高标准的道德和行为，其中包括不可破坏英国的基本价值观。

2019年11月，为了进一步促进学生的社会、道德、文化和精神发展（SMSC），以及为当时即将在中小学投入实施的人际关系教育、关系与性教育以及健康教育三种法定课程做准备，英国教育部又发布了《品格教育：框架指南》(Character Education: Framework Guidance)。

关于"人际关系教育、关系和性教育、健康教育"的课程指南中明确指出，如果学校能积极促进良好行为和积极的品格特征（包括礼貌、尊重、诚实、勇气和慷慨等），那么将会更加有效。品格教育并不是新概念，但品格是一个包含许多重叠方面的复杂概念。《品格教育：框架指南》中确定了品格教育的四个重要方面内涵，以便指导学校为儿童和青少年提供更广泛的服务。品格教育的内涵包括："对长期目标保持动力的能力，看到当前的努力和长期的回报之间的联系，当遇到挫折的时候学会从中学习克服和坚持；学习和养成积极道德属性的习惯，有时被称为美德，包括：勇气，诚实，慷慨，正直，谦逊和正义感，与他人相处；获得社交自信，能够清晰而有建设性地提出观点或论点的能力，认真倾听他人意见的能力，举止礼貌，以及对听众进行有说服力地讲话的能力；理解那种对构建成功、充实生活的长期承诺的重要性，例如对配偶、伴侣、角色或职业、当地社区、信仰或世界观的承诺。这有助于个人深深扎根（社会），使其毕生的努力稳定而持久。"[2] 根据英国的一项调查显示，学校可以利用各种

---

[1] Department for Education of UK. Promoting fundamental British values as part of SMSC in schools [EB/OL]. https://assets.publishing.service.gov.uk/government/uploads/system/uploads/attachment_data/file/380595/SMSC_Guidance_Maintained_Schools.pdf, 2022-7-29.

[2] Department for Education of UK. Character Education: Framework Guidance [EB/OL]. https://assets.publishing.service.gov.uk/government/uploads/system/uploads/attachment_data/file/904333/Character_Education_Framework_Guidance.pdf, 2022-7-30.

各样的课内外活动来提供品格教育,包括:集会、科目课程、专门的品格教育课、体育、表演艺术俱乐部、拓展活动、兴趣俱乐部和科目学习俱乐部。这些教育活动能够帮助青少年探索和表达他们的性格,并培养他们所需的韧性、同理心和就业能力。

品格教育一直以来也是英国保守党所提倡的公民教育的重要内容。早在 2014 年 12 月,时任英国教育部长尼基·摩根就曾宣布,英国政府将斥资 350 万英镑来推动英国成为培养学生品格、韧性和毅力的"全球领导者"。此举被认为是"让年轻人比以往任何时候都更适合现代英国生活的里程碑",这将鼓励新的和现有的项目培养学生的美德,这些美德对于发挥他们的潜力和实现他们的抱负至关重要。摩根指出,帮助年轻人在挫折中坚持下去、自信地参与辩论并为更广泛的社区做出贡献的能力和特质对年轻人来说"与获得好成绩同样重要"。[①] 2019 年 2 月 7 日,时任英国教育部长达米安·海因兹(Damian Hinds)也在演讲中指出:"品格必须以美德、强烈的价值观为基础。……我们如何才能确保年轻人成为最好的自己呢?我们如何灌输美德?我们如何塑造性格?"就此,他提出了塑造青少年品格的五个基础:体育运动、艺术创作、表演、志愿者及团体成员活动、职业活动。他认为,学校教育中应该广泛地嵌入这五个基础,而且这不仅仅是教育部的计划,它需要学校之间、学校与企业、社区团体、志愿者、专家等多方面的广泛合作。英国课程标准监督局(Ofsted)也将评估学校在多大程度上支持学生发展他们的品格(包括学生的韧性、信心和独立性),并帮助学生如何保护身心健康。[②]

很明显,与新工党政府时期相比,保守党上台后的英国政府在公民教育的理念与实践中更加强调了公民教育的"整合功能"。其直接原因就是基于应对风云变幻的全球政治、经济时局与解决英国国内复杂、多样性的社会问题的需要,但更深层的原因则是源于保守党的自由主义公民资格观。如果从本质上思考这一问题的根源,还是要回溯到国家建构过程中民主与整合之间的张力的问题上来。"在思想传统上,西方社会自近代以来

---

① England to become a global leader of teaching character [EB/OL]. https://www.gov.uk/government/news/england-to-become-a-global-leader-of-teaching-character,2014-12-16.

② Damian Hinds spoke at the Church of England Foundation for Educational Leadership conference about his vision to help children build character and resilience [EB/OL]. https://www.gov.uk/government/speeches/education-secretary-sets-out-five-foundations-to-build-character,2019-02-07.

第五章　变革：世纪之交以来的公民教育（20世纪末至今）　223

对于个体自由权利优先的主张，本质上承诺的乃是一种'消极''私性'的公民资格，偏重的是基于功利幸福谋取的契约性、程序性价值，内含着对于完整公民身份以及对共同体'忠诚'与'奉献'等情感的可能削弱。英国社会的这一情况更为复杂，一方面，作为自由主义、功利主义思想传统的发源地，'无拘的自我''权利优先'与国家意识和'忠诚感'之间天然地存在着某种紧张；另一方面，联邦主义、'君主立宪'的现实政治制度，又包含着对塑造现代公民极其重要的'我们感'和权责意识的可能侵蚀。在现实政治文化因素方面，全球化时代，大规模的资本、移民难民跨国界流动，使得家国之间、民族—国家之间、国家与世界组织，以及世界公民之间的身份认同不断地被重新'想象'和'重新建构'。"[①]

　　保守党政府在面对社会多样性以及极端主义威胁等社会难题时，在进行社会整合、公民身份重构的过程中所实施的价值观教育、品格教育有一种"似曾相识"的感觉。当特雷莎·梅自豪地谈及"发展了几个世纪"的英国价值观，当2018年英国教育部推出了关于英联邦及其价值观的教育资源包，当2022年每位英国小学生收到《伊丽莎白女王登基60周年庆典纪念册》（Queen Elizabeth：A Platinum Jubilee Celebration）……我们感受到了保守党的"怀旧情结"，看到了"维多利亚价值观"的回归。新保守主义重视社会秩序、传统文化与价值观的改造作用。他们推崇私人化的品格教育，提倡勤奋、进取心、节俭、守法、谦逊、服务等美德。面对复杂多变的社会状况，回归传统、探寻答案，不失为一种积极的思路，但是在具体解决问题的时候几乎完全复刻传统做法必然也存在问题和局限。正如英国公民教育专家伊恩·戴维斯（Ian Davis）所认为的那样，"现在更多地强调品格教育，因此一些特别的品质被强调，如毅力、韧性、勇气、自信、乐观、动机、干劲和雄心，当然这些素质都绝对没有问题，谁会反对韧性或自信或其他上述品质呢？但是品格教育是以个体为基础的，它更应当与宗教教育相关，也许只是要告诉孩子们正确答案而不是帮助他们批判性地思考和行动。品格教育当然是一件很好的事情——而且我确信它总是能鼓励人们向善——但它和公民教育不同"。"品格教育可能导致弱化对社会整体的把握，对事物的思考也不再那么细致。品格教育可能发展成一种道德灌输项目（这是我警惕的），与道德教育正好相反（与社会相关的道

---

　　① 王葎.《科瑞克报告》20年看英国公民价值观教育[J].当代中国价值观研究，2018（3）：90-96.

德教育是我愿意支持的）。我认为公民教育有很大的机会能够促进教育，只要建基于对社会的严谨思考，识别并探究什么是好的以及怎样才能做好的事情。"[1] 保守党在培育好公民、积极公民的问题上，更加重视价值观的影响以及青年少个体品格的养成，这明显与之前新工党政府的"积极公民"有着明显差别。尽管二者都强调权利与义务之间的平衡，都通过提倡公民的责任与义务、培养公民的认同感与责任感来确保公民资格。但是他们在培养公民的责任感和认同感的路径上存在明显分歧。新工党政府时期的积极公民资格理念主张公民积极参与到社区公共生活中去，在具体的参与和解决社区问题过程中培育公民的责任感与认同感。这种公民教育以公民知识为基础，但是更加强调公民参与过程中的批判性思维的养成。正如伊恩·戴维斯所认为的那样，批判性思维和探究能力的养成是这种公民教育最有价值的部分。这也是2014年以后的公民教育开始发生变化的根本原因。保守党上台后，公民教育更加倾向于对学生进行英国价值观和品格教育的"灌输""嵌入""刻意培养"，虽然保守党也同样提倡公民参与、公民服务，但是这种公民参与活动更符合英国价值观中的"服务"精神，而不是指向思维和探究能力。

从20世纪80年代的"跨学科主题"课程到2002年中学阶段的法定课程，再到2013年以后的新一轮课程改革，英国的公民教育作为国家课程经历了从无到有、从初步探索到日趋发展成熟。公民教育在近年来英国社会发展中的重要功能是不置可否的。这从英国"巴克利斯新未来"（The Barclays New Futures）公民教育计划所取得的巨大成功中可以得到很好的证明。该计划多年来一直致力于促进学校与社区合作开展公民教育。诸多案例表明，参与计划的学生在交流和组织能力、自信心以及团队精神方面有很大提高，他们更加关注弱势人群，关注环境，并能表现出积极的行为、动机，学生能够实现由小学到中学，再到工作或者高等教育的平稳过渡。[2] 尽管根据英国国家教育基金会（NFER）以及英国教育标准监督局（OFSTED）的跟踪调查与报告结果显示，英国学校公民教育的实施情况至今仍存在很多问题，但是，英国政府正在针对学校、教师、社区等方面

---

[1] 伊恩·戴维斯，陈代波. 英国公民教育与文化传统：伊恩·戴维斯教授访谈[J]. 学术月刊, 2015（12）：164-170.

[2] CSV Reports on: Citizenship through Participation and Responsible Action [R]. Community Service Volunteers, September 2005.

出现的问题予以积极地指导和调整。这也充分表明了英国政府坚持开展公民教育的信心与决心。"这门课在学校的地位是个问题,训练有素的公民教师也太少,但总体上而言,公民教育课程运转得很好,而且变得越来越好。这门课的地位变得越来越牢固,无论是学术研究结果还是政府教育督导的报告都在说着同样的话:'这门课虽然不完美,但是越来越好。'在最近的政府教育督导 2013 年报告中,公民教育课程获得了非常积极的评价。"[1] 英国教育标准监督局指出:"问题的关键并不在于学校是否在培养良好公民,而是课程的实施情况。'国家课程'提供了一个公民学习科目,它是在帮助学生成长为年轻公民的日常教育之外的新内容。"面对师资紧缺问题,英国政府表示理解,并宣布扩展一个试验计划,以加速公民教师的培养,并给每所学校配发了一本书——《理解公民课》,帮助学校提高教学质量。英国教育部也表示,公民课在课表中的地位是不可动摇的,必须坚定地把公民课进行到底。"我们需要把对我们价值观的更深入理解,以及社会对其所有公民的期望,置入年轻人的心中。英国是一个文化多元的社会,教育在确保所有年轻人都能充分利用所有文化的贡献方面,发挥着重要的作用。"[2]

---

[1] 伊恩·戴维斯,陈代波. 英国公民教育与文化传统:伊恩·戴维斯教授访谈 [J]. 学术月刊,2015 (12):164-170.

[2] 李茂. 英国公民课四年之惑 [N]. 中国教师报,2006-07-12.

第六章　现代国家与公民教育
——基于英国公民教育的反思

从当前仍在进行中的这场轰轰烈烈的英国公民教育变革中走出来，纵观英国所走过的现代化之路，作为世界上第一个现代化国家，英国的现代化曾为其他国家社会变革提供了诸多用以效仿和改进的经验。然而，在"前无古人"的现代化道路上，英国的现代化之路又明显有别于他国，在保守主义与激进主义的相互牵制过程中形成了保守渐近式的现代化模式。这种特殊的现代化模式，使英国在一次次传统与现代的冲突与融合过程中稳步前行。于是，在这个既富于变革又崇尚传统的国度中便出现了许多不可思议的事情——发现自然科学定律的伟大科学家，也是一位上帝的坚定信仰者；在课堂中毫不犹豫地讲授进化论的优秀生物学教师，却在教堂中虔诚地相信上帝造人；作为现代民主制度发源地，在实现全民普选权后，却至今仍保留着王室……当然，还包括本书中的这个议题——19—20世纪，当其他欧洲国家大力倡导公民教育的时候，作为早发现代化国家的英国却在很长时间内保持着一种谨慎与疑虑的态度。这固然表现出英国的保守与落后，但是，英国坚守传统与长久疑虑的过程，也似乎并非是毫无价值的。

现代国家开展公民教育，这个在其他国家看来是顺理成章的问题，却令英国人长期疑惑，甚至曾坚决否定；然而，最终却又经谨慎论证，大胆付诸实践。这一过程实质上为我们展示出一幅现代公民教育诞生过程的"扩大"与"慢放"式的动态图景。令英国疑惑与忧虑的问题，正是现代国家建构中"民主"与"民族"之间张力的一种体现。这种张力存在于每个国家的现代化进程之中，因此，英国所担心的问题也同样将成为其他国家在开展公民教育过程中需要关注与思考的问题。本章的目的就是通过前面对英国公民教育历程的回顾，总结现代化进程中英国公民教育的阶段性特征，并以之为基础，力图阐明公民教育与现代国家之间关系的客观必然性以及二者关系之间的深层关系。

第一节 现代化进程中的英国公民教育

以现代化进程中的国家建构作为研究视角,回顾英国公民教育的发展历程,使我们不得不承认,以往我们对于英国公民教育迟滞性发展的认识未免过于简单化与表面化。如果以国家公民教育课程作为衡量公民教育发展水平的标准,那么与同时期其他一些欧美国家相比,英国的公民教育的确表现为迟滞性的发展特点;但是,这并不能够抹杀整个英国公民教育发展历程中所取得的某些成就。在国家公民教育课程颁布以前,英国并不是没有公民教育,民间一直是推动公民教育发展的主要力量。由于对国家开展民主公民教育能力一度表示否定与怀疑,英国长期将公民教育交由民间来发展,而国家只是依据现代化进程中国家建构的需要,以政府教育拨款等手段对公民教育施加某种间接的影响。国家放弃对公民教育的直接控制,其初衷是为了捍卫民主,然而结果事与愿违。在放任民主公民教育的同时,国家也全然放弃了通过公民教育实现社会整合的良机。在国家与公民教育之间始终保持着一定距离,却又不可避免地存在着某种关联。英国公民教育就是这样长久踯躅于"国家与公民教育的关系悖论"之中。这种尴尬的境地,使英国公民教育对现代化的回应力量显得相对迟缓与薄弱。国家与公民教育之间的长期松散关系是现代化进程中英国公民教育发展的基本特征,也是导致英国公民教育迟滞性发展的主要原因。之所以会形成这样独特的发展特征,其直接决定于英国公民资格的两种发展动向;而更深层的原因则是由于现代化进程中国家建构的张力使然。

一、现代化:英国公民教育发展的动力

现代化进程中,英国的公民资格本身就是在不断地发展与拓展,而这也势必直接影响到英国公民教育的发展。实际上,英国公民教育的发展历程有两种发展动向。一方面,英国的公民资格在现代化过程中由模糊到明晰,公民教育亦由受忽视到被重视;另一方面,英国的公民资格因现代化

在不同阶段的不同需求而表现出明显的"民族"或"民主"国家建构的倾向,公民教育也出现相应的取向。

公民资格是一种身份、地位,是社会共同体中所有成员都享有的地位。拥有这种地位的人,在这一地位所赋予的权利和义务基础上都是平等的。尽管在权利、义务方面并没有一种普遍的遵循原则,但是,作为现代国家的一种重要制度,基于平等意义上的公民资格已经在现代国家的生活中成为一种公民身份的理想形象。因此,这种理想将引导现代国家在现代化进程中进一步实现更加充分的平等,公民资格所涵盖的内容也将进一步被拓展,获得公民资格的人数也将进一步增加。英国公民资格的发展就可以明确地证明这一点。但是,进入20世纪中后期以前,"公民资格"在英国始终都是一个极为模糊的概念。英国人似乎更乐于以"臣民身份"为荣;实际上,这的确也是英国公民教育发展中的一个重大障碍。然而,称谓上的保守却并不能掩盖现代公民资格存在与发展的本质,这也是英国公民教育长期游离于国家之外却能够历经数百年薪火相传的重要原因所在。尽管T. H. 马歇尔的公民资格理论受到了后人的诸多批判,但是他的理论毋庸置疑地为英国长久以来模糊不清的公民资格构建出了一个清晰的框架。马歇尔在《公民身份与社会阶级》一书中以公民权利为核心勾勒出了英国公民资格发展的历史脉络。他指出,公民资格涵盖着三个方面的基本要素——公民的要素、政治的要素、社会的要素。在现代化进程中,公民资格的发展包含着融合与分化的双重过程,其中融合是地域上的,而分化则是功能上的。当公民资格的"三个要素所依赖的现代国家机构实现分化以后,它们各自分道扬镳就成了可能。这三个要素在各自原则的引导之下,这些要素以不同的速度渐行渐远,直到本世纪[①]或者确切地说直到最近几个月,三者才又形成齐头并进的局面"。"公民身份的三个要素一旦相互分离,马上就变得形同陌路。它们之间分离得如此彻底,以至于不用损害多少历史精确性就可以将每一个要素的形成归之于不同的历史阶段:公民权利[②]归于18世纪,政治权利归于19世纪,社会权利归于20世纪。当

---

① 此处"本世纪"是指20世纪。
② 在我国的某些译著中将马歇尔原文中的"civil rights"翻译为公民权利;然而,在许多学术探讨中,又将"civil rights""political rights""social rights"三者都统称为公民权利,这就很容易造成概念混淆。鉴于马歇尔对于"civil rights"的阐释,且"civil"本身包含"民事的、民法的"意思,故笔者认为,此处译成"法律权利"为宜。

然，这些阶段的划分肯定存在着合理的伸缩性，它们之间存在着明显的重叠，尤其是后两个阶段之间。"①

在现代化初期，公民在贵族与封建王权的冲突与融合中，公民的人身自由、言论思想自由、财产等基本公民权利得到了现代国家法律的确认。相应地，公民权利教育、法律教育成为现代化初期公民教育的主流。尽管在工业革命时期英国贵族与封建势力共同转变为保守派，然而公民资格却因资产阶级和工人阶级在政治权利方面的强烈呼声而得到扩展。总之，英国现代化初期，民主国家建构的需求使得公民资格在不断拓展的同时也直接决定了这一阶段公民教育的民主化取向。帝国主义时期，英国的公民资格伴随大英帝国的殖民扩张也逐步开始发展成为一种帝国公民资格，这其中不仅英国本土的人民，还包括殖民地的人民。版图的拓展使得国家的认同成为当务之急，因此，英国公民教育出现了前所未有的民族整合倾向，原有的爱国主义教育很快便走向了帝国主义的极端整合。第二次世界大战后，大英帝国复归欧洲，全民普选权的实现使得英国的公民资格再次发生变革，如马歇尔所言，公民资格的"三个要素又形成齐头并进的局面"。公民资格逐渐由模糊变为明晰，逐渐由受忽视到受重视，公民教育的问题提上国家议事日程。在20世纪末，英国应现代化进程之需，不仅颁布了公民教育的国家法定课程，而且还实现了兼顾"民主"与"民族"的直接公民教学。

总而言之，在现代化进程中，无论公民资格是潜在的还是显性的，现代国家建构始终在影响着公民资格的核心要素，进而影响到公民教育的价值取向。英国的公民教育正是在公民资格逐渐得到关注与重视的同时，开始走向有意识的国家干预。

二、现代国家建构与公民教育的价值取向

在英国的现代化进程中，国家与公民教育的关系始终是松散的。国家似乎总是与公民教育若即若离，这种关系并非是一种历史的偶然，而是英国现代化进程所导致的必然结果。

---

① 郭中华，刘训练. 公民身份与社会阶级[M]. 南京：江苏人民出版社，2007：7-9.

（一）现代化初期公民教育被忽视

在绝对主义国家向现代国家过渡的过程中，英国依靠强大的王权实现了不列颠国家的早期统一联合。现代民族国家早在国民教育体系形成之前的几个世纪就已经形成，这是英国公民教育与其他欧美早发现代化国家公民教育发展的重要区别之一。因而，公民教育在英国现代化初期的民族国家整合方面并未发挥出明显的效用。此后，教育的力量长期受到国家的忽视，现代民族国家的整合很长时间都是依赖于宗教教育。17—18世纪，伴随英国内战与光荣革命的相继发生，现代民主思想已经开始渗透在诸多早期自由主义思想家的理论与实践之中。然而，公民教育的民主倾向却从最初就排除了国家的介入，因为当时针对贵族子弟的教育都是家庭式的、私人的教育。

（二）工业革命时期公民教育在民间

到工业革命时期，原本作为民主化重要力量的精英主义公民教育逐渐蜕变成为持重守成的整合力量，他们极力排斥国民教育体系的建立；而新兴资产阶级、工人阶级所主张的宪章主义公民教育也因担忧国家教育将破坏民主的本质，因此也极力抵制国家介入教育。于是，教育在英国长期被视为一种私人的事情。直至19世纪末期，新自由主义的兴起，英国人开始重新审视国家在现代社会生活中的作用，英国政府开始有意识地通过建立国民教育体系对公民开展教育。然而，这时候的英国已经发展成为大英帝国，公民教育在第一次受到国家的关注之后不久便走上了极端主义的道路。

（三）帝国主义时期公民教育成为帝国极端整合的工具

这是英国现代化进程中前所未有地通过国家有意识地倡导公民教育。尽管大英帝国极力倡导教育的整合作用，但是，国家并未通过建立统一的国家课程来实现公民教育的整合作用；而是利用原有的地理、历史教学，同时借助人们对大英帝国国王的忠诚与服从，以及社会达尔文主义理论对其重新加以诠释，从而来促进公民对于大英帝国的认同与归属；通过发展以培养公共精神和军人精神的品格教育、童子军运动，来激发公民对国家的责任感以及为国家奉献、牺牲的精神。因此，从这个意义上来讲，帝国主义时期的公民教育与其说致力于培养"帝国公民"，不如说是培养"帝国臣民"。这一时期，公民教育彻底沦为了帝国极端整合的工具。国家在推行公民教育的过程中所发挥的作用仅仅是极力煽动与鼓吹大英帝国的无上荣耀，而不是理性地思考公民教育对于一个现代国家的真正意义。

（四）战后初期公民教育走近国家课程

第二次世界大战后，现代国家的建构思路调整致使英国公民教育在很长时间内处于迷茫与探寻的状态之中。一方面，公民资格由法律、政治维度扩展到社会维度，这急需相应的民主公民教育加以宣传与巩固；另一方面，从"帝国"复归"欧洲国家"的艰难历程也急需公民教育改变帝国主义时期的极端整合方式。可见，公民教育在客观形势上已经成为国家现代化进程继续向前发展的一种必需。这一时期，英国已经开始从政府层面关注到公民教育的必要性与重要性。公民教育开始出现在《1988年教育改革法》颁布后的一系列的课程指导文件之中。但是，公民教育依然没有被正式纳入国家法定课程之中。国家对公民教育的关注主要停留于政府制定的文件之中，在学校的教育教学实践中，公民教育依然处于可有可无的地位。

（五）世纪之交公民教育被纳入国家建构工程

20世纪末，英国无法逃脱成熟自由民主政体的民主悖论——人们表现出对民主政治的无知、对国家事务的冷漠；而且，国家仍要面对多元社会整合的老问题。与此同时，全球化也使得现代民族国家的边界变得模糊。后民族主义、世界主义的出现使传统的公民资格受到巨大冲击。这也唤醒了一个早发现代化国家的强烈民族意识，成为刺激英国进行社会整合的重要因素。20世纪80年代，英国保守党政府开始提出"积极公民资格"的概念，1997年新工党上台后再次推出了"积极公民资格"概念。这种积极公民资格观，表达出了维系民主制度、整合民族国家的国家建构理念。相应地，英国的公民教育确立了培养积极公民的目标，并通过学校教育与社区参与相结合的途径，以促进民主制度健康发展与实现现代民族国家的整合。

英国政府通过建立国家的公民教育体系，明确地回应了世纪之交英国社会所面临的问题与挑战。英国的公民教育也因公民资格观的逐渐明确与转变而受到了前所未有的重视。公民教育在学校教育中的地位也逐渐被提高——由最初受到排斥，到跨学科主题的形式，再到公民教育国家课程的颁布及其相关立法。这一过程足可见公民教育与现代国家建构间的关系已经开始为英国政府所重视。公民教育被正式纳入现代国家建构工程之中，并成为旨在实现新英国重建与再生的重要治国方略之一。

第二节　现代化进程中国家与公民教育的关系

公民教育与现代国家之间的关系，看起来似乎是一个不言自明的，却很少有研究剖析二者之间的关联及其客观必然性。英国的公民教育发展历程告诉我们，公民教育与现代国家之间的关系实际上并不像看上去那么简单。下面将从使二者得以产生关联的公民资格作为切入点，通过解析现代国家建构的"民族"与"民主"的二维性以及公民教育相应的两种功能，厘清二者之间的复杂关系。

一、公民资格：现代国家与公民教育之间的关系纽带

公民资格是现代国家赋予其成员的一种身份，而公民教育无论怎样进行界定都是关涉公民资格的一种教育。公民教育的实质目的就是为了形塑现代国家所期待的公民，即培养自然人使其符合现代国家的公民资格标准。因而，以公民资格为纽带，基于公民教育的目的性，现代国家与公民教育之间因赋予公民资格和形塑公民资格而必然存在着密不可分的关系。而且，这种目的性的关系是进一步探索现代国家与公民教育之间关系的基础。

（一）现代国家赋予公民资格

没有现代国家也就无所谓"公民资格""公民身份"。"公民身份的历史表明，当且仅当国家这个非人格的概念成为最重要的政治观念时，这个命题和公民身份才有真实的意义和活力。最初的社会有可以被认识的政治行为模式和规则，但没有国家机构也没有公民身份。当君主制被个人的或神圣的权利所贬低时，公民身份即使作为一种法律地位也是缺乏真正意义的。正如马克思主义理论所表示的一样，如果国家只是占支配地位的阶级的统治工具，并且作为一种走向消亡的制度的话，公民身份必须被视为一种主观的临时状况。国家与公民身份之间明显必要的关系已经对世界主义

史和公民教育史都产生显著影响。"① 现代国家通过法律赋予其成员的身份，即法律意义上的公民资格，是公民资格的最基本内涵。公民资格本身就表达了公民个人与现代国家之间的法律关系。本书在第二章也曾经阐述过，现代国家既是国家成员让渡权利的对象，同时现代国家又是以其成员共同认同的法律契约的形式赋予公民资格身份的赋予者。因此，现代国家是公民资格的前提与保障。现代国家使公民资格本身必然带有一种边界性。公民在法律面前是平等的，他们的投票是平等的，他们有着担任政治职位的平等机会。国家为公民资格的概念画定了一条"底线"，包括医疗保健与教育的"底线"，任何人都不允许跌到这一底线之下。国家还要求公民对其所属的国家及其他公民具有归属感与认同感。正是这种边界性保障了国家范围内合法公民能够享有其各种权利，这是每个公民生存与发展不可或缺的外部因素；同时也正是这种边界性能够巩固民族国家范围内的安定与团结，促成公民对于国家的认同与归属，而这种认同与归属对于现代国家的维系和发展也是必不可少的。

伴随现代国家的发展，公民资格的定义突破了单纯的法律意义，而具有了政治学、伦理学、社会学等多个角度的定义。基于每个国家在政治理念、政治制度、政治结构和法律方面的差异，各国公民的具体内涵以及公民资格的构成要素也表现出明显的不同。但有一点是相同的，无论从哪一个学科领域，无论基于哪个国家的政治制度基础之上所界定的公民资格，都必然是以国家法律所赋予的公民资格作为前提，而公民资格内涵中的"公民与国家之间的关系维度"，也是公民资格内涵中的基础部分。

公民资格通常都是通过国家宪法来赋予的。英国是世界上最早实行宪政的国家，也是世界各国宪法的母国。然而，英国宪法却具有其独特的表现形式——英国宪法是不成文宪法，而且是部门法意义上的宪法。英国宪法中一直缺乏有关公民资格的详细规定。这是因为英国普通法（common law）中有一个潜在的前提就是，英国存在着很大的社会活动自治领域，没有必要正式地对"公众""公民"加以界定和规范。英国（或曰英格兰）历史纯粹的连续性，以及英国核心政治制度中持久的"革命"特征，也使得英国几乎没有机会、也不可能拥有关于公民概念或者"臣民"权利与义

---

① 德里克·希特.公民身份.世界史、政治学与教育学中的公民理想[M].长春：吉林出版社集团有限责任公司，2010：251.

务方面的正规的、公开的陈述。① 17世纪以后的几百年中,"出生地主义""血统主义"原则一直是"公民资格"的决定条件,时至今日,这些规则的余留部分仍然对英国国家法律保持着影响。

英国的公民资格与国家之间的关系表现出脆弱性。英国保留了王室,君主既作为国家的元首,也作为一个具有特殊等级地位的国家首脑,这首先就有违于现代国家公民的民主平等思想;英国的主权在于国会而不是人民;英国缺乏一种有关公民资格的成文的、明确的宪法或人权法律。英国的公民资格传统主要源自于对历史上鼎盛时期的"大英帝国"的情感认同,尽管"日不落帝国"持续的时间不是很长,但是很多英国人至今仍沉湎于伟大帝国的情怀之中无法自拔。时至今日,建立在对殖民地剥削而来的财富依赖之上的福利国家无法再得以维持,而帝国时代留下的阴影却严重损害了当代英国的公民资格。在帝国的光环消失后,作为一种国家身份的公民资格却陷入了一种无序的混乱状态之中。英国虽然通过相关法律赋予了公民的权利、义务,但是,公民资格在法律中的模糊性使英国公民概念中的国家维度大为弱化。这也使得英国现代化早期的公民教育在实施方面从一开始就没有直接与国家产生过多关联。

(二) 公民教育以公民资格作为最根本培养目标

无论公民教育的目的是"关于公民资格的教育""通过公民资格的教育",还是"为了公民资格的教育",也无论各个国家公民教育在内容、方法、实施途径方面存在多大差异,公民教育始终是围绕着现代国家的公民资格而展开的。公民资格是公民教育中的核心概念。各国公民教育或者同一国家在不同时期的公民教育在内容、方法、途径方面所表现出的诸多不同,主要是由于公民资格的不同而造成的;进一步来说,主要是由于国家在赋予公民资格时所强调的公民资格维度不同。而公民资格又是现代国家按照其成员意志所汇聚成的权利与义务体系,是国家对于成员的保护与制约。公民资格完全是一种国家意志的体现,是国家对于公民的一种期望。因此,公民教育归根结底是为了培养合乎现代国家建构目的与需求的国家成员。

尽管英国法律意义上的公民资格一直很模糊,而且国家政治生活中公

---

① Richard Bellamy. Lineages of European Citizenship: rights, belonging and participation in eleven nation-states [M]. New York: Palgrave Macmillan, 2004: 73.

民资格话语只占很小一部分,却没有影响公民实体的存在与发展。这种公民实体的存在与发展,正是基于追求英国人长期所崇尚的自由。自由在当时被视为是至高无上的,而国家只是维护与协调公民自由、利益的一种政治共同体。因而,当一些公民问题被英国的政治理论家、公众人物提及的时候,这些人主要关注的并不是谁拥有公民资格,而是好公民的特征是什么。这实际上也就是后来学者所总结出的自由主义的公民资格。所谓的"好公民"是国家为保证公民最大限度的自由与权利所做出的底线规则——遵守国家的法律以及社会准则。这种好公民的培养目标潜在地渗透在家庭教育、宗教教育以及学校教育的地理、历史、语言、文学等科目之中。这种早期的公民教育在教育内容既包含着公民权利、法律等方面的教育,也包含着公民对于国家的忠诚与认同。但是,公民教育的实施完全属于一种非国家的行为。由于公民资格边界的模糊性,这种非官方的公民教育也就不可避免地带有非计划性与非系统性的特征。家庭、教会、学校都在按照各自理想中"好公民"的模样培养青少年。到了20世纪80年代英国官方开始推行公民教育,由于当时保守党政府那种"小政府与大社会"的权力格局,使得公民教育诞生之初就被置于一旁。

英国公民资格法律意义的模糊性以及政治话语的缺乏,造成了英国现代化早期的公民教育与国家之间缺乏一种明确、清晰的介质。因而,公民教育与国家之间的关系在此后成了英国人长久思考与疑惑的问题。而20世纪末以来,积极公民资格逐渐明朗化之后,公民教育的推行与开展状况明显如顺水行舟般流畅起来。英国这一特殊个案恰恰从相反的一面证明:公民资格正是一国公民教育的培养目标所在,明晰的公民资格才能使得公民教育有的放矢。

(三)国家现代化进程中的公民资格是一个动态体系

公民资格并不是一成不变的,它伴随国家现代化进程的推进也将有所调整、更新。英国的公民教育正是在公民资格的明晰、调整与更新的过程,才使公民教育与现代国家之间的关系逐渐开始明确。

从历史上来看,公民资格的发展源自两种传统——自由主义传统与希腊传统。"自由主义传统主要是用个体权利来定义公民身份,通过洛克式的契约论或约翰·斯图亚特·密尔(John Stuart Mill)的功利主义的例子,个体'作为'(qua)公民拥有一定的权利,从而自由地免于国家所施加的干扰或者压迫。正是这种自由使得公民区别于臣民(subject)。相应的，公民的本质特征就是警惕地捍卫他的权利与自由。道德就在于个体的人的充分发展，而公民身份则为之实现而提供了必要的自由。另一种传统，即系列的传统则将积极自由的观点置于优先的位置：公民身份提供了服务于公共体的机会，道德就在于自觉地履行个人的公民义务与责任。"[1]在西方历史上，无论是政治家还是哲学家，抑或是公民们自身对于西方民主主义的诠释都很明显的是倾向于自由主义的观点。社会契约论是17世纪政治思想中的典型代表，也是公民资格发展的一个关键观点。在公民与国家的关系中存在权利与义务之间的一种平衡，这种平衡的基本原则正是契约精神。洛克的理论对18世纪的思想产生了重要的影响，进而对英国的工业革命以及美国和法国两国革命后的公民资格产生影响。19世纪，资产阶级力量逐渐壮大，他们追求一种更为公正、自由、更可参与的政治体制。他们以大众主权的名义提出了变革的需要，而这也正是20世纪平民阶层所继续争取的权利。这一时期资本主义的城市化与工业化大大地推动了公民资格的发展。资产阶级一方面通过代议制为工人、平民积极提供受教育等更多的权利；另一方面其阶级本质又驱使其追求私有财富的积累与个人的利益。资本主义发展与公民身份之间关系的这种张力是19世纪政治实践中的一个典型特征。20世纪公民资格的演变则是为了回应民族主义与民主主义这两种政治思想。民族主义为公民提供了情感团结的心理基础，使公民资格通过民族性来实现认同。民主政治的发展则使得公民资格在宽度和深度两方面的内涵更加丰富。到了20世纪80年代，公民们已经享有了较之于以往任何时期都更多的自由，如思想、表达、集会、结社的自由等。

20世纪末以来的公民资格内涵已经呈现出多维立体的发展趋势。公民资格中各个维度的地位与作用并不相同，而且各个维度在公民资格中的地位与作用也并非是静止、固定的。在不同的国家、不同的历史时期，构成公民资格的各个维度中都至少会有一个维度得以彰显，这时的公民资格就将以该维度作为公民资格的主要特征。随着社会的发展，当这种公民资格不再适应新的时代要求，甚至会为国家的发展带来一定阻力和问题的时候，公民资格的各个维度便会依据社会的客观需要进行重组，形成新的公民资格。因此，公民资格始终处于一种动态平衡的状态。公民资格的调整、更新体现着现代国家建构所发生的重大变革，而公民资格的调整、更

---

[1] 德里克·希特.公民身份：世界史、政治学与教育学中的公民理想[M].长春：吉林出版集团有限责任公司，2010：403.

新也必定带来公民教育的变化。

通过上述基于公民资格的分析可以看出，公民教育在目的或者目标上具有一种国家指向性，尽管这种指向性有时表现得并不是很明显。那么，在为国家培养合格公民的过程中，现代国家在公民教育中应该扮演怎样的一种角色呢？公民教育目的的国家指向性就必然导致公民教育实践中要凭借国家的力量作为实现这种目的的手段吗？英国的公民教育使我们在这个问题上有了更广泛的思考空间和与众不同的思路。

二、民族整合：现代国家公民教育的绝对优势

（一）构建现代国家公民的心理边界

从相同的地域和文化的角度来看，如果人们通过一种共同的语言和生活方式被联系在一起，并表达出同样一种认同，这一群体就是一个民族。"18世纪后期，欧洲的浪漫主义运动和大众主权的拥护者重新发现了民族性的潜在情感。这些信仰、理想和情感以民族主义的形式混杂在一起，显得分外强有力。在过去的两个世纪里，民族主义对公民资格概念和大众教育的实践产生了独特的影响。"[①] 现代民族国家打破了传统国家的血缘性、地缘性，在共同语言、共同地域、共同经济生活以及表现在共同文化上的共同心理特质基础上，使原本分散的社会凝聚为一体。它不仅具有地理边界意义的实在共同体，而且具有文化与心理边界意义的虚拟共同体。因此，在现代国家建构的过程中，更需要从文化、心理方面强化全体公民的整体性，即通过民族认同的培养来实现国家的整合。而这种民族认同除了要依靠一些所谓的"精英公民"的民族意识及其身体力行的倡导以外，对于一些普通平民，尤其是对于那些居住在地域广阔、文化多元的国家人民来说，通过国家的力量促进整个民族国家的融合与稳定，这是必不可少的。而教育恰恰在民族认同的培养方面能够迎合现代国家的这种需求。国家诉诸教育来实现整合的目的主要表现在现代国家义务教育的普及，以及由国家推行公民教育并施以课程、教学方面的指导。

必须承认的是，促成民族认同不仅仅只有教育这唯一的途径，然而，

[①] 德里克·希特. 公民身份：世界史、政治学与教育学中的公民理想[M]. 长春：吉林出版集团有限责任公司，2010：83.

也正是因为如此，各种途径所形成的民族认同程度不同、水平不同，甚至还会出现误导与偏差，反而破坏了民族国家的团结。现代国家主权的至高无上性使之有能力在全国范围内通过教育来塑造出一致的、基于所有公民权益考虑的民族认同；而且，也只有国家才有能力协调和调整民族整合中所不可避免的强制性。总之，现代国家有能力而且有必要成为公民教育发挥整合功能时的主要推动力量。这是现代国家一项义不容辞的重任。

（二）公民教育整合功能的"过犹不及"

英国却是一个特例。英国作为世界上第一个现代国家，其民族国家早期的统一联合在国家教育发展的几个世纪以前就发生了，它替代了教育在不列颠国家形成中的所有主要作用。因而，国民教育体系的建立以及推行公民教育，对于现代化之初的英国国家建构来说，似乎并不是那么紧迫与必要。"正如埃里克·霍布斯鲍姆曾经说过的那样，学校教育是民族形成过程中一件强有力的武器。在不列颠国家形成的历史进程中，教育正如所描述的那样，并没有发挥像在欧洲其他国家那样大的作用。民族主义在学校课程中也只是采取相对温和的形式。"[①]

现代化初期，在英国这样一个宣称自由民主的国家中，为了防止个人或者某个党派的垄断与独裁，为了遏制极权主义的产生，教育一直在刻意地避免成为政府的传声筒。促进社会整合、培养民族认同的任务很长一段时期内是由宗教教育来完成的。宗教教育通过一种特殊的世界观对学生进行灌输，培养公民的恭顺、服从的品格，从而保证社会的秩序稳定；宗教教育中也包含着一些有关民族和爱国主义方面的内容，以促使公民服从、效忠、归属于自己的国家。19世纪所建立起来的英格兰、苏格兰、威尔士、北爱尔兰的各自教育体系也都是致力于寻求一种松散式的大不列颠认同感。直至19世纪末20世纪初，面临帝国地位的危机以及激烈的殖民竞争，国家才开始通过公民教育向英国本土以及殖民地人民宣扬帝国荣耀，促成民族认同，以及民族主义、帝国主义的价值观。这说明，英国并不是没有意识到国家在公民教育中的强大整合能力，而正是由于英国人担忧霍布斯曾提出的强大"利维坦"成为现实会使他们失去宝贵的自由，因而，才对此一直保持谨慎的态度。英国在第二次世界大战后采取了扩大公民社会权利的办法，来安抚人们对市场经济的不满，而不是通过倡导义务来达

[①] 安迪·格林.教育、全球化与民族国家[M].北京：教育科学出版社，2004：113.

成平衡。公民的义务成为英国人长久忽视的问题,特别是在20世纪上半叶出现了法西斯主义政体之后,义务总是让人想到强制与极权主义,因而更成为一个令人忌讳的话题。

  英国的担心并不是杞人忧天。现代国家在进行整合的过程中体现着一种"求同"的思路,这就不可避免地带有一定程度的强制性、灌输性。当国家的整合力量走向极端就必将导致极权制政体和侵略性的民族主义,这不仅会破坏本国民主制度而且也将危及他国安全。第二次世界大战时期,法西斯主义德国、日本的极权主义公民教育就深刻说明了这一点。然而,其问题的实质并不是公民教育将德国、日本人民推上了法西斯主义战车,而是在于教育成了国家渗透法西斯主义、军事主义思想的最有效工具。可见,现代国家在付诸公民教育进行社会整合时的确具有绝对优势,但是这种优势并不能保证在每个国家、每一个历史时期都发挥出积极意义的功能。这的确是值得每一个现代国家在开展公民教育时应该时刻警醒与多加谨慎的事情。

  然而,国家如果放弃在公民教育中的这种优势也就意味着放弃了促成民族认同的最有效途径。当然,包括英国在内,任何一个国家也都不会放弃这样的机会。尽管英国等西方国家极力宣称教育中的非政治性、中立性、无偏见,但是用以实现国家整合、促进民族认同的教育实际上从未被忽视过。"美国儿童一直被授以共和主义美德和向国旗致敬的义务;英格兰儿童一直被授以大英帝国的至高无上;法国儿童则一直被授以自由、平等和博爱的价值无法估量。难道这些教育过程就不是偏见,甚至是轻度灌输(mild indoctrination)的例证吗?难道极权主义的灌输就只是这些习惯的更彻底延伸和应用吗?或者说,难道在自由的偏向与邪恶的极权主义灌输之间真的存在一个根据意图和行为结果加以了检验的质上的鸿沟吗?"[①]英国学者德雷克·希特的一连串反问,使我们不得不再次深入反思现代国家与公民教育的关系。加拿大学者威尔·金里卡曾经指出一些国家的公民教育为实现民族整合的目的而故意歪曲历史;而德雷克·希特则进一步指出,与歪曲历史同样可怕的民族历史教学中普遍存在着有意识地忽略某些不利于本国的言论。与歪曲历史相比较而言,这种做法或许受到的指责会小很多,但是二者所造成的不良影响是完全一样的。例如:"关于西班牙

---

  ① HEATER D. A History of Education for Citizenship [M]. London and New York: Routledge Falmer, 2004: 156.

在中美洲、法国在西非以及英国在印度的课程，可能分别在西班牙、法国和英国对年轻公民的历史训练中占据重要的比重，但是没有关于玛雅帝国、马里帝国，以及蒙古帝国的相应知识，这种灌输的记忆是片面的。"[1] 公民的认同感无论是从认识上还是情感上来说，都是相对容易形成的。为了避免公民历史教学中的"歪曲"与"疏忽"，德雷克·希特进一步主张将民族国家的公民认同教育与世界主义的公民认同教育有机结合起来，这一点在英国当今的公民教育课程内容中我们也可以看到，对中小学生的公民教育以学生最熟悉的周围环境为中心，逐渐扩展到地区、国家、全球。尽管这种全面、客观的公民教育在一定程度上会弱化公民对于民族国家的认同感，但是这样的教育有助于学生去理解人的本性，强化整个人类的认同感观念。

民族国家的整合是任何一个国家生存与发展的前提基础，国家在诉诸公民教育实现整合时拥有绝对优势，无论是资本主义国家还是社会主义国家实际上都会通过公民教育来促进公民的民族自豪感、认同感与归属感，这是每一个现代国家的基本诉求，它与国家的政治体制无太多关联。之所以存在一定的差别，是由于一些国家的表达方式因唯恐教育沾染政治性而表现得比较隐讳、温和，而一些国家的表达方式则相对来说比较坦率、激进。20世纪末，当美国法案大力提倡"负责任的公民"，英国也大胆地破除传统芥蒂呼吁积极公民资格，"义务""民族认同"受到西方国家的高度关注与官方认可，这些都进一步表明，民族国家的整合并不只是所谓的极权主义国家的特征，而是每一个国家在现代化进程中必须密切关注且谨慎对待的重要历史使命。

总之，公民教育是绝对无法刻意回避与国家、世界相关的政治事务的，现代国家能够做到的不是去掩饰和放弃自己的优势，而是要通过公民教育实现一种旨在促进本国民主制度健康发展、维护世界和平的有效整合方式。

（三）重构"负责的爱国主义"

在以往的公民教育中，整合功能的发挥主要是通过公民科、社会科、政治课的灌输式教学，以及历史、地理、语言、文学等学科渗透式教学来实现的。学生在这种教育中始终处于一种"被整合"的消极状态。正如前

---

[1] 德里克·希特. 公民身份：世界史、政治学与教育学中的公民理想 [M]. 长春：吉林出版集团有限责任公司，2010：271.

文所提到的那样，公民教育的整合带有一种不可避免的强制性与灌输性。而这种渗透国家意志的强制与灌输如果不加以重视就有可能导致松散的民族认同，甚至还会导致民族的分歧与矛盾；如果超越了一定限度就有可能发展成为极权统治的一种手段。由国家来实施达成国家整合的公民教育似乎仍缺少一种稳固的支持因素。

20世纪90年代以来，以培养积极公民为目标的公民教育在全球范围内掀起热潮。这为公民教育的民族整合功能注入了新的内涵，即民族认同的形成不仅要依靠民族国家单向地整合与灌输，同时还需要公民积极主动地投身于社区、国家事务之中，通过亲身实践、批判反思而逐渐形成公民对国家的责任感、认同感。积极公民的培养过程中更加强调通过公民的主动性与批判反思的能力来形成对民族国家的认同。

这种公民教育的整合方式也正是雅诺斯基所谓的重构"负责的爱国主义"。雅诺斯基参照雅诺威茨（Morria Janowitz）的观点，提出了一种"负责的爱国主义"的立场：

> 我是×国公民。当我认为×国政策大体正确时，我支持它们。当我认为×国政策错误时，我不支持它们而且要设法改变它们。我认为×国有优点也有缺点，我对这些优缺点都有责任。[①]

负责的爱国主义"要求公民对国家采取积极态度。它不允许那种消极的犬儒主义态度，只批评国家而不为自己的社会做贡献。负责的爱国主义也优于世界公民论，研究公民理论的许多学者都认为世界公民论不可能实现，因为公民身份只存在于一定界限之内。负责的爱国主义立场优于不可知论立场，因为后者认为对国家的支持或者态度改变都无感情可言，很难动员人们为支持他人权利而作任何牺牲。负责的爱国主义能使民族国家团结起来，而不是使它分裂，……"关于多元文化社会的整合问题，雅诺斯基认为哈贝马斯的观点符合这种"负责的爱国主义"立场，"大众的和公共的文化应是一种公民文化，它允许宗教信仰和民族习俗的多样性。……这一政治文化充当'合乎宪法的爱国主义的公分母'，让公民们明确意识到多种文化的存在并予以尊重。按照这一概念，还允许移民和少数民族行动自由，保证他们充分的权利和义务及相关事宜，但它也要求将国家和社

---

① 雅诺斯基. 公民与文明社会[M]. 沈阳：辽宁教育出版社，2000：91.

会的神话及历史记忆置于公共领域,供所有各民族、种族、性别、阶级和能力的群体共享。"①

建构负责的爱国主义,将使现代国家对公民教育提出更高的要求。但是,负责的爱国主义,或者说公民对国家的积极责任感与认同感,并不是仅仅通过整合的力量就可以单独实现的,国家同样要在公民教育的民主化功能中发挥更出更有效的作用,因为这二者之间是相辅相成的。

三、民主化:现代国家公民教育的相对优势

如果说现代国家通过公民教育实现民族国家的整合是一种顺理成章的事情,那么通过国家来推行民主教育相对来说却是一件更有难度、更具争议的事情。因为国家(政府)与公民的民主之间处于一种张力之中。国家是否有能力倡导一种代表民意的、公平的、正义的民主,一直受到质疑和否定。这也正是19世纪面对其他国家纷纷建立全国统一国民教育体系、开展公民教育,而英国却迟迟未动的重要原因。

英国一位历史学家的观点或许表达出了当时许多英国人的观点:"从18世纪的法国思想家到20世纪的独裁者,坚持普及教育的主张都具有动员民众的目的,都是仅仅是为了教育他们达到无批判的标准,并灌输他们去支持政府的权威;而相信教育是通向自由民主的一种途径这一19世纪的自由信念,是极其天真的。"② 尽管这种观点现在看来有些极端,但是,这也说明国家推行公民教育实现整合是合乎逻辑的,然而,由国家政府推行民主思想、民主制度等方面的教育则带有一定难度。

(一) 国家课程中的民主教育能否有效?

现代社会中,民主思想的传播以及民主教育并不单纯是通过学校教育这个途径实现的。除了学校教育以外,大众传媒,社区生活,地方的、国家的、国际的非营利性组织团体,甚至家庭生活等等,都是民主教育的重要途径。与国家所推行的公民教育相比,这些途径中很多就包含民主实践活动。公民在实际的参与中领会民主精神、了解民主制度要比学校中的公

---

① 雅诺斯基. 公民与文明社会 [M]. 沈阳:辽宁教育出版社,2000:91-92.
② HEATER D. A History of Education for Citizenship [M]. London and New York: RoutledgeFalmer,2004:153.

民教育更直观、也更为有效。这应该也是英国一直缺乏系统的学校公民教育却能够依然维系民主制度的重要原因。

20世纪末英国民主制度出现的一些问题也说明了现代国家在公民教育民主化功能中的必要性及其所具有的相对优势。出于避免偏见或某种政治立场的目的，在英国历史上，学校教育中一直比较排斥民主、政治方面的教育，也忽略了民主、政治基础知识的传授。第六章提及的年轻人对民主程序的无知以及对国家政治、社会事务的冷漠态度，都说明年轻人缺乏最基本的政治素养教育。现代国家有责任也有必要通过学校公民教育普及基本的政治常识与民主知识。这些常识性的知识是塑造公民意识与培养公民能力的基础和前提，也是维系国家民主制度健康、正常运转的根本保障。尽管学校以外的其他公民教育途径也能够提供政治常识、民主知识方面的教育，但是，学校中的公民教育无疑更加具有系统性与循序渐进性，而且国家在义务教育阶段所推行的公民教育国家课程也能够保证民主思想的普及，这些都是其他公民教育途径都无法企及的。因此，国家在倡导公民意识、公民道德以及公民能力等方面的力度以及广度也要优于其他途径。

国家通过在学校公民教育中设置公民科、社会科、政治课等学科的教学能够使学生掌握有关民主的基本知识，例如：公民的权利与义务、国家、政府、宪法与法律、选举……总之，学生们所要掌握的文化知识必须有助于他们由个体转变为一个好人、一个好公民。① 这些知识是一个现代国家公民应该具备的基础知识，也是国家有可能且有责任在国民教育体系中传授给青少年的知识。

然而，也有约翰·加尔通（Johan Galtung）等研究者对学校中的民主教育、政治教育提出了疑问——

人们不可能永远在学校里接受民主教育而不对民主进行任何运用，而和平的观念甚至走得更远……今天的年轻人可能已经听到很多相关的字眼……较之于对成篇累牍的字眼，或者两个特别的词来说，他们可能对于老师的生活方式，对于和平是如何在日常生活实际中得到实施更感兴趣。②

很显然，接受了学校公民教育并不意味着就能够成为具有高度民主素

---

① PRATTE R. The Civic Imperative: Examining the Need for Civic Education [M]. New York: Teachers college, Columbia University, 1998: 49.
② 德里克·希特. 公民身份: 世界史、政治学与教育学中的公民理想 [M]. 长春: 吉林出版集团有限责任公司, 2010: 292.

养的好公民，学校中的教学方法、教育效果也在面临着挑战。教师在教室中说教式的灌输法究竟在多大程度上能够提升学生的民主素养？"而且这种学习方式有效吗？一个班级死记硬背一张年代表，就足够说明他们的学习获得成功？人们如何测试情感领域的进步？态度测验被成百上千所学校采用，特别是在美国。在英国为了降低人们对人种肤色的偏见，教育方法已经成为特别被关注的事，教师的人格与教学方式看起来发挥着重要的影响。另一方面，学生的课外行为可能根本没有什么变化的，纵向研究（longitudinal research）的困难看起来是不可克服的。"但这不是意味着公民教育是可有可无的，公民教育在培养公民民主政治素养方面是不可或缺的重要组成部分。有效的公民资格依赖于一种严格且可行的公民教育，正是这种公民教育向个体公民传达了公民的权利与义务。一个人成长过程中必须要知道自身公民身份所包含的权利与义务、态度与技能。如果没有进行与此相关的学习，那么这个人的公民资格就是毫无意义可言。而如果所接受的公民教育不完善，那么他的公民资格也就是带有缺陷性的。"这种不确定性所导致的困惑并不必然意味着教师应当放弃努力塑造好公民的任务，而是意味着，他必须了解他如何能最好地应付或者抵消这些课外影响。作为教育机构的学校也应当知道，他们的学生从这些课外的影响中接受了什么样的态度与情感，也应明晰它们的战略，并且保证校方和孩子们的父母在这些战略上保持一致。"[1] 由此可见，与学校中的其他学科课程不同的是，公民的民主素养并不是教师与学生之间的"教"与"学"那样简单。公民教育是一项复杂的教育工程。学校的成绩并不一定能够表达一个青少年是否已经为未来的公民生活做好准备。国家推行公民教育的效果一方面会受到来自国家现代化进程中的政治、经济、文化、教育等多方面的影响；另一方面也需要国家、学校、家长、社会等多方面的支持与配合。

除此以外，依据国家所赋予的公民资格类型以及国家民主政治类型，现代国家在公民教育中的作用还拥有不同的发挥空间。这一点从回顾西方早发现代化国家历史上的公民教育历程就可以看清楚。19世纪，国民教育初创阶段公民教育的目标普遍表现为培养年轻人成为忠诚、守法、节制而谦恭的公民；20世纪的公民教育目标中开始增加有关"公民权利"和"国际意识"的内容；20世纪末21世纪初，西方发达国家开始意识到公民教

---

[1] 德里克·希特.公民身份：世界史、政治学与教育学中的公民理想[M].长春：吉林出版集团有限责任公司，2010：293.

育长期的目标中一直在推动公民权利的拓展，却没有有效地强调公民的义务，因而"积极公民资格"被作为重要公民教育目标而提出来。积极公民资格的本质决定了必须通过教育和实践参与才能使得公民的民主素养得到发展。积极公民资格不仅要求公民只是做遵纪守法的好公民，还要主动承担起对他人、对社会的责任与义务。它既要求青少年接受思维能力与个性的教育，又需要他们参与到他们所生活的社区事务的实践之中。

由于积极公民资格的内涵中的国家与公民的关系是国家（或者社群）的利益优先于公民个人的利益，因而，相对来说，国家在倡导这种公民教育的过程中也就相应地拥有了更多地发挥引导与协调作用的空间。不过，尽管如此，英国人所长久担忧的问题依然值得我们去思考——现代国家怎样在公民教育中既不超越民主或假借民主之名，又能最大限度地引导和培养公民呢？尽管这一问题更多地应该从国家民主、政治的具体情形中寻找答案，但是本书力图从公民教育这一侧面来阐述国家在培养公民、进一步推动民主化方面的作用以及有限性。

（二）公民社会中的"做中学"

英国在未推行公民教育国家课程之前的疑惑及其在推行国家课程后的实施办法，都明显地表明，在培养民主公民方面，国家推行的学校公民教育具有一定的局限性。民主本身并非是静止的，它需要公民意识、公民实践去建构它、去推动它。为了避免国家在推行公民教育时将民主"形式化""模式化"，学校更有必要借助于社会中的民主力量，给予公民教育更多的实践机会与反思空间。

20世纪末，公民社会（或者称"市民社会"）的再度复兴与蓬勃发展也为民主公民的培养提供了更宽阔的实践与反思领域。我国学者邓正来先生引用了查尔斯·泰勒的一段话对公民社会进行了如下精辟的概括——市民社会理念"并不是哪个使用了数个世纪的、与'政治社会'具有相同含义的古老概念，而是体现在黑格尔哲学之中的一个比较性概念。此一意义上的市民社会与国家相对，并部分独立于国家。它包括了那些不能与国家相混淆或者不能为国家所淹没的社会生活领域"。[①] 尽管公民社会理论在层面上依然存在许多争议，毋庸置疑的是，公民社会的复兴体现了现代国家

---

① 邓正来，亚历山大. 国家与市民社会：一种社会理论的研究路径[M]. 北京：中央编译出版社，1998：2.

将部分权力归还于民,让渡一部分权力空间,使公民能够更积极参与社会,并担负起监督国家政府的责任。国家与公民社会之间的平稳张力将保证民主国家的健康发展。公民社会以国家的存在为前提,具有相对的独立性与自主性,体现着现代社会发展的多样性、多元性。在此,本书将不对公民社会多种定义加以赘述,因为公民社会与公民教育直接相关的是其主要表现形式——非政府组织、公民的志愿性社团、协会、社会组织、利益团体和公民自发组织起来的运动等,即国家或政府之外的所有民间组织,又被称为"第三部门"。这些团体、组织和运动涉及经济、宗教、文化、政治等领域,它们既具有相对自主性,又彼此关联、渗透。正是由于它们涉及的领域广泛,而且更具有自主性、独立性与多元性,因而它们能够为公民教育提供更为真切的民主氛围与民主实践空间。近年来,全球范围兴起的积极公民教育对各种社区服务团体、志愿者团体等各种组织、团体的重视也有力地证明学校公民教育的民主化功能更有赖于公民社会来推动和实现。

国家与公民社会之间关系的调整与良性互动,不仅更有助于现代化进程中的民主国家建构更加富于理性,而且也有助于维护民主制度的健康与活力。相应地,学校公民教育的民主化功能也同样需要国家与公民社会合作才能产生更积极的效果——国家课程的推行将保证民主政治常识系统地、有序地传达给国家义务教育阶段的每位青少年儿童;国家的倡导、引导工作以及相关法律也督促和保证了青少年参与到更广泛的社区团体、志愿者团体之中;各种组织、社团等在提供公民参与机会与空间的同时也应有意识地兼顾学校中的公民教育课程,渗透更多教育元素。这种互补性、互动性的国家与社会合作形式,既保证了国家较好地运用了自身在公民教育中的相对优势,又为民主化的进一步发展保留了足够的活力与空间。

公民社会中的实践参与无疑为学校公民教育的开展注入了活力,但是这也向学校中的教师提出了严峻的挑战。学校与社区究竟在公民教育方面如何协调关系、如何合作,以何种方式确保走出校园的学生在公民素养方面获得更大的收获,公民课程教师必须调整自身的角色定位,从一位课堂的主讲者变成一位帮助学生更顺利走向公民社会去实践参与的协助者与指导者。首先,教师要在公民教学中帮助学生了解一些有关公民的基本知识,包括认同、忠诚、自由、权利、义务、公平、社会正义……教师需要激发学生对其所研究的主题发生兴趣。公民教育的教师必须传递的基本态度就是对公共事务感兴趣的偏好，鼓励学生进行理性思考，强调公民的权利与义务之间是一种相辅相成的关系。在实践技能方面，应培养学生收集信息、组织和评估材料、推理和论证的能力；应培养学生独立自主的判断能力，学会甄别和判断各种问题与政策，发现偏见和诡辩的能力；评估公民的作为与不作为可能导致的后果的能力；与他人交流与合作的能力；表达个人观点的能力。

国家介于学校与社会之间的协调与引导作用也极为重要。英国在这方面的举措还是值得我们借鉴的，自国家课程推行以来英国国家教育基金会（NFER）以及英国教育标准监督局（OFSTED）一直针对学校公民教育开展持续的跟踪调查，并出版了一系列调查报告。尽管多年来公民教育在实施过程中仍然存在诸多问题，但是英国政府坚定了开展公民教育的信心与决心，并针对学校、教师、社区等方面出现的问题予以积极的指导和调整，充分调动公民教育各个环节的积极性。这就要求公民教育的每一个具体环节、每位参与者（不仅包括学生、教师，还包括国家、地方的教育官员、学校管理者、社区成员、志愿团体组织者等）都做出积极的响应与配合。

可以见得，以现代化进程中国家建构的"民族"与"民主"二维性，来解析英国公民教育迟滞发展的整个历程，为厘清现代国家与公民教育之间关系提供了与众不同的视角。透过这种视角，现代国家与公民教育之间的关系表现得更为明朗化——现代国家与公民教育之间必须具有明确的公民资格作为二者的介质，否则公民教育就会因公民资格的模糊性而缺乏明确的目标以及来自国家的强大支持；现代国家诉诸公民教育进行社会整合意味着强大民族心理的建构过程，为避免走向极端整合，公民教育应致力于建构一种"负责的爱国主义"；现代国家在通过公民教育推行民主教育方面应以国家的推动、普及、引导为基础，以公民社会中的实践、参与为主，在二者积极合力配合下致力于培养积极、负责的公民。

结　　语

本书并未过多地关注英国现行的公民教育政策及其具体实践模式，而是将视线主要集中于回顾此前英国现代化进程中"若隐若现""似无却有"的公民教育发展历程之上。如此的构思，最初主要是源自对"英国公民教育迟滞性发展原因"的一种追问。经过前期研究，笔者发现仅依靠"资产阶级革命的不彻底性""国民教育体系晚成""激进主义与保守主义相互牵制"等原因来阐释英国公民教育的迟滞性，似乎并不具有很强的说服力。上述诸多因素的背后一定还隐匿着更深层的原因。

将英国公民教育发展还原到现代化进程中国家与公民教育的关系这个问题上来，则会为解答这个问题铺设出一条新的思路；而且，英国公民教育的特殊性也为进一步认识现代化进程中国家与公民教育之间的关系提供了更有价值的线索。本书将现代化进程中的国家建构作为导致英国公民教育发展与变化的基本动力因素，对英国公民教育的发展历程加以阐释，并使这种迟滞、落后的公民教育具有了一种理论价值——借由英国长久犹疑的问题去重新思考与解析现代国家与公民教育之间的关系。

由于笔者的专业背景以及时间、精力所限，本书目前所参考的现代化理论、国家建构理论以及英国历史方面的文献多数为中文文献或者是译著，因而在处理某些问题时相对缺乏第一手资料的有力支撑，例如，由于缺乏对民主国家建构与民族国家建构之间关系的更深层认识，在论述公民教育整合功能与民主化功能的相互关系时略显深度不够。此外，考虑到本书的逻辑性与整体性，一些有关英国公民教育的"周边问题"（例如：公民教育学科政治性与教育性的关系问题，公民教育功能的有限性问题等）在文中只能一笔带过，没有深入探讨。文中的这些缺憾将留待笔者在今后的学习与研究中进一步充实和完善。

在阐述问题的过程中，解析概念与历史分期都是很"危险"的，因为这很容易引起争议；但是，研究现代化进程中的英国公民教育不得不同时运用这两种"危险"的方法。本书综合了英国现代化进程的特点和英国公民教育的基本发展脉络对英国现代化进程进行了历史分期,并将现代国家建构解析为民族国家与民主国家这两个维度,这就很可能割裂或者忽视现代化进程中国家建构的某些整体特性及其内在客观联系。但是,人为地对概念进行解析、对历史加以分期,其目的并不是为了消解原本的概念,而是力图通过这种解析与分期,厘清原本混淆不清的因素,达到明晰理论,指引实践的目的。可见,"发现"与"危险"同在,理论探索必然伴有一定的"危险性"。此外,由于公民教育不仅仅是单纯的教育学问题,还会涉及哲学、历史、社会学、政治学等多个学科领域,这也大大增加了驾驭整篇文章的难度。因而,笔者最终以一种略带惶恐的心情完成了这部书,由于学术视野有限、个人学识粗浅,其中一定存在着诸多差强人意之处。希冀这部尚不成熟的作品能够抛砖引玉,引起更多有志于公民教育理论与实践的学者、教育者的关注,也恳切地期盼来自各方的指点与批评。

参考文献

一、中文书籍

[1] 阿伦·斯克德，克里斯·库克. 战后英国政治史 [M]. 北京：世界知识出版社，1985.

[2] 埃德蒙·金. 别国的学校和我们的学校：今日比较教育 [M]. 北京：人民教育出版社，1989.

[3] 埃森斯塔德. 现代化：抗拒与变迁 [M]. 北京：中国人民大学出版社，1989.

[4] 安迪·格林. 教育、全球化与民族国家 [M]. 北京：教育科学出版社，2004.

[5] 安迪·格林. 教育与国家形成：英、法、美教育体系起源之比较 [M]. 北京：教育科学出版社，2004.

[6] 安东尼·吉登斯. 民族—国家与暴力 [M]. 北京：生活·读书·新知三联书店，1998.

[7] 安东尼·吉登斯. 现代性的后果 [M]. 南京：译林出版社，2000. 155.

[8] 奥尔德里奇. 简明英国教育史 [M]. 北京：人民教育出版社，1987.

[9] C.E. 布莱克. 比较现代化 [M]. 上海：上海译文出版社，1996.

[10] C.E. 布莱克. 现代化的动力 [M]. 成都：四川人民出版社，1988.

[11] 陈光辉，詹栋梁. 各国公民教育 [M]. 台北：水牛出版社，1998年.

[12] 褚宏启. 教育现代化的路径 [M]. 北京：教育科学出版社，2000.

[13] 丛日云. 当代世界的民主化浪潮 [M]. 天津：天津人民出版社，1999.

[14] 戴维·罗伯兹. 英国史：1688 年至今 [M]. 广州：中山大学出版社，1990.

[15] 邓正来，亚历山大. 国家与市民社会：一种社会理论的研究路径 [M]. 北京：中央编译出版社，1998.

[16] 丁建弘. 发达国家的现代化道路 [M]. 北京：北京大学出版社，1999.

[17] 高英彤. 帝国夕阳：日渐衰微的不列颠 [M]. 长春：吉林人民出版社，1998.

[18] 顾明远. 民族文化传统与教育现代化 [M]. 北京：北京师范大学出版社，1998.

[19] 顾明远，梁忠义. 世界教育大系·英国教育 [M]. 长春：吉林教育出版社，2000.

[20] 亨廷顿. 现代化：理论与实践的再探讨 [M]. 上海：上海译文出版社，1993.

[21] 霍布豪斯. 自由主义 [M]. 北京：商务印书馆，1996.

[22] 霍布斯. 利维坦 [M]. 北京：商务印书馆，1985.

[23] 霍布斯. 论公民 [M]. 贵阳：贵州人民出版社，2003.

[24] 金生鈜. 德性与教化 [M]. 长沙：湖南大学出版社，2003.

[25] 昆廷·斯金纳. 霍布斯哲学思想中的理性和修辞 [M]. 上海：华东师范大学出版社，2005.

[26] 瞿葆奎. 英国教育改革 [M]. 北京：人民教育出版社，1993.

[27] 蓝维. 公民教育：理论、历史与实践探索 [M]. 北京：人民出版社，2007.

[28] 李常磊. 英美文化博览 [M]. 上海：世界图书出版公司，2002.

[29] 刘军宁. 自由与社群 [M]. 北京：生活·读书·新知三联书店，1998.

[30] 吕元礼. 政治文化：传统与现代的会通 [M]. 北京：人民出版社，2004.

[31] 罗荣渠. 现代化新论 [M]. 北京：北京大学出版社，1993.

[32] 罗荣渠. 现代化新论续篇 [M]. 北京：北京大学出版社，1997 年.

[33] 迈克尔 W. 阿普尔. 文化政治与教育 [M]. 北京：教育科学出版社，2005.

[34] 启良. 西方自由主义传统：西方反自由主义至新自由主义学说追索 [M]. 广州：广东人民出版社，2003.

[35] 钱乘旦，陈晓律. 日落斜阳：20 世纪英国 [M]. 上海：华东师范大学出版社，1997.

[36] 钱乘旦，陈晓律. 在传统与变革之间：英国文化模式溯源 [M]. 杭州：浙江人民出版社，1991.

[37] 钱乘旦，陈意新. 走向现代国家之路 [M]. 成都：四川人民出版社，1987.

[38] 钱乘旦，刘金源. 寰球透视：现代化的迷途 [M]. 杭州：浙江人民出版社，1999.

[39] 钱乘旦，许洁明. 英国通史 [M]. 上海：上海社会科学出版社，2002.

[40] 钱乘旦，杨豫，等. 世界现代化进程 [M]. 南京：南京大学出版社，1997.

[41] 阮宗泽. 第三条道路与新英国 [M]. 北京：东方出版社，2001.

[42] 塞缪尔 P·亨廷顿. 变化社会中的政治秩序 [M]. 北京：三联书店，1988.

[43] 施雪华. 政治现代化比较研究 [M]. 武汉：武汉大学出版社，2006.

[44] 滕大春. 外国教育通史 [M]. 济南：山东教育出版社，2005.

[45] 托马斯·雅诺斯基. 公民与文明社会 [M]. 沈阳：辽宁教育出版社，2002.

[46] 托尼·布莱尔. 新英国：我对一个年轻国家的展望 [M]. 北京：世界知识出版社，1998.

[47] 王承绪，徐辉. 战后英国教育研究 [M]. 南昌：江西教育出版社，1992.

[48] 王娟. 英国人在想什么 [M]. 南宁：广西人民出版社，1998.

[49] 王皖强. 现代英国大众文化 [M]. 北京：中国经济出版社，2000.

[50] 王焱. 宪政主义与现代国家 [M]. 北京：生活·读书·新知 三联书店，2003.

[51] 王振华. 撒切尔主义：80 年代英国国内外政策 [M]. 北京：中国社会科学出版社，1992.

[52] 威尔·金里卡. 少数的权利：民族主义、多元文化主义和公民 [M]. 上海：世纪出版集团，2005.

[53] 威尔·金里卡. 自由主义、社群与文化 [M]. 上海：世纪出版集团，2005.

[54] 文军. 承传与创新：现代性、全球化与社会学理论的变革 [M]. 上海：华东师范大学出版社，2004.

[55] 徐辉，郑继伟. 英国教育史 [M]. 长春：吉林人民出版社，1993.

[56] 许纪霖. 共和、社群与公民 [M]. 南京：江苏人民出版社，2004.

[57] 亚当·斯密. 道德情操论 [M]. 北京：中国社会科学出版社，2003.

[58] 亚当·斯密. 国富论 [M]. 北京：商务印书馆，1979.

[59] 阎照祥. 英国贵族史 [M]. 北京：人民出版社，2000.

[60] 阎照祥. 英国史 [M]. 北京：人民出版社，2003.

[61] 阎照祥. 英国政党政治史 [M]. 北京：中国社会科学出版社，1993.

[62] 阎照祥. 英国政治制度史 [M]. 北京：人民出版社，1999.

[63] 尹保云. 什么是现代化 [M]. 北京：人民出版社，2001.

[64] 英格尔斯. 从传统人向现代人 [M]. 北京：中国人民大学出版社，1989.

[65] 约翰·洛克. 教育漫话 [M]. 北京：教育科学出版社，1999.

[66] 约翰·洛克. 政府论：上篇，下篇 [M]. 北京：商务印书馆，1997.

[67] 约翰·密尔. 论自由 [M]. 北京：商务印书馆，1959.

[68] 张丽君. 当代西方政治思潮 [M]. 上海：立信会计出版社，2005.

[69] 张秀雄. 公民教育的理论与实践 [M]. 台北：台北师大书苑公司，1998.

[70] 周穗明. 现代化：历史、理论与反思：兼论西方左翼的现代化批判 [M]. 北京：中国广播电视出版社，2002.

[71] 德里克·希特. 公民身份：世界史、政治学与教育学中的公民理想 [M]. 长春：吉林出版集团有限责任公司，2010.

二、中文论文

[1] D. 劳顿. 1988 年以来的英国"国家课程"[J]. 华东师范大学学报（教育科学版），1996（4）：47-54.

[2] 陈鸿莹. 英国公民教育简述[J]. 外国教育研究，2003（9）：37-41.

[3] 陈鸿莹. 英国中小学公民教育的特质及其影响因素研究[D]. 长春：东北师范大学，2004.

[4] 陈志全，李跃进. 从英国教育现代化的历程看教育的传统与变革[J]. 宿州学院学报，2006（2）：21-23.

[5] 程汉大. 英国较早发生资产阶级革命的原因[J]. 山东师大学报（社会科学版），1994（2）：29-34.

[6] 褚宏启. 教育现代化进程中的教育传统与教育现代性[J]. 北京师范大学学报，2000（3）：31-36.

[7] 褚宏启. 教育现代化若干问题论纲[J]. 教育理论与实践，2000（5）：5-10.

[8] 褚宏启. 历史上英国教育现代化进程的渐进式特征[J]. 比较教育研究，2000（3）：58-60.

[9] 褚宏启. 论教育的迟发展效应[J]. 北京师范大学学报（社会科学版），1999（3）：29-33.

[10] 褚宏启. 论教育现代化的价值取向[J]. 教育理论与实践，1998（5）：7-10.

[11] 褚松燕. 公民资格定义的解释模式分析[J]. 河南社会科学，2003（1）：46-49.

[12] 褚松燕. 公民资格定义的解释模式分析[J]. 天津社会科学，2002（3）：47-51.

[13] 冯周卓，付泉平. 公民权责教育：英国公民教育的新动向[J]. 全球教育展望，2002（4）：66-69.

[14] 谷蕾. "全球英国"的战略转向[J]. 世界知识，2022（6）：46-47.

[15] 洪明，许明. 国际视野中公民教育的内涵与成因[J]. 国外社会科学，2002（4）：42-46.

[16] 籍庆利，吕成立. 布莱尔"第三条道路"理论评析[J]. 常熟高专学报，2000（1）：58-62.

[17] 蒋勤. 马歇尔公民资格理论述评 [J]. 社会，2003（3）：32-35.

[18] 蒋一之. 英国公民教育的历史变革与现状分析 [J]. 外国教育研究，2003（11）：37-41.

[19] 李红亚，龙宝新. 从现代公民社会理论看公民教育的构成 [J]. 教育理论与实践，2005（10）：10-13.

[20] 李济时. 现代英国政治发展与"第三条道路" [J]. 当代世界社会主义问题，2000（4）：57-63.

[21] 李昝，樊香兰. 英国公民教育中的道德发展 [J]. 太原师范学院学报，2006（5）：57-59.

[22] 李萍，钟明华. 公民教育：传统德育的历史性转型 [J]. 教育研究，2002（10）：66-69.

[23] 李萍. 论"公民"概念的本质及其历史 [J]. 吉首大学学报（社会科学版），2002（3）：7-12.

[24] 李艳霞. 公民身份理论内涵探析 [J]. 人文杂志，2005，（3）：144-149.

[25] 林德山. 英国新工党"第三条道路"思想特征评析 [J]. 当代世界与社会主义，1999（2）：46-52.

[26] 林亚芳. 英国的公民教育 [J]. 江西教育科研，2001（10）：29-31.

[27] 林亚芳. 英国的学校德育 [D]. 杭州：浙江大学，2002.

[28] 马忠虎. "第三条道路"对当前英国教育改革的影响 [J]. 比较教育研究，2001（7）：50-54.

[29] 马忠虎. 撒切尔主义对当代英国教育改革的影响 [J]. 比较教育研究，2001（10）：1-6.

[30] 马忠虎. 新保守主义政治思潮对英国教育改革的影响 [J]. 比较教育研究，1998（4）：27-31.

[31] 马忠虎. 新保守主义政治思潮对英国教育改革的影响 [J]. 比较教育研究，1998（4）：27-31.

[32] 毛日清. 1945年英国公民的选择 [J]. 江西师范大学学报（哲学社会科学版），1997（3）：68-72.

[33] 潘迎华. 19世纪英国的政治民主化与女权运动 [J]. 史学月刊，2000（4）：85-92.

[34] 钱乘旦. 20世纪英国政治制度的继承与变异[J]. 历史研究, 1995 (2): 136-151.

[35] 钱乘旦. 变动与适应: 对英国现代化过程的再认识[J]. 史学集刊, 2002 (2): 1-8.

[36] 钱乘旦. 第二次世界大战与英国国内政治[J]. 南京大学学报（哲学·人文·社会科学）, 1995 (3): 16-23.

[37] 饶从满. 主动公民教育: 国际公民教育发展的新走向[J]. 比较教育研究, 2006 (7): 1-5.

[38] 单中惠. 略论影响英国基础教育改革政策的因素[J]. 外国教育研究, 2003 (11): 23-26.

[39] 石伟平. 试析当前英国教育改革中的矛盾[J]. 比较教育研究, 1996 (4): 33-36.

[40] 实言. 战后英国教育改革实践对我们的启示[J]. 外国教育资料, 1999 (2): 7-9.

[41] 宋建丽. 在自我与共同体之间: 当代西方公民资格辩论简析[J]. 河南社会科学, 2005 (10): 48-51.

[42] 唐克军. 团结视域下的英国公民教育[J]. 外国教育研究, 2019 (7): 97-107.

[43] 汪利兵. 90年代以来英国教育改革的新进展[J]. 外国教育资料, 1995 (6): 8-13.

[44] 汪霞. 英国基础教育课程目标的界定[J]. 全球教育展望, 2001 (1): 36-44.

[45] 王彩波, 靳继东. 西方近代自由主义传统: 从霍布斯到约翰·密尔[J]. 社会科学战线, 2004 (1): 168-174.

[46] 王凯. 英国"课程2000"的制定与实施[J]. 外国教育研究, 2002 (9): 36-40.

[47] 王萑. 《科瑞克报告》20年看英国公民价值观教育[J]. 当代中国价值观研究, 2018 (3): 90-96.

[48] 王淑芹, 王爱霞. 英国中小学公民教育课程之管窥[J]. 现代中小学教育, 2005 (9): 67-70.

[49] 王新喜. 英国政治民主化的轨迹[J]. 达县师范高等专科学校学报（社会科学版）, 2006 (1): 14-17.

[50] 王颖. 当代中国公民教育历史性复兴的现实反思［J］. 教育理论与实践, 2003（4）：7-11.

[51] 王元华. 公民资格理论的历史演变及运用前景分析［J］. 江西行政学院学报, 2005（3）：33-35.

[52] 吴新颖, 龙献忠. 英国传统文化对现代化进程的影响［J］. 江淮论坛, 2004（5）：141-144.

[53] 谢峰. 英国工党的第三条道路述评［J］. 国际政治研究, 1999（4）：94-99.

[54] 徐奉臻. 英国政治现代化的历程及特点［J］. 史学月刊, 2004（10）：5-18.

[55] 徐学莹, 黄忠敬. 当代英国中等教育的课程改革与存在的问题［J］. 外国教育研究, 1998,（4）：13-16.

[56] 徐勇. "回归国家"与现代国家的建构［J］. 东南学术, 2006（4）：18-27.

[57] 徐勇. 现代国家建构中的非均衡性和自主性分析［J］. 华中师范大学学报（人文社会科学版）, 2003（5）：97-103.

[58] 许洁英. 试论国家课程的作用与特点：以英格兰国家课程为例［J］. 西北师大学报（社会科学版）, 2003（2）：6-11.

[59] 伊恩·戴维斯, 陈代波. 英国公民教育与文化传统：伊恩·戴维斯教授访谈［J］. 学术月刊, 2015（12）：164-170.

[60] 易红郡, 赵红亚. "撒切尔主义"对英国教育改革的影响［J］. 外国教育研究, 2003（2）：13-16.

[61] 易红郡. "第三条道路"与当前英国教育改革［J］. 外国教育研究, 2003（4）：1-5.

[62] 易红郡. 英国国家课程中的问题、对策及启示［J］. 课程·教材·教法, 2004（1）：91-95.

[63] 岳蓉. 英国民族国家理念的缘起：英语中"国家"语境的释读［J］. 贵州师范大学学报（社会科学版）, 2002（5）：44-47.

[64] 张斌贤. 试论公民教育的意义、动力和实施途径［J］. 教育评论, 1997（3）：13-15.

[65] 赵健. 英国国家课程：关于目标和价值的观点与启示［J］. 外国教育资料, 2000（1）：46-47.

[66] 赵明玉. 法国公民教育述评 [J]. 外国教育研究, 2004 (6): 11-14.

[67] 郑航. 英国中小学公民教育的发展及其特点 [J]. 外国中小学教育, 2000 (4): 1-5.

三、外文书籍

[1] OSLER A. Citizenship and Democracy in Schools: Diversity, Identity, Equality [M]. London: Cromwell Press, 2000.

[2] RIMMERMAN C A. The new citizenship: Unconventional politics, activism, and service [M]. Boulder, Colorado: Westview Press, 1997.

[3] TURNER B S, HAMILTON P. Citizenship: Critical Concepts (I-II) [M]. London and New York: Routledge, 1994.

[4] O'BYRNE D J. The dimensions of global citizenship : political identity beyond the nation-state [M]. London ; Portland, OR : Frank Cass, 2003.

[5] FRANZOSA S D. Civic Education: Its Limits and Conditions [M]. New York; Oxford: Oxford University Press, 1997.

[6] LAWTON D. Education for Citizenship [M]. London: Cromwell Press, 2000.

[7] HEATER D. A History of Education for Citizenship [M]. London and New York: RoutledgeFalmer, 2004.

[8] HEATER D. Citizenship: the Civic Ideal in World History, Politics and Education [M]. London and New York: Longman Singapore Publisher (Pte), 1990.

[9] REEHER G, CAMMARANO J. Education for citizenship: ideas and innovations in political learning [M]. Maryland: Rowman & Littlefield Publisher, 1997.

[10] DEMAINE J, ENTWISTLE H. Beyond Communitarianism [M]. London: Macmillan Press Ltd, 1996.

[11] DEMAINE J. Citizenship and political education today [M]. New York: Palgrave Macmillan, 2004.

[12] BOWEN J. A History of Western Education [M]. New York: ST. Martin's Press, 1972.

[13] COGAN J J, DERRICOTT R. Citizenship for the 21st Century [M]. London: Kogan Page, 1998.

[14] LAWSON J, SILVER H. A Social History of Education in England [M]. London: Methuen & Co Ltd, 1973.

[15] LOCKE J. Two Treatises of Government-Cambridge Texts in the History of Political Thought [M]. 北京: 中国政法大学出版社, 2003.

[16] KENNEDY K J. Citizenship Education and the Modern State [M]. London, Washington, D. C: The Falmer Press, 1997.

[17] LEICESTER M, MODGIL C. Politics, education and citizenship [M]. London; New York: Falmer Press, 2000.

[18] TORNEY J V, OPPENHEIM A N. Civic Education In Ten Countries [M]. New York; London: A Halsted Press Book, 1975.

[19] ICHILOV O. Citizenship and Citizenship Education in a Changing World [M]. London: Woburn Press, 1998.

[20] BENDIX R. Nation-Building and Citizenship [M]. New Brunswick and London: Transaction Publishers, 1996.

[21] BELLAMY R. Lineages of European Citizenship: rights, belonging and participation in eleven nation-states [M]. New York: Palgrave Macmillan, 2004.

[22] RICHARD G E, THOMAS D L. Social Science Perspectives on Citizenship Education [M]. New York: Teachers College Press, 1991.

[23] BATTISTONI R M. Public Schooling and the Education of Democratic Citizens [M]. the University Press of Mississippi, 1985.

[24] PRATTE R. The Civic Imperative: Examining the Need for Civic Education [M]. New York: Teachers college, Columbia University, 1998.

[25] BARTLETT S, BURTON D. Education Studies [M]. London: SAGE Publications, 2003.

[26] FRANZOSA S D. Civic Education：Its Limits and Conditions[M]. New York；Oxford：Oxford University Press，1997.

[27] 平田利文. 市民性教育の研究[M]. 东京：东信堂，2007.

[28] 日本公民教育协会. 中学校·高等学校公民教育[M]. 东京：第一学习社，2004.

[29] 熊谷一乘. 公民科教育[M]. 东京：学文社，1992.

四、英文论文及其他

[1] BAGCHI A. Political Citizenship in Britain and Germany[EB/OL]. http://www. essex. ac. uk/ecpr/events/jointsessions/paperarchive/copenhagen/ws6/bagchi.pdf，2007-06-21.

[2] MOORE A. Citizenship Education in the UK：for Liberation or Control? "Knowledge & Discourse：Speculating on Disciplinary Futures"[G]. The 2nd International Conference，Hong Kong：June，2002.

[3] OSLER A，STARKEY H. Citizenship Education and National Identity in France and England[J]. Oxford Review of Education，2001(27)：287-305.

[4] OSLER A. The Crick Report：difference，equality and racial justice[J]. The Curriculum Journal ，2000(11)：25-37.

[5] SINGH B R. Citizenship education and the challenge of racism，discrimination and disadvantage[J]. Contemporary Politics，2001(7)：299-318.

[6] CRICK B. A Note on What Is and What Is Not Active Citizenship[EB/OL]. http://www. post16citizenship. org/files/033 _ BernardCrick _ WHAT_IS_CITIZENSHIP.pdf，2007-06-21.

[7] PATRICK B，MADELEINE A. 'England Expects Every Man to do his Duty'：the gendering of the citizenship textbook 1940-1966[J]. Oxford Review of Education，1999(25)：103-124.

[8] TURNER S B，HAMILTON P. Citizenship：critical concepts[J]. General Commentary，London and New York：Routledge，1998(1).

[9] HOLDEN C. Concerned Citizens：Children and the Future[J]. Education，Citizenship and Social Justice，2006(1)：231-247.

[10] WILKINS C. Making "Good Citizens": the social and political attitudes of PGCE students[J]. Oxford Review of Education,1999(25): 217-231.

[11] WILKINS C.Student Teachers and Attitudes towards "Race":the role of citizenship education in addressing racism through the curriculum [J].Westminster Studies in Education,2001(24): 7-21.

[12] GIFFORD C. National and Post-national Dimensions of Citizenship Education in the UK [J].Citizenship Studies,2004(8):145-158.

[13] CSV Report on Citizenship in the Curriculum One Yearon[EB/OL]. http://www.csv.org.uk/NR/rdonlyres/BD884776-B9B4-4F55-B28C-A5D0232537AD/0/12CSVReportonCitizenshipOneYearOn.pdf,2007-06-21.

[14] CSV Reports on: Citizenship through Participation and Responsible Action[R].Community Service Volunteers,2005.

[15] Damian Hinds spoke at the Church of England Foundation for Educational Leadership conference about his vision to help children build character and resilience [EB/OL]. https://www.gov.uk/government/speeches/education-secretary-sets-out-five-foundations-to-build-character, 2019-02-07.

[16] LANDRUM D.Citizenship, education and the political discourse of New Labour [J].Contemporary Politics,2002(8):219-232.

[17] HALPERN D, JOHN P, MORRIS Z. Before the Citizenship Order:a survey of citizenship education practice in England[J].Education Policy,2002(17):217-228.

[18] HICKS D.Citizenship education in England:the recommendations of the Crick Advisory Group on citizenship and the challenges to policy implementation [J].International Journal of Social Education,2002(17): 67-80.

[19] KERR D.Changing the Political Culture:Reviewing the Progress of the Citizenship Education Initiative in England[EB/OL].http://www.nfer.ac.uk/publications/other-publications/conference-papers/changing-the-political-culture-reviewing-the-progress-of-the-citizenship-education-initiative-in-england.cfm,2007-06-21.

[20] KERR D. Citizenship Education In England – Listening To Young People:New Insights From The Citizenship Education Longitudinal Study [EB/OL]. http://www. citized. info/pdf/ejournal/Vol％201％20Number％201/005.pdf,2007-06-22.

[21] KERR D.Citizenship Education in England:The Making of a New Subject[EB/OL]. http://www. jsse. org/2003-2/pdf/england _ kerr. pdf, 2007-06-22.

[22] KERR D,CLEAVE E.Citizenship Education Longitudinal Study First Cross-Sectional Survey 2001-2002[EB/OL]. http://www. dfes. gov. uk/research/data/uploadfiles/RR416.pdf,2007-06-21.

[23] KERR D,CLEAVE E.Citizenship Education Longitudinal Study: Literature Review -Citizenship Education One Year On – What Does it Mean?:Emerging Definitions and Approaches in the First Year of National Curriculum Citizenship in England[EB/OL]. http://www. dfes. gov. uk/research/data/uploadfiles/RR532.pdf,2007-06-21.

[24] KERR D. The Making of Citizenship in the National Curriculum (England):Issues and Challenges [EB/OL].http://www.nfer.ac.uk/publications/other-publications/conference-papers/pdf_docs/DKECER2000.PDF,2007-06-22.

[25] SCOTT D.Editorial-responses to Crick and citizenship education [J].The Curriculum Journal,2000(11):1-7.

[26] Department for Education of UK. Character Education:Framework Guidance[EB/OL].https://assets.publishing.service.gov.uk/government/uploads/system/uploads/attachment _ data/file/904333/Character _ Education _ Framework _ Guidance.pdf,2022-7-30.

[27] Department for Educationof UK. Citizenship programmes of study:key stages 1 and 2[EB/OL]. https://www. gov. uk/government/uploads/system/uploads/attachment _ data/file/402173/Programme _ of _ Study_KS1_and_2.pdf,2015-2-16.

[28] Department for Educationof UK.National curriculum in England: citizenship programmes of study for key stages 3 and 4[EB/OL].https://www. gov. uk/government/uploads/system/uploads/attachment _ data/file/239060/SECONDARY_national_curriculum_-_Citizenship.pdf,2013-09-11.

[29] Department for Education of UK. Policy Statement: Rrelationships Education, Rrelationships and Sex Education, and Personal, SocialL, Health and Economic Education[EB/OL]. https://assets. publishing. service. gov. uk/government/uploads/system/uploads/attachment _ data/file/595828/170301_Policy_statement_PSHEv2.pdf,2022-7-31.

[30] Department for Education of UK. Relationships Education, Relationships and Sex Education (RSE) and Health Education: Statutory guidance for governing bodies, proprietors, head teachers, principals, senior leadership teams, teachers [EB/OL]. https://assets. publishing. service. gov. uk/government/uploads/system/uploads/attachment _ data/file/1090195/Relationships_Education_RSE_and_Health_Education.pdf,2022-7-31.

[31] Department for Education of UK. Promoting fundamental British values as part of SMSC in schools[EB/OL]. https://assets. publishing. service. gov. uk/government/uploads/system/uploads/attachment _ data/file/380595/SMSC_Guidance_Maintained_Schools.pdf,2022-7-29.

[32] HEATER D. The history of citizenship education in England[J]. The Curriculum Journal,2001(12):103-123.

[33] DESPINA M. Rothi, Evanthia Lyons, et al. National Attachment and Patriotism in a European Nation: A British Study [J]. Political Psychology,2005(26):135-155.

[34] Developing Effective Citizenship Education in England [EB/OL]. http://www. emie. co. uk/publications/other-publications/conference-papers/pdf_docs/DK_AERA.pdf,2007-06-21.

[35] FRAZER E. Citizenship Education: Anti political Culture and Political Education in Britain[J]. Political Studies,2000(48):88-103.

[36] England to become a global leader of teachingcharacter[EB/OL]. https://www. gov. uk/government/news/england-to-become-a-global-leader-of-teaching-character,2014-12-16.

[37] Evaluation of Post-16 Citizenship Development Projects: The First Year of Operation in the Round Consortia[EB/OL]. http://www. dfes.gov.uk/research/data/uploadfiles/RR397.pdf,2007-06-21.

[38] Frazer Elizabeth.Introduction:the idea of political education[J]. Oxford Review of Education,1999(25):5-23.

[39] CLEMITSSHAW G,CALVERT M.Implementing Citizenship in the English Secondary School Curriculum: A Follow-Up Study[J].Pastoral Care,2005(9):31-36.

[40] DEAN H.Popular Discourse and the Ethical Deficiency of 'Third Way' Conceptions of Citizenship[J].Citizenship Studies,2004(8):65-82.

[41] Health education (PSHE):end of key stage statements[Eb/OL]. http://webarchive.nationalarchives.gov.uk/20131202172639/http://www.education. gov. uk/schools/teachingandlearning/curriculum/primary/b00199209/pshe/statements,2011-11-25.

[42] STARKEY H. Citizenship education in France and Britain: evolving theories and practices [J].The Curriculum Journal,2000(11): 39-54.

[43] DAVIES I.What has Happened in the Teaching of Politics in Schools in England in the Last Three Decades, and Why? [J]. Oxford Review of Education,1999(25):125-141.

[44] SCHAGEN I.Attitudes to Citizenship in England: Multilevel Statistical Analysis of the IEA Civics Data[EB/OL].http://www.nfer.ac.uk/publications/other-publications/conference-papers/pdf_docs/iec1.PDF, 2007-06-21.

[45] WATSON J.Educating for citizenship-the emerging relationship between religious education and citizenship education[J].British Journal of Religious Education,2004(26):259-271.

[46] ARTHRUR J.Social literacy and citizenship education in the school curriculum [J].The Curriculum Journal,2000(11):9-23.

[47] WALTMAN J.Citizenship and Civic Republicanism in Contemporary Britain[J].Midwest Quarterly,1998(40):93-107.

[48] SHEPHERD J. Don't scrap citizenship lessons, teachers plead [EB/OL].http://www.guardian.co.uk/education/2011/jan/20/dont-scrap-citizenship-teachers-plead,2011-01-20.

[49] HALLIDAY J. Political liberalism and citizenship education: Towards curriculum reform[J]. British Journal of Educational Studies, 1999(47):43-56.

[50] CHAUHAN L. Citizenship education and human rights education: Developments and resources in the UK[R]. British Council on citizenship education and human rights education, 2000.

[51] GEARON L. How Do We Learn to Become Good Citizens? [EB/OL]. http://www.bera.ac.uk/publications/pdfs/CITPUR~1.PDF, 2007-06-21.

[52] ISOBEL L. The New Civic Forums[J]. Political Quarterly, 2000(71):404-412.

[53] MOORE L. Pressure builds for keeping Citizenship in a 'truly national' curriculum[EB/OL]. http://www.democraticlife.org.uk/2012/03/02/pressure-builds-for-keeping-citizenship-in-a-truly-national-curriculum/, 2012-03-02.

[54] DAVIES L. Citizenship, Education and Contradiction[J]. British Journal of Sociology of Education, 2001(22):299-309.

[55] OLSSEN M. From the Crick Report to the Parekh Report: multiculturalism, cultural difference, and democracy: the re-visioning of citizenship education[J]. British Journal of Sociology of Education, 2004(25):179-192.

[56] ROBERTS N. Character in the mind: citizenship, education and psychology in Britain, 1880-1914[M]. History of Education, 2004(33):177-197.

[57] ROSE N. Citizenship education is integral to 'big society'[EB/OL]. http://www.guardian.co.uk/politics/2011/jan/18/citizenship-education-integral-big-society, 2011-01-18.

[58] MORGAN N. A Letter that Nicky Morgan to Neil Carmichael MP who was the Chair of Education Select Committee Education Select Committee [EB/OL]. https://assets.publishing.service.gov.uk/government/uploads/system/uploads/attachment_data/file/499338/Nicky_Morgan_to_Education_Select_Committee_-_10_Feb_2016--.pdf, 2016-02-10.

[59] PEARCE N, SPENCER S. Education for citizenship: The Crick report [J]. Political Quarterly, 1999(70): 219-225.

[60] OFSTED. Report summary Citizenship consolidated? —A survey of citizenship in schools between 2009 and 2012 [EB/OL]. https://assets.publishing.service.gov.uk/government/uploads/system/uploads/attachment_data/file/413153/Citizenship_consolidated_-_report_summary.pdf, 2022-7-27.

[61] WHITELEY P. Citizenship Education Longitudinal Study: Second Literature Review [EB/OL]. http://www.dfes.gov.uk/research/data/uploadfiles/RR631.pdf, 2007-06-21.

[62] WERBNER P. Divided Loyalties, Empowered Citizenship? Muslims in Britain[J]. Citizenship Studies, 2000(4): 307-324.

[63] Post-16 citizenship Trialling a staged process to assessment – year 2[EB/OL]. http://www.qca.org.uk/15049.html, 2007-06-21.

[64] Qualifications and Curriculum Authority. Citizenship 2002/3 annual report on curriculum and assessment[EB/OL]. http://www.qca.org.uk/11998.html, 2007-06-21.

[65] Qualifications and Curriculum Authority. Education for Citizenship and the Teaching of Democracy in Schools [EB/OL]. http://www.qca.org.uk/downloads/6123_crick_report_1998.pdf, 2007-06-21.

[66] Qualifications and Curriculum Authority. Pupil voice and citizenship education[EB/OL]. http://www.qca.org.uk/downloads/6236_pupil_voice.pdf, 2007-06-21.

[67] Qualifications and Curriculum Authority. Student representation in further education and sixth-form colleges[EB/OL]. http://www.qca.org.uk/downloads/11531_qca-05-1507-studentrep3.pdf, 2007-06-21.

[68] BRUBAKER R. In the Name of the Nation: Reflections on Nationalism and Patriotism[J]. Citizenship Studies, 2004(8): 115-127.

[69] BEST R, New Bottles for Old Wine? Affective Education and the 'Citizenship Revolution' in English Schools[J]. Pastoral Care, 2003(9): 14-21.

[70] CRICK D R. Citizenship Education And The Provision Of Schooling: A Systematic Review Of Evidence[J]. International Journal of Citizenship and Teacher Education,2005(1):56-75.

[71] LISTER R,SMITH N,MIDDLETON S,COX L. Young People Talk about Citizenship: Empirical Perspectives on Theoretical and Political Debates[J].Citizenship Studies,2003(7):235-253.

[72] MUSSANO S.Citizenship education policies in Northern Ireland and the recognition of ethnic and racial diversity in the wake of new immigration [J].Migration Letters,2004(1):2-10.

[73] CLARKE S.The Trajectory Of 'Political Education' In English Schools: The Rise And Fall Of Two Initiatives[EB/OL]. http://www.citized.info/ejournal/Vol%203%20Number%201/Simon%20Clarke.pdf,2007-06-22.

[74] MAY T. A Stronger Britain, Built On Our Values [EB/OL]. https://www.gov.uk/government/speeches/a-stronger-britain-built-on-our-values,2015-03-23.

[75] HALL T,COFFEY A.Self,Space and Place: youth identities and citizenship [J]. British Journal of Sociology of Education, 1999 (20): 501-514.

[76] McLAUGHLIN T H. Citizenship Education in England: The Crick Report and Beyond[J].Journal of Philosophy of Education,2000(34): 541-570.

[77] CHRIS W. Making 'Good Citizens': the social and political attitudes of PGCE students [J]. Oxford Review of Education, 1999 (25): 217-231.

[78] LAW W.Globalization and Citizenship Education in Hong Kong and Taiwan [J].Comparative Education Review,2004(48):253-273.

后　　记

本书是在我的博士毕业论文基础之上修改完成的。我对于公民教育的研究兴趣最初源自于2002年跟随我的导师饶从满教授进行公民教育国际比较的课题研究。毕业多年后,也正是在饶老师的鼓励与支持下,本书才得以正式出版。在此,我首先要郑重感谢我的导师饶从满教授!

我一直觉得自己是非常幸运的。回顾自己二十余年的求学生涯,我总是会遇到像饶老师那样的恩师,也正是因为这个原因,我一直坚定自己的教师理想,热爱教育学专业。2000年,当我还是锦州师范学院一名中文系大二的学生时,凭着个人兴趣写了一篇稚嫩的小文章《"减负热"中的冷思考》参加学校的论文大赛。这篇文章使我有幸遇到了让我感激一生的两位恩师:金美福老师、朱成科老师。两位老师不厌其烦地帮助我反复修改这篇本算不上论文的小文章,召集我们这些参赛的同学参加学术沙龙、讨论教育学问题,并最终使我这篇文章入选当年学校出版的论文集中。现在回想起来,对于一个中文系二年级的大学生来说,学术沙龙是一种多么严肃而高尚的活动!以至于我的室友都非常好奇地问我:"你每周必去的沙龙到底是什么样子的?"正是金老师与朱老师组织的一次次学术沙龙活动逐渐引领我一点点走近教育学术的殿堂。我开始慢慢对教育学有了初步的认识,并下定决心要跨专业考研,成为金老师和朱老师那样的学人。在我复习考研的过程中,两位老师更是鼎力相助。他们为我借了全套的专业课教材,利用业余时间帮我补习教育学专业课。复习过程中,每当我遇到困难想要放弃时,都是他们的无私帮助坚定了我的信心。考研成绩公布的那一天,两位老师在电话里兴奋而幸福的话语至今仍回荡在我的耳边。

2002年9月,我来到东北师范大学国际与比较教育研究所。我见到了当时的所长梁忠义先生,在此之前我就曾听金老师与朱老师经常提起德高望重、治学严谨的梁先生,听说他对学生的要求非常严格。初见梁先生,我立刻紧张、拘谨起来,没想到梁先生却很和蔼地询问了我初到长春的生活、学习情况，并赠予我两本比较教育专业书籍作为鼓励。此后多次得见先生及其夫人罗教授，两位先生每次都鼓励我要专心治学，他们平易近人的笑容，就如同家中的爷爷、奶奶般亲切，让我感到陌生的长春变成了一座充满温暖和感动的城市。

在比较所求学期间，我最喜欢、又最害怕的就是比较所"习明纳"（seminar）的教学方式。研究生之间基于某个研究主题进行自由研讨，每个学生都必须参与发言和讨论，这是最能够激发和训练每个人的学术思维能力的。在不断的陈述、追问、反驳的热烈讨论氛围中，原本内向、胆怯的我也开始敢于表达自己心中的思想，逐渐学会了追问、辩论与反思的方法。当时有同学曾经开玩笑说："老师每当看到我们唇枪舌剑地'互掐'时是最有成就感的！"课堂中的各位教授话语不多，但每每发声必定是拨云见日，令人茅塞顿开。他们留给学生充分的话语空间，又总是适时适当地对讨论加以点拨和引导。这些虽然已经过去多年，但我至今仍会经常想念当年那些恩师！饶从满教授的犀利点评、孙启林教授的幽默表情、张贵新教授的洪亮声音、张德伟教授的严谨态度……一切都仍历历在目，仿佛如昨。

跟随饶老师从事公民教育比较研究的最初一段时间里，我感到压力很大。我没有本科教育学的专业背景，英语只有大学四级水平，甚至连电脑打字都很吃力，我真的能做国际比较研究？饶老师从如何查阅和整理中英文资料开始一点点教导当时几乎是零基础的我。他的办公室电脑长期借给我们这些穷学生使用，他的个人藏书全部供我们自由借阅，他还时常委托友人从国外带回一批又一批最新的文献资料，全部无私地供学生学习和交流之用。饶老师为我们提供了非常优良的研究环境与丰富的文献资源。课堂上、课题研讨会上，饶老师对待学术问题素来都是一丝不苟、严肃、严谨，饶老师的言传身教使我们这些初入研究所的学生对学术问题产生了最初的研究兴趣。同时，我也深知自己在学术上"先天不足"，所以就需要更多的"后天努力"，只有这样才不会辜负老师对自己的期望和教导。为了完成课题研究，我每天都在图书馆或办公室电脑前查资料、学习。有时候为了弄懂一些政治学概念及其前因后果，我会连续几天在期刊室看文献、做笔记。在饶老师的悉心指导下，经过反反复复的修改，我发表了生平第一篇真正意义上的学术论文。此后，我也更坚定了硕士毕业后要继续师从饶老师做学问的决心。我跟随饶老师学习了六年后最终博士毕业，饶老师并无太多言语上的叮嘱。他馈赠给我的毕业礼物依然是一大摞刚刚从国外带回来的最新文献，还有以往各种珍贵资料被刻录好的光盘，就像子女出门远行前父母必定会把家中所有的财富作为盘缠那般慷慨。我心中充满了感动与强烈的使命感，深知老师是希望我们在毕业工作后能继续潜心研究。毕业 8 年来，每每与老师联系，老师依然会不断地把他获得的宝贵电子资源、文献等发给我们每一个已经毕业的学生，询问和督促我们的研究工作进展。每每想到这些，我都会用读书时老师要求学生的标准来对照自己，总是对自己的现状表现感到不安和惭愧。承蒙先生不弃，尽心支持本人拙作付梓，深感荣幸与惶恐。感谢恩师多年教诲！学生唯有继续潜心向学才是对您的最佳回报。

感谢东北师范大学国际与比较教育研究所各位尊敬的老师！感谢当年求学时共同学习和成长的各位同学们！感恩求学路上能与可爱的你们相遇！感谢亦师亦友的杨秀玉老师、李雅君老师、于兰老师长久以来对我的无私帮助！感谢师妹范微微博士在本书后续研究中的倾情协助！感谢扬州大学教育科学学院的各位领导和同仁们长期以来对我的支持与帮助！感谢东北师范大学出版社对本书出版的大力支持！

最后，要感谢我的家人们对我长久以来的关爱与支持！特别要感谢我的女儿！亲爱的小孩，是你让我真切地体会到了生命的价值与神奇，并把我的人生带向另一个更加精彩的阶段。能够与你共同学习和成长，是一件多么幸福、美妙的事情！愿你长大以后用善心去待人，用真心去做事，让世界因你而美丽……

赵明玉
2022 年 8 月 5 日于扬州